MARCEL PROUST

TEXTES RETROUVÉS

MARCEL PROUST

TEXTES RETROUVÉS

Recueillis et présentés
par
PHILIP KOLB et LARKIN B. PRICE

avec une
Bibliographie des publications de Proust
(1892–1967)

UNIVERSITY OF ILLINOIS PRESS
Urbana Chicago London
1968

AVANT-PROPOS

Nous présentons dans ce volume deux sortes de *textes retrouvés* et une bibliographie de tous les écrits de Marcel Proust.

On trouvera d'abord des textes non encore parus que j'ai pu récupérer parmi les manuscrits de cet auteur, notamment onze fragments ou chapitres de *Jean Santeuil*. Nous leur ajoutons le *Salon de la comtesse Aimery de La Rochefoucauld*—le premier sans doute de la série des «salons»—, trois pastiches—débris de *l'affaire Lemoine*—et finalement, une page curieuse où Proust note ses impressions d'une lecture des *Rêveries* de Senancour, comme s'il venait de se découvrir un frère inconnu. Nous dirons plus loin l'histoire et l'intérêt de certains de ces inédits.

La deuxième partie de ce recueil contient des articles divers: essais, portraits, comptes rendus de livres, réponses à des enquêtes. J'ai pu les dépister dans les journaux et revues où ils restaient dispersés, la plupart oubliés depuis longtemps. Sans doute y en a-t-il qui doivent être totalement inconnus aujourd'hui, et qu'on lira ici pour la première fois. J'ai cru utile d'y adjoindre les textes posthumes parus dans la presse et qui n'ont pas encore été recueillis en volume, afin de les rendre plus accessibles. Bien entendu, les articles que d'autres chercheurs ont découverts ou publiés avant nous sont indiqués dans la bibliographie.

Certes ces textes sont de valeur inégale. Mais on aurait scrupule à rien supprimer de ce qui peut nous renseigner sur l'évolution de l'esprit d'un auteur tel que Proust. Sa culture est si vaste, son point de vue si original, son style si souple et si personnel, que le moindre de ses écrits peut offrir quelque intérêt. C'est pourquoi nous avons tenu à mettre ces morceaux retrouvés à la portée de tous.

Nous les disposons par ordre chronologique. Ce classement per-

mettra au lecteur de distinguer facilement les écrits du novice de
ceux de l'homme mûr. On pourra ainsi suivre l'écrivain à travers le
temps, dans les progrès qu'il fait vers la maturité de sa pensée et la
maîtrise de son style. Il sera loisible de comparer quelque essai ou
compte rendu de livre écrit en 1892 ou en 1893 avec celui de 1908
ou de 1910. Certes la réponse à un questionnaire de 1904—dédaignée
apparemment par le directeur de la revue à qui elle s'adresse—est
déjà remarquable par la substance sinon par la forme. Mais plus tard,
nous pouvons admirer avec quelle aisance et quelle envergure Proust
répondra aux questionnaires sur les sujets les plus variés. On se demande comment il a pu trouver les forces—et le temps!—nécessaires
pour écrire ces jeux d'esprit, et pour entretenir une correspondance
abondante, alors que l'achèvement de son œuvre l'a préoccupé constamment jusqu'à son dernier souffle.

Dans la troisième partie du présent volume figure ma bibliographie
de tous les écrits de Marcel Proust. On y trouvera, entre autres, des
renseignements sur la première publication de nos textes retrouvés.
Nous espérons que cette liste aura une utilité plus générale pour tous
ceux qui s'intéressent à Proust, c'est le but que je m'étais proposé en
l'entreprenant. Dès que j'ai commencé à m'occuper de cet écrivain,
il y a bien longtemps, je me suis rendu compte qu'une telle liste me
serait indispensable, et pourrait être précieuse pour tout chercheur
s'occupant de Proust. A ce moment-là il fallait se contenter de la
Bibliographie proustienne de G. da Silva Ramos (1932), travail de
pionnier utile et louable, mais loin d'être complet. Cet ouvrage, tout
en relevant les articles du *Banquet*, de la *N.R.F.* et du *Figaro*, omet-
tait tous ceux de la période ruskinienne parus dans la *Gazette des
Beaux-Arts* et dans son supplément, la *Chronique des Arts et de la
Curiosité*. Il n'indiquait ni les articles parus dans les *Arts de la Vie*,
l'*Opinion*, les *Feuillets d'Art*, ni ceux que publièrent certains journaux comme l'*Intransigeant*. C'est là que figura par exemple un
compte rendu inconnu du *Chemin mort* de Lucien Daudet, article
signé d'un pseudonyme fantaisiste où l'auteur cache son propre
prénom à côté de celui du grand poète italien: Marc El Dante.[1]

Depuis lors, un jeune chercheur anglais, Anthony Pugh, a eu
l'excellente idée de donner, il y a une dizaine d'années, une «Proust
Bibliography». Mais il n'avait la prétention ni d'être complet, ni
même de fournir une véritable liste bibliographique du genre usuel;
de plus, l'*Adam International Review* de Londres, où il l'a inserée,
est à tirage limité, et n'est malheureusement pas dans toutes les
bibliothèques.

Notre bibliographie—la moisson de plus d'une trentaine d'années de recherches sur l'œuvre et la vie de Proust—s'étend déjà sur une période de trois quarts de siècle. Le moment semble donc propice de la livrer, bien qu'il soit encore possible de découvrir quelques articles de journaux. Telle qu'elle est, cette liste peut surprendre en nous révélant la productivité de ce valétudinaire. En fait, celle-ci est encore plus considérable, car je ne cite que les écrits de Proust qu'il a réussi à faire accepter pour la publication. Or l'on sait combien il lui fut difficile d'obtenir qu'on veuille bien publier de sa prose. On aurait du mal à établir un relevé complet de ses nombreux articles qui finirent par être rejetés.

Imaginons tout ce qu'il aurait écrit si on lui avait accordé la rubrique régulière qu'il a sollicitée à maintes reprises, dans telle revue, dans tel journal. Ainsi Brancovan, après lui avoir accordé la critique littéraire de la *Renaissance latine*, la lui retire pour la confier à Rageot. Plus tard, le *Figaro*, s'il accepte de temps en temps un article de Proust, lui refuse de même toute rubrique, tout travail régulier. Il est vrai qu'il est malade. Mais quand il se met à écrire, il a une volonté de fer, et une grande facilité. Nous pouvons donc être certains que s'il avait été obligé de donner sa copie tel jour de la semaine ou du mois, il l'aurait fournie à temps. Il est même probable que sa santé aurait bénéficié de l'hygiène d'un travail à rythme fixe. Proust aurait ainsi produit davantage. Peut-être aussi se serait-il acquis une réputation d'homme de lettres qui lui aurait évité des mois de vexations et de délais lors de sa quête d'un éditeur pour son roman. En conséquence, sa carrière littéraire aurait pu se développer de façon toute différente. Ce n'est qu'une conjecture, mais sa vraisemblance semble être confirmée par ces publications éparses.

Assurément sa productivité, telle qu'elle apparaît dans notre bibliographie, révèle un Proust qui, par sa vitalité et sa puissance intellectuelle, fut tout différent de l'homme que tant de ses contemporains croyaient connaître. L'auteur nous rappelle certains des personnages «préparés» de son roman. En effet, peut-on croire qu'il n'a pas pensé à son propre cas en créant ce Vinteuil dont l'œuvre, comme *A la recherche du temps perdu*, a failli rester à l'état d'informes brouillons perdus à tout jamais pour la postérité?

Pour revenir à nos textes inédits, quelques fragments de *Jean Santeuil* méritent une mention spéciale. Il y a l'histoire de cet «Inconnu», homme énigmatique que Jean rencontre dans un wagon de chemin de fer et dont il fait le portrait. Comme tant de personnages de Proust, c'est un homme qui a son secret, dont la révélation se fait peu à peu. Mais cet homme singulier, bien qu'il ait quelque chose d'un personnage «préparé», est assez dissemblable, par certains traits de son caractère, des personnages du roman futur. De prime abord, il inspire à Jean beaucoup de sympathie, par son charme et les attentions délicates qu'il a pour lui. C'est un jeune homme de vingt-cinq ans à la «jolie figure féminine» et aux yeux bleus, doué d'une force inouïe et de dons scientifiques extraordinaires. Par contre, Jean apprend que c'est un alcoolique invétéré, qu'il est cardiaque, et menacé d'aliénation mentale. Mais la vraie tare de cet individu est la cruauté sadique qu'il déploie envers un prestidigitateur, dans un «acte gratuit» avant la lettre, que Jean observe le cœur battant. Il est évident que Proust est horrifié par ce sadisme. Les critiques qui prétendent voir, dans chaque cas de perversion décrit dans son roman, le reflet de l'âme proustienne, devraient méditer l'histoire de l'Inconnu. Si nous sommes incapables d'identifier le modèle de cet homme bizarre, nous pouvons en tout cas affirmer avec assurance qu'il est l'antipode de Marcel Proust. Il est vrai que cet auteur a prêté certains de ses propres traits à plusieurs de ses personnages, mais cela ne prouve nullement qu'il a mis en pratique tous leurs actes, comme certains critiques semblent le croire.

Dans un autre fragment du roman, on voit un personnage bien «proustien», et assez piquant, Mme Jacques de Réveillon. Son portrait aurait égayé en tout cas le lecteur contemporain de Proust, qui aurait reconnu sans hésitation la baronne Deslandes, comme l'on peut retrouver sous les traits de la vicomtesse Gaspard de Réveillon ceux de la comtesse de Noailles.[2] Ce qui semble proustien dans le portrait publié ici, c'est la façon dont l'auteur énumère d'abord tous les traits antipathiques du personnage, tant au moral qu'au physique, puis se met à retourner l'impression ainsi produite en dévoilant un côté favorable du même personnage. Ce qui est singulier dans la circonstance, c'est que le manuscrit consiste en deux fragments distincts, qui correspondent matériellement à un portrait complété par son pendant. Le premier de ces fragments est à la Bibliothèque Nationale. J'ai eu la chance d'en découvrir le pendant chez un collectionneur à qui j'ai pu révéler qu'il possédait un fragment inédit de *Jean Santeuil*.

Quatre des autres fragments de *Jean Santeuil* nous intéressent par leur ressemblance avec des passages d'*A la recherche du temps perdu*. Ces quatre textes semblent en effet représenter un premier état de morceaux du roman futur que nous indiquerons avec plus de précision dans les notes. Il s'agit des fragments que nous intitulons: *Lilas et Aubépines, La petite phrase, Une chambre d'hôtel,* et *Mme Martial*. L'histoire des pastiches inédits est assez curieuse. En dehors de ceux que Proust avait publiés dans le *Figaro* de 1908, on sait par ses lettres à Georges de Lauris, qu'il en avait fait d'autres sur l'affaire Lemoine, en particulier, vers le mois de novembre, ceux de Chateaubriand et de Régnier. C'est probablement vers le même moment qu'il avait écrit également celui de Maeterlinck, ainsi que le second pastiche de Sainte-Beuve. Quand Lauris lui exprima l'envie de les lire, Proust lui répondit que ce ne serait pas possible dans l'état «parfaitement illisible» où ils étaient, s'offrant à les dicter et à les lui envoyer.[3] Nous ignorons s'il a pu tenir sa promesse. Quoiqu'il en soit, au moment où le pastiche de Régnier parut, le 6 mars 1909, Lauris lui reparla des autres pastiches. Proust répondit: «Je ne peux publier ni Chateaubriand, ni Maeterlinck parce qu'il faudrait un léger coup de pouce et je suis hors d'état de faire le plus léger effort.» Cette incapacité ne l'empêche pourtant pas d'espérer voir paraître éventuellement ce qu'il appelle «Sainte-Beuve (pas le second pastiche, mais l'étude)».[4] En fait, il allait bientôt commencer l'énorme travail de rédaction de *Combray* et du *Temps retrouvé*. Entre-temps, l'escroc Lemoine, qui avait vendu à Sir Julius Wernher, président de la compagnie minière De Beers, le «secret» de la fabrication du diamant, et qui s'était esquivé, fut repris en avril par la police. *Le Figaro* redemanda des pastiches à Proust, qui s'y mit aussitôt. Le malheur voulut cependant que des travaux commencés dans la maison voisine le rendirent si malade que son travail sur les pastiches en fut retardé. Quand il les acheva et les envoya au *Figaro*, on lui fit dire qu'il était trop tard pour les faire paraître ce samedi-là, et qu'ils paraîtraient dans quinze jours. Que s'est-il donc passé? L'affaire Lemoine avait sans doute perdu de son intérêt pour les lecteurs du *Figaro*, étant relégué au second plan par tant d'événements palpitants, tels que l'affaire Steinheil, la menace de grève des postiers, la visite du tsar à Cherbourg, l'enquête du ministère de la Marine, la chute du ministère Delcassé, les exploits des aviateurs. Proust, de son côté, avait de quoi s'occuper avec le roman qu'il commençait. Néanmoins, il trouva le moyen de se mettre au pas, écrivant un pastiche de Ruskin, d'actualité celui-là puisqu'il y est question de «l'oiseau de Wilbur», c'est-à-dire, l'avion d'un des frères Wright.[5] Malgré cela, le *Figaro* ne publia aucun des nouveaux pastiches. Proust avait déjà fait des démarches en 1908 pour qu'on en publiât un recueil. A tour de rôle, le Mercure de France, Fasquelle et Calmann-Lévy lui avaient fait la sourde oreille.[6]

Proust lui-même oublia d'ajouter les nouveaux pastiches au recueil qu'il fit enfin paraître chez Gallimard en 1919. Voilà pourquoi aucun des quatre nouveaux pastiches ne parut du vivant de l'auteur. Celui de Ruskin parut à titre posthume, mais ceux de Chateaubriand, Sainte-Beuve et Maeterlinck sont restés inédits jusqu'ici.[7] Nous en donnons un texte établi d'après le brouillon que nous avons pu retrouver et déchiffrer, à vrai dire malaisément, sur les manuscrits de la Bibliothèque Nationale.

L'intérêt des notes sur Senancour consiste surtout en ce qu'elles nous apportent, sous une forme inattendue, la confirmation de certaines ressemblances qui existent entre l'auteur pré-romantique et Marcel Proust. Or, s'il n'est plus possible de mettre en doute cette analogie des deux écrivains, il n'en est pas moins vrai que les critiques ont mis plus d'un demi-siècle à la constater.[8] Ces notes de Proust viennent donc en temps opportun pour mettre au point toute discussion à ce sujet.

La forme que prennent ces notes est assez piquante par le ton péremptoire du début: «Senancour c'est moi.» Heureusement Proust ne nous laisse pas douter un instant du sens de cette phrase. Il en précise immédiatement les limites, disant comment il entend s'identifier avec son prédécesseur: il vise seulement la «Rêverie morale inspirée par la nature». S'il n'est question que de rêverie morale, est-il besoin de le dire? elle représente l'essence même de l'œuvre de Senancour, alors qu'elle n'est qu'un seul des multiples aspects de l'œuvre proustienne.

Toutefois, si Proust se trouve une affinité avec Senancour, elle ne lui ferme pas les yeux sur les faiblesses des *Rêveries*. Son sens critique, toujours en éveil, l'oblige à exprimer ce jugement de Senancour: «. . . ses réflexions nous ennuient, ses phrases harmonieuses nous laissent d'autant plus froids qu'elles cherchent à nous toucher . . .» Néanmoins Proust conclue: «Au fond de tout cela ce que je vais chercher c'est la sensation même de paysages particuliers qui est délicieuse». Et il cite de nombreuses phrases qui le charment, et dont il fait un bref commentaire.

Il nous reste à déterminer l'exacte signification de notre trouvaille. Peut-elle s'interpréter comme indiquant une influence quelconque de Senancour sur Proust? A tout prendre, nous pouvons, je crois, répondre négativement à cette question. Certes Proust n'ignore pas totalement cet auteur au moment où il entreprend son roman. La preuve, je la trouve dans un carnet où Proust inscrit le nom de Senancour, note que je crois pouvoir dater approximativement de novembre ou de décembre 1908.[9] A mon avis, cependant, cette note du carnet signifie seulement que Proust vient alors de lire le premier article de Sainte-Beuve sur Senancour.[10] Nulle part, avant d'écrire les notes que nous publions aujourd'hui, Proust ne parle de Senancour de façon à nous convaincre qu'il l'avait lu avec attention. Ni dans ses écrits publiées jusqu'ici, ni dans les nombreux inédits que je connais, je ne trouve la moindre trace d'une lecture de l'auteur en question. Et pourtant, Proust ne s'est pas gêné pour attirer notre attention sur ses autres prédécesseurs: Chateaubriand, Nerval, Baudelaire, Dostoïevski, pour lesquels il exprime tant d'admiration. La raison de son silence me semble évidente. Ces notes sur Senancour sont empreintes, me semble-t-il, de la surprise d'une découverte qu'il savoure avec ivresse.

On voudra donc savoir à quelle époque Proust découvre ces *Rêveries*. La date m'est inconnue, mais ce qui me semble certain, c'est qu'au moment où Proust les lit et les commente, il a déjà écrit presque entièrement *A la recherche du temps perdu*. Je n'en veux pour preuve que l'allusion, dans ses notes sur Senancour, à «mes livres». Car Proust, en se comparant à l'auteur des *Rêveries*, ne peut guère penser aux *Plaisirs et les jours*, et encore moins à ses traductions de Ruskin. Il ne saurait être question ici que de son roman. Et puisqu'il y fait allusion en parlant de «mes livres» au pluriel, il doit écrire ces notes sur Senancour *après* la publication de son deuxième volume, *A l'ombre des jeunes filles en fleurs*, parues en 1919.[11] Du reste, il est à remarquer que Proust a pris la peine de noter non seulement les phrases de Senancour qui lui plaisent, mais aussi les *pages*. Je n'y vois qu'une seule explication. Proust a dû prendre ces notes avec l'intention d'écrire un article ou un essai à ce sujet. C'est le même procédé qu'il a employé en 1908 lorsqu'il préparait un essai critique sur Sainte-Beuve. Il n'a jamais fait paraître cet essai-là parce qu'il l'a amalgamé au premier état de son roman. Quant à l'essai sur Senancour, nulle trace n'en a été trouvée parmi les papiers de Proust; presque certainement il n'en a rien écrit. S'il en est ainsi, c'est assurément parce qu'il a découvert les *Rêveries* trop tardivement pour avoir le temps d'écrire une étude sur leur auteur.

Certaines des réponses de Proust à des enquêtes que nous recueillons dans ce volume m'ont été signalées, il y a une trentaine d'années, par mon ami le professeur Douglas W. Alden. Qu'il soit remercié encore une fois de sa générosité.

Il va sans dire qu'aucun de ces textes n'aurait pu être livré au public sans l'autorisation que Madame Mante-Proust, nièce et héritière de l'écrivain, nous a gracieusement accordée. Je tiens à lui en exprimer ma gratitude, en mon nom et à celui de tous les admirateurs de son oncle.

Je dois mes remerciements également à mes collègues du Fonds de Recherches de l'University of Illinois, qui m'ont toujours accordé une aide généreuse dans la poursuite de mes travaux, et à qui nous devons l'acquisition de certains des documents publiés dans ce volume.

Je voudrais nommer aussi l'American Council of Learned Societies, et la Commission franco-américaine d'échanges universitaires (Fulbright Commission), grâce auxquels il m'a été possible d'accomplir une partie indispensable de mon travail en France.

Parmi tant de personnes à qui je dois une aide pour ce livre, je ne peux taire l'amabilité extrême avec laquelle Mme Renée de Saussine a mis à ma disposition les lettres et manuscrits que lui a laissés son père le comte du Pont de Gault-Saussine.

Presque au moment où nous remettions à l'éditeur notre dactylographie, j'ai lancé un appel à Claude Mauriac dans l'espoir de pouvoir corriger, d'après une photocopie du manuscrit qui lui appartient, le texte des *Sources du Loir à Illiers*. Claude Mauriac ne se refusa pas à mon appel, et ce qui plus est, la photocopie attendue m'arriva dans les huit jours. Qu'il sache combien son geste et sa générosité me touchent.

Je remercie mon collègue, Mlle Fernande Bassan, d'avoir pris le soin de lire et de corriger cet avant-propos.

Nous voulons remercier MM. les directeurs des Éditions Gallimard de nous avoir autorisés à citer une partie du portrait de Mme Elstir, dont le rapprochement avec celui de Mme Martial nous paraît significatif.

Notre livre était déjà en épreuves quand M. Étiemble, venu participer à Urbana aux fêtes du centenaire de notre université, s'est donné la peine d'examiner avec moi la fin du pastiche de Maeterlinck. Si ce passage si abstrus est aujourd'hui d'une lecture à peu près acceptable, je dois en remercier pour une part au moins M. Étiemble, dont la générosité égale les hautes qualités d'érudition et de perspicacité pour lesquelles il est connu.

Il me reste à dire la part importante qui revient à mon jeune collègue Larkin B. Price dans la préparation de ce volume. Sans son travail énergique et patient, ce livre n'aurait peut-être jamais paru. C'est lui qui a assumé la tâche de vérifier et de mettre en ordre mes fiches bibliographiques accumulées depuis tant d'années,[12] d'assembler et de collationner les textes que nous reproduisons dans la deuxième partie de notre recueil.

Et pour finir, il est temps que je nomme Mrs. Doris Sponenberg Bartle, que je remercie de m'avoir donné, pendant cinq années, une aide des plus efficaces dans mes travaux proustiens, et d'avoir été une fidèle collaboratrice, toujours de bon conseil et de bonne grâce.

Nous avons respecté partout le texte de Proust, que nous avons vérifié sur l'original ou une photocopie quand cela nous a été possible. Nous indiquons en note les changements qui nous ont paru indispensables à la compréhension du texte.

PHILIP KOLB

[1] Voir ci-dessous, pp. 172–173.

[2] *Jean Santeuil*, Paris, Gallimard, 1952, II, 304–313. Rien de satirique, bien entendu, dans le portrait de Mme de Noailles.

[3] *A un ami*, Paris, Amiot-Dumont, 1948, p. 163.

[4] *Ibid.*, p. 170.

[5] Voir ci-dessous, pp. 194 et 196, note 4.

[6] *A un ami*, p. 206.

[7] Voir ci-dessous, pp. 42–49.

[8] L'honneur d'avoir été le premier à signaler certaines ressemblances entre les deux auteurs revient à un jeune universitaire italien, M. Giorgetto Giorgi. Dans son article «Sénancour e Proust» (*Studi Francesi*, maggio-agosto 1965, pp. 290–296), Giorgi constate, d'une part, que Proust lui-même nomme seulement Chateaubriand, Nerval et Baudelaire comme ayant évoqué avant lui des souvenirs par la mémoire involontaire, et que, d'autre part, J. O'Brien, P. Moreau, J. Pommier et E. Czoniczer ont cité d'autres auteurs chez lesquels on trouve des évocations semblables, notamment chez Cowper, Rousseau, Alfieri, Flaubert, Huysmans, Henry Harland, Bourget, A. Daudet, Renan, Brunetière, Maupassant, Musset et d'autres. Mais aucun critique avant Giorgi ne semble avoir énoncé à propos de Proust le nom de Senancour. Giorgi trouve dans *Oberman* l'idée baudelairienne des «correspondances», il parle du langage des fleurs, de l'équivalence entre la sensation présente et celle d'un souvenir; il fait un rapprochement entre certains passages d'*Oberman* et le roman de Proust, notamment celui où Senancour compare une jonquille à une femme, comme Proust évoquera une jeune fille dans la fameuse description des aubépines.

[9] Dans une thèse monumentale sur l'*Imaginaire chez Senancour* (Paris, José Corti, 1966, 2 vol.), Mme Béatrice Le Gall fait plusieurs rapprochements entre Senancour et Proust, parlant de la «technique impressionniste» d'*Oberman* comme étant proche parfois de celle de Marcel Proust rappelant des souvenirs du passé (I, 37). Et elle cite la lettre XI qui «montre donc à la perfection comment Senancour annonçant par là Nerval ou Proust a su se servir du mécanisme même de la mémoire intuitive comme principe de construction artistique.» (I, 225.)

[9] La chronologie du carnet en question, avec la justification de la date de cette inscription sur Senancour, fait partie d'une édition annotée du carnet de Proust que je prépare actuellement avec Mrs. Bartle.

[10] *Portraits contemporains* de Sainte-Beuve, tome premier.

[11] Cf. le ton désabusé sur lequel il parle des «phrases harmonieuses» de France, de Barrès et même de Chateaubriand, ainsi que ce qu'il dit du retour de la lumière du matin: «Hélas il y a longtemps que cela n'est plus pour moi.»

[12] Notre livre était sous presse quand a paru celui de René de Chantal, *Marcel Proust critique littéraire*, Préface de Georges Poulet (Montréal, Les Presses de l'Université de Montréal, 1967, 2 vol.). M. de Chantal y publie une bibliographie monumentale qui sera dorénavant indispensable pour les travaux sur Proust. La nôtre, étant conçue sur un plan tout différent et entièrement chronologique, ne semble pourtant pas devoir faire avec la sienne, à trop d'égards, double emploi.

Première Partie

TEXTES INÉDITS

NOTA

* = Note de Proust.

Biblio = Bibliographie des publications de Marcel Proust (Troisième Partie).

[ ] Les dates de composition sont indiquées entre crochets.

( ) Les dates de publication sont indiquées entre parenthèses.

TEXTES INÉDITS DE *JEAN SANTEUIL*

L'INCONNU [1]

[1896?]

Comme Jean allait descendre à la station de C... un inconnu monta dans son compartiment, Jean lui demanda si c'était bien là qu'il devait descendre pour arriver avant la nuit à B... L'inconnu lui répondit qu'il n'y pourrait plus arriver le soir même et ferait mieux d'aller à B... où il y avait une bonne auberge. Jean suivit son conseil et quand on arriva à la station de C... l'Inconnu fit prendre à un employé les bagages de C..., força l'aubergiste à lui trouver une bonne chambre, écrivit pour lui une lettre pour le patron de l'hôtel de B... où il irait facilement le lendemain.

Et déjà dans le wagon quand ils causaient ensemble ils semblaient aussi près l'un de l'autre qu'un fils qui cause avec son père. Tout survenant les eût considéré comme deux amis et ils l'eussent traité comme un étranger et comme s'ils se connaissaient depuis longtemps. Tant les hommes sont en réalité près les uns des autres et tant aux premières paroles, chacun reconnaît chez l'autre ce qui est en lui. Aussi une conversation sincère et animée de bienveillance est-elle la même avec ce voyageur de rencontre, avec mon cocher qui tout en montant la côte est descendu et marche à côté de la voiture, avec la bonne d'une auberge où je ne reviendrai jamais, si l'affabilité de mon accueil, l'air fatigué et glacé de ma figure, et peut-être l'honnête espérance d'un pourboire l'ont animée pour moi des meilleures intentions, qu'elle sera dans un autre pays avec un ami de dix ans. De là vient qu'avec un camarade de collège, un compagnon de voyage, un camarade de régiment, un compagnon d'armes, un collègue, un valet de chambre, un frère, notre commune humanité noue si vite des relations dont l'inconstance est une preuve de leur nature vraiment humaine puisqu'avec tout autre homme elles se renouent aussi facilement, seule plante vivace qui croît dans toutes les zones, dans le désert, sur mer, aux pôles, dans une salle à manger brillamment éclairée, où deux voisins qui causent ensemble vont pour un moment devenir deux amis, partout où deux créatures humaines désireuses d'échanger leur humanité se rencontrent.

A peine les affaires de Jean déposées dans l'auberge, son ami de rencontre lui conseilla de venir avec lui à la taverne où ils avaient coutume de jouer tous les soirs. Ils sortirent, ayant peine à se tenir contre la pluie et le vent de mer[2] qui à l'embouchure des rues soufflait de toute sa force, et on entendait la mer qui grondait au bout. A l'encoignure d'une de ces rues ils arrivèrent à ce petit bar, où les garçons et le patron reçurent amicalement l'inconnu et furent pleins d'empressement pour Jean puisqu'il était son ami. Près du comptoir buvaient quelques hommes qui passaient toute leur vie dans cette salle mal éclairée. A la porte attendait une élégante voiture. C'est que le C[te] de T., jeune homme d'une fortune immense, dont le château dominait la mer et l'embouchure de la Seine,[3] était voisin d'une lieue, passait ici l'hiver et dès le matin arrivait là, y déjeunait, y restait toute la journée, y dînait et y restait jusqu'à minuit revenant dans la nuit avec sa char[r]ette anglaise. Il passait son temps à boire, à jouer avec le patron de l'établissement—homme d'une soixantaine d'années à l'œil vif—car leurs maîtresses étaient amies intimes, pour ne pas dire plus, disait-on. Ce jeune comte était très beau et mis avec une élégance recherchée, bien qu'il fréquentât exclusivement la société plus que vulgaire du patron de l'établissement. Mais sa conversation ne différait pas de la leur, quoique tenue sur un ton dédaigneux et remplacée le plus souvent, les cartes à la main ou le verre à la bouche, par un silence triste, hautain et réservé. De plus l'habitude excessive des boissons fermentées lui donnait une pâleur maladive qui allait assez bien du reste avec ses beaux cheveux noirs bouclés avec art sous son élégant chapeau de paille.

L'inconnu ne lui dit pas bonjour en entrant. Il est évident qu'ils se connaissaient mais que l'inconnu, d'une fortune et d'une situation inférieure à la sienne, mais se jugeant tout autant que lui, évitait tout ce qui aurait pu passer pour de la déférence, et agacé de la position prépondérante que de T... avait là, essayait de marquer la supériorité qu'il aurait voulu avoir sur lui par de l'insolence. Évidemment dans les premiers [temps] quand le garçon disait avec respect «Monsieur de T... est la» l'inconnu faisait semblant de ne pas entendre ou feignait alors de préférer s'en aller comme si c'eût été une trop mauvaise compagnie. Mais tout cela avait diminué, le respect des garçons pour le Comte ayant disparu à force de boire avec lui, de jouer aux cartes avec lui et de lui répondre des injures quand il leur manquait. Ils étaient du reste moins scandalisés de ses violences que de sa familiarité et trouvaient malheureux qu'un comte d'une telle fortune passât sa vie avec des garçons de bar comme eux. Et parfois causant avec un ami de rencontre ils s'affligeaient de cette consomption d'une si belle jeunesse, les vices excitant dans toute âme humaine le blâme, même dans ceux qui par métier les servent et qui si bas qu'ils soient descendus, communient pourtant au moins sous les espèces du langage aux nobles sentiments de l'humanité.

L'inconnu et Jean retirèrent leurs manteaux que le garçon emporta pour les faire sécher, l'inconnu ayant particulièrement recommandé qu'on fît bien sécher celui de Jean. Et ils allèrent s'asseoir à une table où la maîtresse de l'inconnu, deux de ses amis, et un vieil acteur, attendaient l'inconnu en jouant. Tous ils se mirent à jouer et dès les premiers coups, Jean manifesta son désire de [plaire] ayant trahi son ennui de faire perdre les autres, ses scrupules à gagner, sa gentillesse pour tous, sa délicatesse et sa bonté, caractère qui excita chez la maîtresse de l'inconnu, jolie jeune femme ardente au jeu, beaucoup de sympathie et d'hilarité. Elle disait tout le temps: «il est épatant lui, il ne veut pas perdre», et se tordait; elle lui dit: «mettons-nous ensemble mon petit, je t'empêcherai de te faire voler car tu ne sais pas le jeu, et tu vas perdre tout ce que tu as.» Elle trouvait visiblement le vieil acteur commun, il dit un ou deux mots si sales qu'elle parut choquée non dans sa pudeur, mais dans sa distinction, et releva la tête avec noblesse. Puis ils se disputèrent. L'Inconnu donna tort à sa maîtresse avec beaucoup de violence. Cependant Jean remarquait que l'Inconnu vidait successivement deux bouteilles de porto, et à une ou deux questions que sa maîtresse lui adressa sur ce qu'il avait bu dans la journée Jean comprit qu'il en buvait une dizaine par jour et que malgré ses vingt-cinq ans il était alcoolique au dernier degré.

Un prestidigi[ta]teur ambulant entra. Il était en habit et gagna seulement quelques sous. La forme châtiée de ses boniments, l'air triste qu'il avait et digne malgré tout, laissait pressentir que ce n'était qu'après des revers terribles qu'il avait dû descendre jusque là. Et sa bonne figure devait se pencher à la maison avec tristesse sur des petites figures enfantines qu'il nourrissait difficilement et qui lui ressemblaient déjà, mais aimées d'un amour autrement vif que celui qu'il se portait à lui-même. L'inconnu qui ne le connaissait pas tâcha subrepticement de lui casser un de ses pauvres instruments. Et l'autre ayant demandé un compère pour lui attacher les bras, l'inconnu les lui serra si fort que le pauvre homme pâlit et dit d'une voix tremblante et indignée «pas si fort, pas si fort», mais l'autre souriant de sa jolie figure féminine, de ses yeux bleus, la bouche méchante, serrait plus fort, si fort que le sang sortit. Jean suivait des yeux cette scène le cœur battant, n'osant désavouer son ami, craignant pourtant que le prestidigitateur ne lui crût la même cruauté. Et il s'efforçait de se persuader que le prestidigitateur n'avait [pas] aussi mal qu'il en avait l'air. Celui-ci ayant peine à étouffer ses larmes, rompit le nœud, tel que cela était annoncé dans le tour, laissant l'inconnu tout étonné et sa force inhabile devant cette adresse. Et avec une fureur contenue et un esprit réel le prestidigitateur essaya de ridiculiser l'inconnu aux yeux de l'assemblée et d'exciter à ses dépens une gaieté qui ne vint pas. Ensuite la partie de cartes reprit, mais de temps en temps le prestidigitateur jetait sur ce groupe des yeux de haine; puis le prestidigitateur ayant remis sa veste fit une partie de dés et l'inconnu d'un air méchant et gai, dit: «il a reperdu les douze sous qu'il avait gagnés!» Si l'inconnu était alcoolique en tous cas ne donnait-il trace d'aucune excitation.

Le patron de l'établissement vint lui montrer un automobile qu'il s'était acheté et lui demanda s'il était bon. L'Inconnu lui dit que non et à la place lui fit le plan d'une machine qu'il venait d'inventer, car n'exerçant aucune profession, il mettait à profit des dons scientifiques extraordinaires en inventant des machines.

On lui demanda de faire un ou deux tours de force, car il était d'une force inouïe. Mais s'approchant de Jean avec toute la douceur qu'on a avec un être qui vous est sympathique et le respect que le plus violent ne perd pas avec un inconnu, il lui demanda si cela ne l'ennuyait pas, et alors il souleva le patron de l'établissement et sa maîtresse, par une chaîne avec ses dents, puis il sauta six chaises mises l'une sur l'autre. Mais après il se tint le cœur. «En effet, dit-il à Jean, j'ai une maladie de cœur qui me fait beaucoup souffrir. Par moments je suis même triste quand je pense que je peux mourir tout d'un coup.»

Au moment de quitter le bar la maîtresse de l'inconnu voulut que tout le monde revînt dans la char[r]ette anglaise du comte de T... qui ce soir était au mieux avec l'Inconnu. Mais l'Inconnu craignant que Jean qui paraissait délicat n'eût froid ne voulut pas, et comme tout le monde partit en voiture, lui seul alla à pied pour ne pas laisser Jean revenir tout seul.[4]

En rentrant à l'auberge vers minuit il [l'Inconnu] démolit diverses devantures. «Il y a plusieurs plaintes contre moi chez le commissaire de police» dit-il en riant, «mais je suis si fort qu'on n'ose pas . . .» Et le lendemain il se leva de grand matin pour accompagner Jean à la gare.

Jean par des discours subtils essaya de lui persuader de moins boire et de soigner sa maladie de cœur pour lesquels [sic] ces exercices de force devaient être mauvais,—comme si à supposer que quelque chose pût changer les autres ce pût être notre intelligence. Ce serait seulement l'ascendant du caractère que Jean n'avait à aucun degré. L'ami de l'inconnu, brave garçon sensible et rangé, l'accompagna aussi. Et tandis que l'Inconnu était allé faire charger les bagages de Jean, Jean causa un instant de l'Inconnu avec son ami, l'Inconnu étant devenu pour un instant un objet d'examen, qu'on peut juger, tandis que dans la présence d'un autre nous sommes pour ainsi dire lui-même, il nous semble la mesure de tout, par le seul fait que nous parlons avec lui, nos paroles impliquant notre communion. Et l'ami dit de l'Inconnu qu'il était le meilleur des amis mais qu'on craignait qu'il ne devînt fou. Interrogé sur l'incident du prestidigitateur il ne s'en étonnait pas disant que l'Inconnu n'était nullement sensible ni charitable. «Pourtant, disait-il, il a du cœur.»

L'Inconnu revint, et bientôt Jean quitta cette petite ville où il ne devait jamais revenir, mais où il est vraisemblable qu'il laissa dans l'esprit de la maîtresse de l'inconnu un souvenir sympathique quoique peut-être pas regardé une fois par an.

Mais cette femme avait certainement des qualités de Jean dont elle ignorait le nom une idée aussi vive, aussi juste que les gens avec qui il était le plus lié, qui sans doute connaissaient moins bien sa générosité, son besoin de sympathie, sa profonde bienveillance plus difficile à dégager des complexes circonstances des actes difficiles à interpréter de la vie sociale, que dans cette salle où parmi des inconnus, inconnu lui-même, sur cette table crasseuse et en jouant aux cartes, il ne pouvait s'empêcher de répandre comme une lumière vacillante sa cordialité avec ses faiblesses.

Et c'est ainsi en effet que notre vie n'est pas toute réunie en un même endroit et que comme il arrive pour les peintres dont l'œuvre est dispersée dans divers musées, dont tel tableau préféré peut-être est à des milliers de lieues dans la salle à manger d'un bourgeois

d'Amsterdam ou de Vienne, tel souvenir de notre vie, tel portrait
de notre caractère est resté dans la maison d'un pêcheur, dans la
mémoire d'une servante d'auberge où il serait bien extraordinaire
que vous alliez le découvrir. Il y est pourtant. C'est bien moi qu'elle
a connu et ma vie même. Et si je mourais et qu'elle l'apprît sans
doute sans que cela pût projeter une tristesse véritable sur sa vie dont
j'étais trop détaché, dont la mort n'a pas eu à me détacher (ce qu'elle
eût suffi du reste très bien à faire) sans doute elle parlerait de moi
honorablement, rappelant parfois de vieux souvenirs. Il est bien rare
que ceux qui meurent, grands hommes qui ont souvent causé avec
leur aubergiste dans une villégiature, bons bourgeois qui s'attardaient
à causer le soir avec leur marchande de journaux, ne laissent pas
ainsi un bon souvenir d'eux à quelques créatures qui ont en effet
possédé quelque chose de réel d'eux-mêmes et chez qui l'affection
désolée et avare d'une mère, d'un fils en pleurs, [vienne] [5] chercher
comme une consolation, en les interrogeant sur les habitudes de
celui qu'ils ont perdu, en constatant le vide qu'ils laissent. Sans
doute ils auraient tort de croire que la mort de l'enfant chéri qu'ils
pleurent est une peine véritable pour cette vieille femme du quartier
qui l'admirait quand il passait et sur le seuil misérable de laquelle il
posait fièrement ses pieds bottés de bottes de buffle surmontées de
petites culottes de velours quand elle l'appelait pour lui donner une
pomme et que sa gouvernante ou sa mère disait: «va, remercie la
dame», pour l'habituer à ne pas être fier. Sans doute la vieille marchande de journaux qui causait avec votre mère quand elle prenait
[ses] [6] journaux et qui vous fait tant de plaisir en vous disant «elle
était si bonne», et «comme elle était fâchée quand les républicains
étaient ministres», et «dans le quartier tout le monde l'aimait, elle
manque à tout le monde», sans doute cette vieille marchande de
journaux tout en ayant dit tristement «cette pauvre Madame un tel
nous a quittés. C'est une perte pour le quartier» et en ajoutant tels
commentaires qui vous serai[en]t désagréable[s]: «Dame depuis
deux ans elle baissait bien, elle était changée, on ne la reconnaissait
plus», accompagné[s] de celui-ci qui ferait de la peine: «et pourtant
elle a bien fait le chemin à pied comme il n'y avait pas de voiture
le jour du retour de son fils. Ah! dame, c'est qu'elle l'aimait son
fils, fallait voir quand on parlait de lui. Je crois bien qu'elle se serait
fait couper en morceaux pour lui ôter de l'ennui.» Sans doute cette
vieille marchande de journaux n'en prendra pas moins de plaisir à
voir apporter son dîner fumant dans sa baraque et à se retirer au

fond pour l'avaler dans une retraite qui lui semble aussi profonde et aussi confortable qu'au riche sa salle à manger, sa pensée n'en restera pas moins occupée des divers intérêts de sa vie, du retard du crieur qui apporte le *Temps*, des raccommodages qu'elle a à faire pour la marchande de parapluies, de ses douleurs, et du plaisir qu'elle a quand elle n'en souffre pas à sentir à travers son châle le soleil chauffer ses épaules. Soyez sûrs que votre mère, disparue des personnages qui composent la scène de sa vie quotidienne, ne lui manquera pas, comme on continue à manger avec autant de plaisir sur une table qui a perdu un de ses pieds tout en déplorant de temps à autre qu'elle l'ait perdu. Mais cette reprise de la vie quotidienne n'empêche pas des souvenirs sympathiques de rester vivement peints dans des mémoires sincères. Sans doute leurs enfants ne sauront peut-être pas le nom de cette dame que leur mère aimait bien, qui était bonne pour elle et que sa famille désolée honore, et vient voir pour apprendre encore quelque chose de leur mort, comme un riche amateur va dans des pays pauvres, monte par un vilain escalier dans une pauvre maison où il sait que le plafond est de La Tour. Les enfants répondraient: «Non, nous ne savons pas. Ma mère saurait.» Mais n'est-ce pas assez de laisser notre souvenir honor[é] [7] et cher à diverses personnes de notre génération, n'étant pas assez ambitieux pour demander que ce souvenir parvienne à la génération suivante. Nous sommes des hommes et nous ne pouvons espérer plus que d'exciter chez d'autres hommes des sentiments vraiment humains. Si hélas les conditions de notre vie peuvent changer sans changer nos vices, aussi nos bonnes qualités se développent partout les mêmes, comme les fleurs d'une plante qui sont partout semblables à elle-même et qui dépendent de sa nature et non du sol où on l'a plantée. Ainsi dans les pays lointains où tel pauvre parisien fixe un moment sa vie aventureuse, ce sont les qualités, le sourire qui étaient familiers et chers à sa mère qu'il apporte et qu'il fait aimer.

Ainsi dans la petite ville où Ruskin vint passer paraît-il six mois pour étudier une cathédrale, les choses qu'il disait au bedeau de l'église, qui me la montre en ce moment et qui a gardé [le souvenir] de ce monsieur anglais qui vint ici passer six mois, sont aussi précieuses pour moi que celles qu'il pouvait dire à la Reine. Je savais quels livres, comme des musées, comme des expositions de ses œuvres, contenaient les images de la pensée de Ruskin.[8] Je savais quels amis comme des collections particulières avaient gardé des pensées moins importantes de lui. Mais voici que dans cette

petite ville traversée par hasard, dans la mémoire pour quelques
années nette encore de ce bedeau déjà vieux, il y a quelque chose
de Ruskin qui est resté, de sa vraie vie, qu'il vivait pour lui-même,
près de ce bedeau.

Ne vous avais-je pas dit qu'en pénétrant dans une pauvre maison
dans le midi, un amateur avait été arrêté net dans la salle à manger
par un La Tour encore vivant, comblé jusqu'aux bords de sa pensée
d'alors et de son rêve, lui-même enfin là au mur et inconnu de tous,
hors cet ouvrier qui le voyait tous les soirs et se rappelait l'hôte
ancien, comme dans la mémoire où seule elle[9] peut parfois y regarder, car à qui pourrait-elle en parler, où dans cette mémoire
privée, infranchissable d'où on [ne] le voit pas du dehors, comme
cette maison paysanne et qui tombera plus vite qu'elle[10] en ruines,
est dans la mémoire de la maîtresse de l'Inconnu, d'une servante
d'auberge, d'un ami de régiment, un des portraits vivants du caractère de Jean, un souvenir inconnu de sa vie.

[1] Le manuscrit original, huit pages sur feuillets de grand format 230 × 365 mm.,
appartient au Fonds Proust de l'University of Illinois. En tête de la première
page, Proust a d'abord commencé par les mots: «Dans la petite ville de Nor-
mand [sic]», qu'il a barrés afin de recommencer par l'incident de la rencontre
dans le train. Il n'y a pas de titre dans le manuscrit. Proust emploie tantôt la
minuscule, tantôt la majuscule pour désigner l'Inconnu.
[2] et la pluie, en interligne.
[3] La petite ville se situe donc dans le voisinage de Trouville, où Proust allait
quelquefois en villégiature.
[4] Nous replaçons cette phrase et la suivante, selon les indications de Proust,
pour mieux suivre l'ordre des événements du récit. Voir le fac-similé de la
cinquième page du ms.
[5] viennent, par mégarde.
[6] ces, par mégarde, au lieu du possessif.
[7] honorer, par mégarde.
[8] Ce passage vient compléter et éclaircir un morceau du texte imprimé de Jean
Santeuil où Proust, parlant de ses rêves de beauté, de son désir de Fontainebleau,
de Rembrandt, de Watteau, de Hobbema (et non «Hoblener» comme dans le
texte, II, 319), en arrive à évoquer la table d'une salle à manger, dont il fait une
nature morte, à la manière de Chardin, transposée en littérature (II, 317–320).
Il compare un dîner à «une sorte de musée de la gourmandise», et conclut:
«Ici comme dans les musées, comme dans les bibliothèques ce n'est pas seulement notre immense désir d'une chose rêvée qui nous la présente et qui nous
donne traduits ces jugements de Ruskin sur Rembrandt que nous désirions
tant connaître et pour lesquels nous aurions appris l'anglais . . .»
Ces deux morceaux semblent donc se compléter, et doivent, de toute vraisemblance, dater à peu près de la même époque. S'il en est ainsi, un problème se
pose cependant en ce qui concerne notre fragment, à propos de l'allusion à
«la petite ville où Ruskin vint passer paraît-il six mois pour étudier une cathédrale» et aux «choses qu'il disait au bedeau de l'église, qui me la montre en ce
moment». On pourrait se demander s'il ne s'agit pas ici de la visite que Proust
fit à Rouen, entre le 20 janvier et les premiers jours de février 1900, et où il
interrogea Julien Édouard sur Ruskin. Mais Julien Édouard était non pas bedeau

d'une cathédrale, mais sacristain d'une église, celle de Saint-Ouen. Et Rouen n'est pas une «petite ville». Du reste, Proust s'est montré plutôt sceptique au sujet des paroles qu'il a recueillies de Julien Édouard sur Ruskin (*Lettres à une amie*, Manchester, Éditions du Calame, 1942, p. 19). Il ne semble pas d'ailleurs que Ruskin ait jamais passé six mois dans aucune petite ville française; il lui arrivait rarement de prolonger un séjour de ce genre au-delà de six semaines. J'en conclus que tout ce passage sur Ruskin est une fiction, datant de l'époque où Proust connaissait encore fort peu de chose sur la vie et l'œuvre de l'esthète anglais. Dans son article sur Rembrandt, Proust imagine de la même façon une visite de Ruskin à l'exposition Rembrandt à Amsterdam. On sait que Ruskin n'a pas pu assister à l'exposition en question, laquelle eut lieu en octobre 1898. Son dernier voyage à l'étranger date de 1888. (Voir *Contre Sainte-Beuve, suivi de nouveaux mélanges*, Paris, Gallimard, p. 382; cf. E. T. Cook, *The Life of Ruskin*, New York, Macmillan, 1911, II, 528 et 603.)

Les fragments en question ici semblent avoir été écrits pendant ou peu après le séjour de Proust à Fontainebleau (octobre 1896): cf. le passage qui commence «Aujourd'hui par ce jour d'automne . . .» exprimant le désir de voir Fontainebleau (II, 317), et l'allusion à «cette grande avancée de la salle à manger de l'hôtel de France et d'Angleterre sur la rue» (II, 319).

⁹ La maîtresse de l'Inconnu.

¹⁰ *elles*, par mégarde.

CHARLES [HENRI] DE RÉVEILLON [1]

[1896–1897]

Pour avoir la première depuis qu'il était petit enfant essuyé ses larmes et reçu ses confidences en le prenant sur ses genoux, elle[2] connaissait le cœur sensible de son fils, tout ce que si jeune il pouvait déjà pour un chagrin d'amour ou une déception d'amitié avoir de peine et de souffrance. Comme elle savait avant toute autre qu'il avait mal dormi, elle savait presque en même temps que lui qu'il s'éprenait d'amitié pour une ou pour un de ses camarades. Elle avait remarqué la manière dont il lui avait parlé de Charles et avait cru utile de lui faire un peu de peine tout de suite, pour lui en éviter une plus longue et plus grave. Maintenant, comme après lui avoir arraché une dent ou brûlé une coupure, elle était émue et faible en pensant qu'il souffrait. Mais il eut honte que sa mère le crût triste, il se détourna et à peine arrivé dans sa chambre, s'étendit sur son lit et fondit en larmes. Depuis il évitait Charles, et ne pouvant le voir, s'attachait surtout à ce qu'il ne pût supposer que pour des motifs d'ambition il le désirait. Mais la noble aisance des manières de Charles, la vivacité que la souplesse de son corps élégant[3] et la grâce aimable et joyeuse de sa figure répandaient dans toute sa personne, la finesse un peu moqueuse de son regard, gardaient pour Jean ce charme dont il avait rêvé jusque là sans le rencontrer et dont tous ses camarades brutaux ou souffreteux, tous vulgaires, étaient entièrement dépourvus.

Mais si ces sentiments qu'il ne pouvait soupçonner à travers la froideur extrême de Jean eussent étonné Charles, si Jean avait pu regarder un instant dans le cœur de Charles, il eût été plus stupéfait que ravi. Les devoirs français de Jean avaient dans la classe en général hostile et moqueuse un admirateur muet mais fanatique. C'était Charles. A la lueur de ces improvisations brillantes que Jean lisait souvent sur l'ordre du professeur au milieu des rires de la classe, il croyait apercevoir dans celui dont il aurait [été] si fier de faire son ami, un génie ardent et singulier qui le transportait. Souvent sans que Jean le vît il essayait pendant des heures de deviner quelles pensées sublimes élargissaient encore les yeux profonds et vastes de Jean, et ne soupçonnait certes pas qu'un ange fraternel se lamentait si près de lui de s'en croire si loin et séparé, et que celui qu'il admirait à ce point l'aimait peut-être plus encore.

Au commencement Charles en rentrant chez lui racontait pendant des heures à sa mère les devoirs de Jean, ses lectures, ses regards, ce qu'il serait un jour. Et la duchesse lui avait répondu:

—Mon pauvre petit, je suis bien triste de te voir épris d'un ami charmant peut-être mais qui doit être élevé à nous détester tous. On dit que son père a des idées très avancées. Mais si ses parents le lui permettent amène-le ici.

Puis Charles n'en avait plus parlé, ayant remarqué la froideur de Jean qu'il attribuait moins à une haine politique qu'au mépris où une si extraordinaire intelligence devait tenir un cancre comme lui. La duchesse s'était deux ou trois [fois] plainte qu'il n'essayât pas de se lier avec un garçon si remarquable, mais Charles était trop fier pour lui avouer sa déconvenue. On avait été très étonné à Charlemagne où l'on savait les principes des Réveillon d'apprendre un jour que Charles avait quitté Fénelon et devenait interne à Charlemagne. On aurait certes rendu Jean aussi fou de stupeur que de joie si on lui avait dit que Charles pour ne pas rester presque toute la journée sans le voir avait à force de supplications sans en donner bien entendu la vraie raison obtenu de ses parents ce changement. Alors Charles sentant qu'il pourrait voir Jean tant qu'il voudrait voulut aussi essayer de la froideur. Jean fut confirmé dans ses craintes et dans le sombre désespoir où le seul plaisir qui lui restât fut de montrer à Charles qu'il n'avait pas l'âme vile et n'avait pas *comme les autres* recherché son amitié. Quand le professeur lui indiqua sa place à côté de Réveillon il refusa. Comme il avait reparlé le professeur lui dit:

—C'est bien, je vous avais offert les moyens de ne plus parler, vous serez demain en retenue.

Le lendemain à l'heure où tous les autres jouaient dans la cour, Jean dans la classe faisait tout seul du mot à mot. Le pion même n'était pas resté disant:

—A dix heures je viendrai chercher vos deux cents vers.

Car à dix heures comme c'était jeudi on quittait le collège, et ceux qui venaient de jouer, avec ceux qui venaient de finir leur punition, allaient déjeuner dans leur famille. Jean pouvait choisir où il le voulait les deux cents vers qu'il devait traduire et n'était même pas obligé de les prendre dans un même auteur. Habituellement pour varier l'ennui de leur tâche les élèves traduisaient vingt vers d'un poète latin, dix lignes d'un prosateur grec (les lignes grecques comptaient double). Mais Jean, portant à une tâche où du moins Charles n'était pas étranger un sombre courage, avait entrepris un passage long et difficile, les deux cents vers par où débute le VIe Chant de l'*Odyssée*. On y voit Minerve au moment où Ulysse se lamente d'être si loin de Minerve, la déesse apparaître au héros sous les traits déguisés d'un vieillard. Jean savait que de telles apparitions

sont impossibles et que les enfants seuls croient que leur désir est
la loi des choses. Il savait aussi qu'hélas elle n'est pas la loi des cœurs.
Pourtant il aimait, dans son lit à l'heure de s'endormir et le jour
dans les heures certaines[4] qui lui ressemblent, à se figurer Réveillon,
que la distance de leurs demeures ne séparait pas seul[e] de lui,
venant frapper à la porte de sa chambre, lui tendant la main, disant
pourquoi jusqu'alors il lui avait caché sa sympathie. L'expérience
de sa raison protestait contre l'absurdité d'un tel roman. Mais
l'imagination n'a pas d'expérience, puisque l'espérance en efface
chaque jour les traces légères pour lui rendre toute sa pureté. Et
son imagination se plaisait à retrouver ses rêves où l'avenir s'affran-
chissait de la loi[5] de ressembler comme dans la vie à un triste passé,
dans ces fictions gracieuses où le désir joue en riant avec les formes
les plus dures de la nécessité. Comme un fou aime à rencontrer l'ami
docile qui l'écoute sans le contredire, ainsi Jean recherchait l'inno-
cente complicité du poète.

La classe étant située au rez-de-chaussée de plein pied avec la
cour, et la fenêtre étant grande ouverte, Jean entendait les cris et
les sauts de ses camarades. Il n'avait pas la consolation de penser
qu'Honoré [Charles] [6] était au milieu d'eux, car il avait, demeurant
plus loin que les autres, aux Invalides, la permission de partir dès
huit heures du matin, et il n'était pas vraisemblable qu'il fût resté.
Bientôt absorbé par le travail Jean cessa de percevoir aucun bruit.
Il était arrivé au moment où Minerve [apparaît] quand tout à coup
un léger bruit qu'il entendait tout près de lui depuis quelques in-
stants lui fit lever la tête. Il entendit un saut par la fenêtre et le
bruit cessa. Mais pendant une seconde, escaladant un banc, et le
regardant avec un sourire, il avait aperçu, comme dans son rêve,
Charles. Maintenant son papier où deux vers à peine étaient écrits
n'était plus seul sur le pupitre. A côté un pensum complet de cinq
cents lignes françaises copiées était à côté de lui, tout prêt à être
donné au professeur, avec le nom de Jean Santeuil en tête, en
majuscules. Le fragment copié était le chapitre des *Essais* de Montaigne sur l'Amitié.

Jean sortit à dix heures de la classe après avoir remis au pion la
traduction de l'*Odyssée* qu'il avait terminée et emportant sous sa
veste les tables de la loi qui lui étaient tombées du ciel. En passant
il bouscula deux élèves qui ne cherchaient qu'une occasion de le
rosser. Ils se jetèrent sur lui et le poussèrent à coups de poing hors
du collège, aux grandes acclamations de toutes les classes qui sor-
taient et qui toutes détestaient Jean. Il alla heurter une voiture à deux

chevaux qui attendait Réveillon devant la porte et le valet de pied, heureux de grossir de son insulte les huées de deux cents élèves, lui cria:

—Attends [un] peu, cochon, c'est comme cela que tu arranges la voiture, et il descendait de son siège, quand Charles de Réveillon fendant à coups de poing les élèves dit à Jean:

—Voulez-vous me permettre de vous ramener.

Le valet de pied n'avait pas entendu, mais avant d'envoyer un coup de pied à Jean, s'approcha pour tenir la portière de son maître, et voyant Jean monter, voulut l'arrêter. Charles lui dit:

—Jacques, prenez la serviette de Monsieur et allez le déposer chez le concierge du collège où il le reprendra demain, et sans attendre le retour du valet de pied il donna l'ordre au cocher de partir au milieu du silence de tous [les] élèves de Charlemagne stupéfaits.

*
* *

—Est-ce enfin monsieur Santeuil, dit la duchesse en voyant son fils suivi de Jean. Jean ne se demanda [pas] [7] un instant comment elle pouvait savoir son nom; il avait depuis si longtemps rêvé que les choses devaient être ainsi qu'il avait seulement cessé d'être comme tous les jours précédents, étonné et chagrin qu'elles ne le fussent pas. Tout se suivait naturellement et sans heurt, comme il rêvait.

—Vous allez rester à déjeuner, dit Réveillon. Ils se rappelèrent tous les deux qu'ils avaient oublié l'heure du déjeuner de Jean; il était trop tard pour rentrer.

—Je vais tout de suite le faire dire à madame votre mère, dit la duchesse.

Charles sortit un instant et courut vers sa mère.

—Maman, tu le fais dire à madame Santeuil, c'est-à-dire que tu lui écris directement, n'est-ce pas?

—Oui, mon chéri.

—Gentiment, n'est-ce pas?

—Mais comment veux-tu que je lui écrive, tu crois que je vais lui dire: «Madame, cela m'ennuie beaucoup d'avoir votre fils»?

—Non, ma petite Maman, tu es bien gentille, dit-il en l'embrassant. Mais je veux encore te demander une chose. Qui enverras-tu porter la lettre?

—Je ne sais pas, Luc ou Théodore.

—Non, Jules, je t'en prie.

—Non, Jules ne peut pas, il a à me porter des cartes d'un autre côté.

—Oh, Jules, je t'en prie, je vais te dire, les autres vont en livrée. Et j'ai vu le valet de chambre des Santeuil au collège, il est habillé comme Jules, moins bien, mais sans livrée. Je voudrais que le tien n'ait pas l'air d'être autrement.

—Dieu, que j'ai donc un fils bête, lui dit la duchesse en riant. Mais tu ferais mieux de ne pas le laisser seul au lieu de t'inquiéter de la livrée de Luc.

[Charles] [8] retourna près de Jean.

—Qu'est-ce que vous avez de gros là, lui dit-il en lui tirant un paquet de sous sa veste. Mais Jean le lui arracha des mains. Il voulait garder toute sa vie les tables de la loi qui, ce matin béni, lui étaient tombées du ciel.

—Comment, cela ne vous a pas servi, dit Charles désolé. Et moi qui voulais vous éviter du travail. Je vous en éviterai toujours, si vous voulez bien me garder comme ami, quoique étant si intelligent cela doit bien vous ennuyer d'avoir un ami comme moi. Mais je ferai le travail ennuyeux. Je copierai vos devoirs, et même si vous permettez, vos vers! Oh, dit-il en montrant le chapitre de Montaigne, croyez-vous que nous serons aussi amis qu'eux? Mais il alla brusquement vers la fenêtre en voyant quelqu'un passer dans la cour, et rentra d'un air mécontent dans la chambre.

Luc était parti en livrée.

[1] Épisode destiné à suivre immédiatement le chapitre publié sous le titre *La Classe de philosophie* (I, 239–246), où M. Beulier donne une punition à Jean pour avoir parlé en classe (pp. 242, 245, 246). Notre chapitre inédit raconte comment, le jeudi où Jean doit être en «retenue», il se lie d'amitié avec le fils du duc de Réveillon. Voir la note 6 ci-dessous, au sujet du prénom du nouvel ami de Jean.

Le manuscrit est un brouillon sans titre de dix pages, sur deux grands feuillets de 322 × 200 mm. et deux pages arrachées d'un cahier d'écolier, de 172 × 233 mm. Fonds Proust, University of Illinois.

[2] Mme Santeuil, la mère de Jean.

[3] Proust oublie de barrer *et l'élégance,* mots qu'il a remplacés par l'adjectif *élégant.*

[4] *Sic.* Faudrait-il entendre: *in*certaines?

[5] *de la loi,* mots barrés par mégarde.

[6] Pour désigner l'ami de Jean, Proust substitue ici le prénom *Honoré* pour Charles. Mais dans le chapitre suivant (I, 247 et suiv.), le fils du duc de Réveillon avec lequel Jean vient de se lier s'appelle Henri. Proust hésitera de la même façon sur le choix des noms de certains personnages lorsqu'il écrira *A la recherche du temps perdu.*

[7] *ne,* ajouté en marge; Proust oublie d'ajouter *pas.*

[8] *Jean,* par mégarde.

LILAS ET AUBÉPINES [1]

[1896?]

La saison des lilas touchait à sa fin. Quelques-uns, encore dans toute leur fraîcheur, fusaient en hautes girandoles mauves leurs bulles délicates. Mais le plus souvent dans le tendre feuillage aux feuilles en forme de cœur allongé où déferlait jadis leur mousse mauve et embaumée, de rares grappes diminuées par leurs fleurs flétries et béantes n'avaient plus de parfum à laisser sortir. Au-dessus du mur du pré quelques-unes inclinaient encore leur tête fine avec une grâce nonchalante, se laissant frôler par les feuilles au-dessus desquelles elles[2] s'élevaient. Mais c'était aussi le moment où les soixante aubépiniers arborescents, de la taille d'un pommier ou d'un cerisier, qui faisaient cercle autour de la pièce d'eau apparaissaient [avec] leurs longs bras horizontaux, leurs mains fines et tendres, attachées, nouées d'innombrables pompons de fleurs roses, si bien que par endroits on ne voyait plus de feuillage, mais comme un arbre de fête qui ne portait que des fleurs, dont les rameaux étaient pomponnés comme des houlettes Louis XVI. Après trois arbres tous roses, c'était un aux roseaux de fleurs rouges couleur de vin avec une marque blanche. Puis un autre aux rameaux de fleurs rouges mais doubles, comme des aubépines rouges. Puis des blancs mais avec des fleurs doubles aussi. «Qu'est-ce que c'est» demanda Jean. «Ce sont les aubépines» répondit le jardinier comme dans un jardin zoologique on dit «ce sont les phoques». «Tous?»—«Oui, tous des aubépines.» Et il y a bien quelque chose en effet qui donne l'idée d'une personne, d'une race à part, dans un genre. Chacun de ses arbres sa saison venue, sans se soucier de ses voisins les lilas, sans tenir compte des marronniers, par une sorte d'instinct obscur, de génie fixe, montre, le temps venu, rougit, fait éclater, ouvre.

---

[1] Bibliothèque Nationale, N.a.f., manuscrit de *Jean Santeuil*, ff. 697 et 697v°. Ce passage est à comparer aux descriptions de lilas et d'aubépines dans *A la recherche du temps perdu* (édition de la Pléiade, texte établi par Pierre Clarac et André Ferré, Paris, Gallimard, 1954), notamment I, 112, 135, 138, 139 (où se retrouvent les pompons et une «houlette rococo»), 140; II, 157. Notre morceau est annoncé dans le texte déjà paru (I, 138). Un troisième morceau sur les lilas est publié au tome II, pages 9 à 11.

[2] *elles*, s'accordant avec *grappes*, nous oblige à mettre *quelques-uns* au féminin.

SOIR D'HIVER [1]

[1896–1897?]

A cette heure noire où il fait presque tout à fait nuit dans la maison pas encore éclairée, où filtre à peine du fourneau de la cuisine seulement rallumé une mince lueur rouge, où toute la maison noire pour un instant encore a l'air d'être toute prête pour cette gaie lanterne magique des chambres éclairées tout à l'heure où l'on lira, où l'on jouera, pour cette fête un peu plus tard de la salle à manger où la promesse d'un repas merveilleux et de causeries attendues avec impatience mûrit sur la table de la salle à manger où les assiettes plus nombreuses que de coutume se couvrent déjà de serviettes blanches, où les hauts compotiers sont chargés de raisins, tandis que les bas, d'une espèce différente sans doute portent des fruits vastes [et] plats, de goût sucré et d'apparence comestible qu'on nomme massepains et langues de chat, tableau bien connu de Jean puisqu'il se reproduit tous les dimanches, d'autant plus aimé, peut-être aussi réjouissant pour ses yeux que les plus riches tableaux de l'automne pour le vendangeur, qui promet un dîner infiniment meilleur et plus amusant[2] que le dîner de tous les jours, mais tout aussi calme, exempt de tout autant de timidité, de mondanité de sorte qu'on en reçoit beaucoup plus sans en demander davantage, et dont le plaisir et la gaité est quelque chose où il serait difficile de dire lequel, de sa vive lumière que donne la seconde lampe ajoutée ce jour-là, la friture d'entrée, la chaleur d'être plus près du feu les places étant changées, la purée de marrons, les nouvelles que racontera son oncle, le plaisir de l'embrasser et celui d'embrasser son petit cousin entre pour une part plus importante. Et, parfois en semaine, on avait [à] cette heure-là l'attente de celle qu'on aime par-dessus tout, qu'on connaît à peine et qu'on attend, pour laquelle on a fait sa chambre si belle et qu'on attend dans la lumière de la lampe, l'obscurité des coins, la porte parfois ouverte pour écouter, le feu souvent ranimé, les belles choses flatteuses sorties et disposées sur la cheminée, recevant au tintement de la sonnette une commotion aussi vive que le timbre, fêtes mystérieuses de l'hiver où la chambre la visite partie semble à la fois vidée d'une espérance et parfumée d'un souvenir.

[1] Bibliothèque Nationale, N.a.f., manuscrit de *Jean Santeuil*, f. 402v°, page au dos de laquelle commence le chapitre publié sous le titre *Les Quartiers d'hiver de Balzac* (II, 247 et suiv.).
[2] *et plus amusant*, en interligne.

Première page du chapitre de *Jean Santeuil* que nous intitulons «l'Inconnu».
Voir p. 3.

Manuscrit de la cinquième page de «l'Inconnu». Voir p. 6.

Première page du chapitre que nous intitulons «Charles [Henri] de Réveillon».
Voir p. 12.

Fragment que nous intitulons «Madame Martial». Voir p. 35.

LA PETITE PHRASE [1]

[1897?]

Un soir Jean revint sans l'avoir vue. C'était la troisième fois. Elle ne passait donc plus par là. Il ne la reverrait peut-être jamais plus. Il ne pouvait pas se décider à perdre toute chance de jamais savoir qui elle était. Elle était peut-être en retard, elle allait peut-être passer, elle passait peut-être en ce moment. Il prit une voiture, la fit courir au coin de la rue Saint-Dominique. A tout moment son cœur battait. C'était elle. Il avait aperçu son petit chapeau. Et bientôt le petit chapeau devenait la coiffe d'une vieille dame, la toque d'une petite fille qui avaient pris un moment comme les images du ciel la forme souhaitée. Et bientôt toute la femme, vieille ou jeune lui apparaissait: une autre. Il revint, mais à tous moments il se disait: à l'instant elle doit passer rue du Bac, Pont de la Concorde, et faisait repartir le cocher. Il aurait voulu pouvoir monter dans deux voitures, dans trois, dans quatre, pour pouvoir aller à la fois à tous ces endroits où elle pouvait être. La seule pensée qu'elle pouvait y être donnait comme un formidable coup de clef au remontoir de son cœur. Et il se mettait à battre plus vite.

Elle pouvait avoir reconduit une amie. Il se donna dix minutes à attendre sur le Pont de la Concorde. Son cœur tremblait d'anxiété et de faiblesse. Tout d'un coup il tressauta entendant une voix dire très fort contre lui: «Oui quelqu'un me l'a dit. Pour ne pas le nommer c'est Eugène.» C'était un monsieur qui passait entre deux autres et riait. Il aurait voulu le battre pour la secousse qu'il lui avait donnée et se répétait avec haine: «Pour ne pas le nommer c'est Eugène.» Il était comme une personne qui a la fièvre et qu'un passant secoue involontairement. La secousse se change en fureur. Et le malade tomberait volontiers à coups de poings sur celui qui a troublé son malaise. Enfin il fallut renoncer. Il rentra. Et quand il ferma sur lui la porte de cet escalier qu'elle n'avait jamais monté, quand le domestique lui ouvrit gaiement la porte, lui donna une lettre et qu'il reconnut l'écriture de Réveillon, quand on vint lui dire que le dîner était servi il sentit que sa déception étant consommée, il fallait maintenant se résigner à accomplir les œuvres diverses des jours fastidieux et mélancoliques qu'il devait l'un après l'autre passer loin d'elle.

Le soir il dut s'habiller pour aller passer la soirée dans un salon où il savait que personne ne la connaissait. Il arriva, on faisait de la musique d'ensemble, il s'assit dans un coin. Et comme il se sentait le cœur si faible, les sons du violon et du piano lui faisaient un peu

mal. Il ne savait pas du reste ce qu'on jouait bien qu'il lui semblât
le connaître. Tout à coup le violon s'étant élevé resta tout d'un coup
sur une note comme en² un moment d'attente; l'attente se pro-
longeait, mais le violon chantait de plus en plus fort, comme ne
pouvant plus se contenir, apercevant déjà celle qui allait entrer,
donnant toutes ses forces pour atteindre jusqu'au moment où elle
apparaîtrait. Alors Jean reconnut la 1ère Sonate pour piano et violon
de St Saëns et sentant ce qui allait venir, il sentit son cœur se trou-
bler. Et en effet la phrase attendue s'adressa à lui. Ce n'était pas à
proprement parler les exécutants qui la jouaient. C'était elle, une
créature invisible et mystérieuse qui existait dans la nature, très près
de lui, mais cachée, tout près de lui sans qu'il la sentît, et qui voulant
lui parler ce soir, avait dû, car c'étaient les rites magiques à accomplir
pour qu'elle pût se révéler, se prêter à toutes ces incantations, passer
par toutes ses incantations. Tout à l'heure quand le violon tressaillant
sur une même note l'attendait, l'anxiété de Jean peut-être le parta-
geait. Mais déjà alors elle était sûre qu'elle allait pouvoir lui parler.
Elle ne savait peut-être pas bien s'il la pressentait déjà, mais elle
était sûre que quand elle serait là, il dresserait tout à coup la tête,
ne la quitterait plus des yeux, l'écouterait. Mais lui un instant avant
qu'elle apparût l'avait reconnue. Et à son premier mot, sentant
pour la première fois dans ce monde vide et inutile où il se sentait
perdu depuis ce soir, tout près de lui une créature invisible [et
mysté]rieuse, comme la pensée de l'autre qui le comprenait et qui lui
parlait, il baissa la tête, trop ému, et ses yeux s'étaient troublés de
larmes. Mais elle, cependant, parlait. Et essuyant de sa douce main
les pleurs de sa tristesse, l'emmenant avec elle en secouant sur ses
pas la cendre des chagrins passés, et lui montrant en souriant l'avenir, elle parlait. Et elle lui dit tout ce qu'elle avait à lui dire. Et
pendant tout le temps il la sentait là bien réelle, s'adressant bien à
lui, disant tout ce qu'elle avait à dire, pour lui, à l'insu de tous ceux
qui accomplissaient tous les rites nécessaires pour qu'elle apparût.
Puis ayant fini ce qu'elle avait à dire [d'impor]t[an]t³ et les rites qui
suivaient son apparition, reprise des premières phrases du violon,
allusion à elle comme si l'on prononçait son nom successivement en
des langues différentes, eurent lieu. Et au milieu de tous ces étrangers
sentant près de son cœur navré la petite phrase et la pensée de son
amie, faisant le mouvement de poser ses lèvres sur elles et de les
presser doucement contre son cœur, Jean leur voua à toutes deux un
amour éternel.

[1] Bibliothèque Nationale, N.a.f., manuscrit de *Jean Santeuil*, ff. *696v°, 696, 693, 693v°, 695, 695v°, 696v°*. Cette idée d'une *passante* dont on tombe amoureux, et qui est évoquée par une musique à laquelle son image s'associe, intervient dans *Du côté de chez Swann* au moment où Swann vient d'entendre pour la première fois la sonate de Vinteuil: «Mais, rentré chez lui, il eut besoin d'elle: il était comme un homme dans la vie de qui une passante qu'il a aperçue un moment vient de faire entrer l'image d'une beauté nouvelle qui donne à sa propre sensibilité une valeur plus grande, sans qu'il sache seulement s'il pourra revoir jamais celle qu'il aime déjà et dont il ignore jusqu'au nom.» (I, 210.) Cf. également les principaux éléments de la description de la petite phrase de Vinteuil, *ibid.*, I, 345, 347 et 348. Cf. «Les Mystères de la petite phrase de Vinteuil», ci-dessous, pp. 187–188.

[2] *en*, en surcharge, sur *à*.

[3] Une déchirure du ms. laisse voir seulement le haut d'un *t* et un autre *t* final.

UNE CHAMBRE D'HÔTEL[1]

[1897]

Un soir que Jean arrivait tristement dans une ville nouvelle n'osant s'approcher de l'hôtel où il avait retenu sa chambre, tremblant tant les battements de son cœur étaient forts à la pensée de devoir passer la nuit dans cet inconnu, il fi[ni]t[2] par arriver à cet hôtel; un portier souriant vint au-devant [de] lui et réchauffa son cœur d'une sorte de sympathie, puis il le mena à sa chambre par un couloir assez large et tendu de tapis tellement épais que l'on [n']entendait pas le bruit des pas, ce couloir ne conduisait qu'à sa chambre de sorte qu'elle se trouvait en quelque sorte isolée du reste de l'hôtel. Il en tourna la porte qui ne fit aucun bruit. Aussitôt la grande et douce lumière dont l'électricité remplissait la chambre lui sourit comme une autre sympathie. La chambre était grande, très large, pas trop haute de plafond dans ses proportions où le corps se sent libre mais entouré et sans ces hauteurs qui portent à la tristesse, cet espace superposé et inaccessible qui règne inutilement au-dessus de nous comme un lustre inutile. Tous les tapis en étaient si doux, plus doux encore par la lumière qui les éclairait, l'atmosphère en était si agréable par le bon feu qui flambait dans la cheminée, ses livres apportés d'avance sur la table, une sorte de petit souper de réserve, un punch préparé, le lit vaste mais pas trop long, nullement triste et séparé de la chambre mais plongeant dans son bonheur silencieux qui ne vous gênerait nullement tout en vous tenant compagnie d'y goûter un repos agréable, tout cela qui annonçait là tant d'occupations agréables avec deux petits cabinets attenant[s], la faculté d'y aller ou de les laisser vide ou de les laisser ouverts et d'en prolonger sa chambre, la soumission de bien d'autres choses à la toute puissance du propriétaire, des boutons d'électricité qui attendaient la prise de sa main pour lui donner la lumière qu'il voudrait quand il le voudrait, s'il voulait lire au milieu de la nuit, ou manger ou écrire, à la place qu'il voudrait, en écartant les rideaux car il ne faisait pas encore nuit, la vue sur une cour ancienne donnant sur une sorte de palais jauni et sculpté d'où pendaient des vignes vierges ciselées par la nature et rongées par l'automne—rideau vite refermé pour revenir plus complètement à la chambre, lui donnèrent l'envie de renvoyer le portier le plus vite possible pour rester seul maître de son petit domaine et pour l'épouser. Une allégresse inouïe remplissait son être. La porte refermée sur le portier et sur le monde il ôta ses bottines pour mieux fouler les doux tapis, les sentir chauds, doux, fermes et silencieux sous ses sauts et sous ses bonds. Il tendit sa peau au bon feu, ses yeux rieurs clignotants à la lumière, s'assura de la docilité de tous les boutons électriques à sa toute puissance, et reconnaissant aux lieux qui d'un coup, par un mystère peut-être des proportions où un être malheureux et souffrant d'angoisse trouve l'équation de ses exigences nerveuses, lui avaient ôté le poids de ces soucis et communiqué cette ivresse. Il approcha son fauteuil du feu mais n'y toucha pas pour ne rien déranger à ce tableau tranquille du bonheur auquel il venait accéder, laissant la flamme succéder à la flamme. Ce feu bien fait semblait avoir la vie sinon d'une personne au moins d'une œuvre, d'un portrait au fond duquel il semble qu'une pensée veille, d'un air de musique qu'on écoute et où on se surprend à accorder aux sons tirés des boyaux d'un orgue comme une sorte d'existence et d'âme. Ainsi ce feu bien fait faisait au fond de la pièce le fond harmonieux, presque parlant d'une scène du bonheur. Ainsi dans son doux et imperceptible chuchotement il y avait comme une intention bienveillante et une fière essence. Jean touchait ces toiles épaisses qui tapissaient la chambre de silence, de bien-être, d'isolement du reste et d'une sorte de douce étreinte pour tout ce qui s'y trouvait renfermé. Ainsi cette chambre devenait-elle pour lui pleine d'intentions poétiques, lui pour qui tout confort et tout luxe avait toujours été dessèchement, et mérite-t-elle par là de prendre place dans une œuvre où les seules chambres qui avaient paru jusqu'ici, les seules en effet où fut enduite de la poésie étaient les chambres nues de la province. Ainsi nous avons vu Jean recevoir de M. Beulier ce qu'il n'aurait pu trouver de lui-même et pendant une assez longue durée, une visite à M. Beulier loin de lui inspirer quelque remords d'abandon de soi-même prendra dans sa vie spirituelle la fécondité même de la solitude.[3] Jean fut étonné de ce miracle qu'il pût enfin entrer pour la première fois dans une chambre inconnue où il devait passer la nuit sans sentir autour de lui tous les spectres de la nostalgie, de l'insomnie, de l'angoisse. Plus grand miracle encore que le confort et le luxe pût, chose jamais arrivée, au lieu de dessécher en lui toute poésie, exciter en lui de vifs transports. Par là elle put être décrite. Ruskin dit que nous devons tout décrire, qu'il ne faut pas écarter tel ou tel objet car tout est poétique.[4] Je pense en effet qu'il y a en tous[5] des possibilités d'exciter la poésie. Mais tant qu'une chose n'en est pas arrivée là pour nous, à quoi servirait de la décrire froidement. J'aime mieux le conseil de Renan de ne jamais écrire que de ce qu'on aime.[6] Un jour on aime une chose qu'on n'aurait cru jamais aimer. Mais jusque là il ne faut pas en écrire.

[1] Bibliothèque Nationale, N.a.f., manuscrit de *Jean Santeuil*, ff. 702, 702v°, 703. Ce texte présente une description de la même chambre d'hôtel que Proust décrit—mais de façon toute différente—dans le chapitre publié sous le titre «Une petite ville de province» (*Jean Santeuil*, II, 276 à 281). Cf. la p. 278: «Jean resta une fois à coucher à l'hôtel d'Angleterre. Pour la première fois de sa vie dans une chambre nouvelle il ne fut pas angoissé, pas triste»; et «il avait envie de sauter de joie»; les petites pièces sur lesquelles la chambre s'ouvre, lui permettant d'en changer les proportions (p. 279); et «les plafonds pas trop hauts», ainsi que la vieille maison du XIV° siècle qu'il voit par la fenêtre donnant sur la cour (p. 280).

La chambre en question est presque certainement celle que Proust occupa à l'Hôtel de France et d'Angleterre à Fontainebleau, lors du séjour qu'il y fit en octobre 1896. Proust s'y rendit du reste avec l'intention de travailler à son roman, comme nous le savons par la *Correspondance avec sa mère* (Paris, Plon, 1953, pp. 83 à 102). Dans le manuscrit du premier des textes cités, Proust nomme non seulement l'hôtel mais la ville de Fontainebleau, nom qu'il a biffé (cf. II, 276 et 278; cf. aussi p. 319).

Malgré l'identité de la chambre, les deux textes ne peuvent guère être considérés comme deux états d'une même description, étant trop différents. Cette différence s'explique, à mon avis, de ce que Proust ne les a probablement pas écrits à la même époque. Le premier des deux textes semble en effet dater du séjour même à Fontainebleau, ou de peu de temps après. Le texte que nous publions ici date apparemment de quelques mois plus tard, au moins. Je n'en veux pour preuve que la citation de Ruskin, que Proust a trouvée, semble-t-il, dans l'article de La Sizeranne paru le 1er mars 1897 (voir ci-dessous, la note 4).

Proust se rappellera cette chambre d'hôtel de Fontainebleau, et se servira de quelques détails des textes primitifs, pour décrire la chambre du narrateur à Doncières: cf. *Le Côté de Guermantes*, II, 82 à 85.

[2] *fit*, par mégarde.

[3] Voir *Jean Santeuil*, I, 328 à 334.

[4] Proust, à cette époque-là, ne lisait pas du tout l'anglais. La citation de Ruskin vient donc presque certainement de l'article que Robert de La Sizeranne venait de publier sur «Ruskin et la religion de la beauté», dans la *Revue des Deux-Mondes* du 1er mars 1897. Cf. pp. 221 à 222: «. . . les artistes doivent aller à la Nature en toute simplicité du cœur, sans rien rejeter, sans rien mépriser, sans rien choisir.»

[5] Ms: *en tous* [objets].

[6] Citation de la préface des *Souvenirs d'enfance et de jeunesse*: «On ne doit jamais écrire que de ce qu'on aime.» *Œuvres complètes* d'Ernest Renan, édition définitive établie par Henriette Psichari, Paris, Calmann-Lévy, s.m. [1948], II, 717. Cf. p. 714: «Ce qu'on dit de soi est toujours poésie.»

UN DUEL[1]

Nous avons laissé Jean sur le banc de l'hôtel [de] Réveillon à côté de la jeune duchesse. Au moment où elle venait de lui dire qu'elle ne recevrait jamais de juifs: «Je vous demande pardon de regarder l'heure, lui dit-il, mais j'ai plusieurs choses à faire.» Il était une heure moins un quart, le duel était à cinq heures. Jean avait le temps, même s'il ne voulait pas rentrer chez lui pour ne pas risquer d'être retenu par sa mère, d'aller se recueillir dans une chambre, écrire ses dispositions relativement aux divers souvenirs qu'il désirait laisser et surtout écrire enfin cette pièce de vers qui depuis quelques années s'était peu à peu achevée dans sa tête, qu'il eût souhaité être publiée après sa mort pour qu'il restât du moins quelque chose de cette vie intérieure que personne n'avait connue et pour témoigner que s'il n'avait pas laissé d'œuvres comme littérateur ou comme peintre, c'était faute d'une matière vraiment riche, mais pas par les entraves que la paresse, la mondanité, la maladie, les plaisirs avaient mises à son développement.

Il n'était qu'une heure moins un quart et le duel était à cinq heures. Avec les bons chevaux du duc il serait libre de son temps jusqu'à quatre heures un quart. Mais on n'a jamais vu nos facultés inexistantes ou atrophiées si seulement cela devient nécessaire, prendre la force qui leur manque. Nous n'avons jamais vu un homme poursuivi de toutes parts et qui n'aurait de refuge que dans les airs, s'envoler avec des ailes poussées pour la circonstance. Ni un garçon qui n'a jamais travaillé, si l'examen qu'il n'a pas préparé, devient indispensable à sa situation, à le dispenser par exemple du service militaire, le passer aussitôt aussi brillamment qu'il en a précisément le désir. De même la gravité des circonstances ne pouvai[t] [2] pas faire que Jean trouvât tout d'un coup en lui une force capable de le faire lever quand il était dans un bon fauteuil au soleil, d'aller s'enfermer seul dans une chambre devant un bureau, à faire l'effort [de penser non pas dans le vague d'un rêve, d'une manière positive et pour ainsi dire active à des choses qu'il se contentait de sentir dans le demi jour de sa conscience, au lieu de les regarder, de les appeler, de les faire venir à lui], [3] d'en prendre véritablement possession. Et puis aussi depuis quelques jours sa vie était devenue singulièrement extérieure, active, amusante. Il ne s'était pas passé d'heure sans que la situation ne changeât, qu'il en fût averti, souvent qu'il en eût l'initiative. Il n'avait pas pendant ces jours-là ouvert un livre, et quand il ne pouvait pas s'occuper de choses se rapportant à son duel, comme aller voir ses témoins, aller au tir, il exerçait du moins cette activité extérieure en faisant des visites, en dînant en ville, en allant au théâtre. Chaque fois ainsi que des examens, des succès quelconques avaient de la même manière secoué son habituelle apathie[4]

[1] Bibliothèque Nationale, N.a.f., manuscrit de *Jean Santeuil*, ff. 698, 698v°, 699. Ce fragment semble devoir suivre le chapitre publié (*Jean Santeuil*, III, 95 à 102).
[2] *pouvaient*, par mégarde.
[3] La partie de la phrase entre crochets est entre parenthèses dans le manuscrit, indiquant apparemment qu'elle devait être supprimée.
[4] Inachevé.

A RÉVEILLON [1]

[1899]

La neige[2] continue à tomber à Réveillon et la Duchesse ne cesse de dire «mes pauvres enfants: quel temps vous avez, je vous assure que j'en suis navrée.» Car comme maîtresse de maison elle met un point d'honneur à ce qu'on soit content non seulement du confort et de la gaité des chambres, de la bonne qualité de la cuisine, de l'agréable série d'invités, mais aussi de choses dont il semble pourtant moins juste de la rendre responsable, comme de la température, du soleil, du temps. Elle est aussi humiliée s'il pleut que si on n'a pas pu avoir de faisans ou si la jolie invitée ne vient pas. Aussi n'aime-t-elle guères inviter que dans la belle saison. Au commencement d'octobre encore sans doute le jardin n'est plus aussi beau, mais si les rosiers grimpant le long du mur ne [se] montrent plus au soleil souvent encore vif, quelquefois ce soleil blanc qui [s']illumine brusquement avant la pluie et promet aux murs qu'il transfigure un instant, aux fenêtres des petites villes sur lesquelles il s'acharne un instant, la prochaine ondée dont elles ruissel[l]eront, si bien que la vieille qui est assise près de la croisée, au lieu de l'ouvrir, dit à la bonne «allez, fermez les jalousies là-haut il pourrait bien pleuvoir» et au lieu d'ouvrir la fenêtre va tisonner le feu car dans toute la rue le soleil qui se pose un instant aux fenêtres, qui dore les roses qui rampent le long du mur du côté qui ne regarde pas la rue, du côté du jardin, dans toute la rue pour l'épicier, pour M. le curé en train de donner sa leçon de latin à Jean, pour Mme Santeuil mère travaillant près de la fenêtre, pour le notaire dans sa bibliothèque, cette lueur violente et douce [ils] la prenaient non comme un soleil dont on devait profiter en lui-même mais à la façon d'un signe et d'un avertissement, non pour sortir mais pour rentrer et laisser les vitres seules recevoir l'averse, pendant qu'on serait dans la chambre à se chauffer, l'averse qui tombe bien près. Car le ciel s'étant obscurci, comme on ne peut tout de même pas allumer la lampe à quatre heures on a relevé les rideaux pour y voir plus claire [sic] et elles sont nues les grandes vitres dont l'envers ruisselle et comme la salle est au rez-de-chaussée surélevé seulement de deux marches de pierre, les passants attardés qui filent sous leur parapluie passent contre vous, de l'autre côté de la vitre. Si les rosiers qui grimpent le long du mur du côté où donne la fenêtre de Jean ne montrent plus au soleil que des fleurs dégarnies de pétales si bien qu'on [n']a plus beaucoup de roses à offrir quand une invitée s'en va, en revanche en

27

octobre les flox, les gaillardes, les cheveux de vénus, les zinnias[3] sont
encore intacts jusqu'à la première gelée. On ne peut aller les regarder
qu'en passant car il ne fait pas assez chaud pour s'arrêter et on aurait
vite les pieds mouillés mais du moins Mme de Réveillon avec un rire
qui essaye en vain de faire croire que son orgueil est ironique peut
dire «n'est-ce pas qu'il est gentil mon petit jardin. Mais après le
premier octobre!» Aussi n'aime-t-elle pas inviter et Jean est bien
ennuyeux d'être venu juste au moment où Réveillon est si laid, où
il fait si mauvais, comme il serait ennuyeux d'être venu dîner juste le
jour où il y aurait un mauvais dîner ou un parent de province.

Henri a découvert que l'ingénieur départemental qui lui fait
préparer polytechnique et dont les idées sur toutes choses sont extrêmement ordinaires et plates est un musicien extraordinaire dont
la véritable vie se passe à exécuter avec passion et un talent réel les
œuvres les plus élevées de la musique. Et il a emmené Jean qui a
été stupéfait de sa maîtrise. Les qualités et les défauts des hommes
ne se commandent pas les uns les autres forcément et il est quelquefois difficile de soupçonner en voyant un homme et ses différentes
qualités intellectuelles et morales, qu'au sein d'un milieu réfractaire
il développe un goût formidable pour la musique, des opinions
franchement dreyfusistes, une prédisposition invincible à la mor-
phinomanie, une perfidie si habilement dissimu[lée],[4] [traits qui]
peuvent soudain le mettre en rapport avec ce qui lui semblait le
plus réfractaire.[5]

[1] Bibliothèque Nationale, N.a.f., manuscrit de *Jean Santeuil*, ff. 442, 442v°, 443.
Ce fragment suit le chapitre du texte déjà paru (II, 254 à 262).
[2] *La neige* est en surcharge sur *La pluie*.
[3] *zénias*, dans le manuscrit.
[4] Le dernier paragraphe du morceau remplace ce passage, que Proust a barré
d'un trait vertical (les mots entre crochets sont barrés dans le manuscrit):
«Trois fois par semaine l'ingénieur [Central] départemental [qui est un roya-
liste] venait faire travailler [Jean et Madame de] Henri, qui prépare maintenant
polytechnique. Et comme il est très musicien et qu'il voit qu'il intéresse Jean
il s'arrange pour pouvoir rester ensuite une heure pendant laquelle il joue à
Jean de la musique. C'est en dehors de la musique le moins artiste des hommes
et si vous causez avec lui vous éprouvez le plus vif désappointement car toutes
idées vulgaires vous les retrouverez dans sa bouche. Mais la musique est sa
passion, il joue merveilleusement, et les œuvres les plus élevées le jettent dans
une véritable extase. Pour les autres il n'a que du mépris. Ne lui parlez pas
des bons chanteurs, des opéras.»
[5] La suite semble être le bout de phrase que nous intercalons ici, trouvé en
tête du f. 702 du ms.

Mme JACQUES DE RÉVEILLON[1]

[1901–1902]

Il était déjà dix heures [et demie] et l'on commençait à arriver quand la porte s'étant ouverte, promenant sur l'assemblée un face à mains plein de prétention s'avança une femme dont la figure étrange surmontant un accoutrement bizarre et plus fait pour figurer sur une toile dans un musée ou derrière la rampe dans une féerie causait au premier abord cette double impression répulsive qu'elle était ridiculement laide et qu'elle se croyait merveilleusement belle. On sentait qu'elle était avec le public en désaccord aussi profond sur la beauté de sa toilette que sur celle de sa personne, car il était visible qu'elle mettait sous sa haute protection l'espèce de canne qu'elle tenait à la main, son gigantesque éventail, ses cheveux bouffants dans le dos, son décolletage excessif et les grands nœuds de ses souliers, qu'elle menait à sa suite comme un chef mène une armée dont il est fier. Pliés à l'obéissance passive, ces divers accessoires de sa parure[2] s'en tenaient à une prétension muette mais les yeux du chef et sa démarche compassée parlaient pour eux. Et elle s'avançait laissant briller les yeux, bombant sa poitrine, montrant ses dents avant de partir dans un demi sourire. Et à vrai dire on comprend que la contemplation successive de sa poitrine parfaite, de ses yeux pleins de feu, de ses petites dents brillantes aient pu la confirmer dans l'idée qu'elle était merveilleusement belle, de même que dans sa toilette sa canne était un bibelot délicieux qui aurait mérité de figurer dans un musée, son corsage de dentelles une merveille de point d'Alençon,[3] ses cheveux bouffants dans le dos la copie pleine de goût de la Belle Ferronnière. Mais elle était de ces personnes que l'ensemble déplaisant et la surface de peau toujours enflammée sous la poudre vouent à un perpétuel insuccès tandis que leur orgueil trouve dans des beautés partielles incontestables des raisons de s'affoler et de chercher à se faire valoir. De là ses seins trop sortis[4] et ses dents sans cesse découvertes dont l'arrangement de sa toilette, ses poses, son sourire semblaient dire à tout moment: qu'est-ce que vous en dites, question muette, qu'elle renforçait d'ailleurs de temps en temps en disant: vous ne me dites rien de ma toilette,[5] c'est une consolation dans la vie que d'avoir des dents pareilles. Quant à sa toilette elle était de ces personnes dont tous les efforts qu'elles font pour paraître belles tournent à les faire paraître plus laides et plus ridicules. Sans compter qu'un certain sens artistique chez elles s'enchante de certaines nuances, de certains arrangements qui produisent aux yeux des spectateurs le plus désastreux effet et qui n'en sont pas moins renouvelés par l'égarée menée par une sorte de fatalité intérieure. On a remarqué que presque tous les jeunes gens atteints d'inversion sexuelle recherchent par une singularité jumelle de leur goût en toilettes certaines étoffes, certaines couleurs que le plaisir qu'ils y trouvent et la beauté qu'ils leur[6] croient lui donner fait répéter malgré le peu de succès qu'ils rencontrent et si plus tard on les voit adopter au contraire une tenue d'un «sérieux» affecté elle a pour cause les nombreux ennuis que leur [ont] [7] causés leurs effets précédents, de tels effets étant si inévitablement liés à l'inversion sexuelle, qu'aux yeux du public ils la signifient. Chez ces jeunes gens la prétention, une sorte d'expression maladive, la recherche de la toilette frappent de nullité tous les mérites physiques et les femmes ne font pas plus attention à leurs beaux yeux, à leur belle prestance, à leurs belles dents, qu'aux beaux yeux des bœufs ou à la démarche élégante d'un cerf. C'est d'une nullité pareille que la beauté de Mme Jacques de Réveillon car à cause de son énorme fortune Émilie Wirthaufer avait été épousée par ce jeune fou.[8] Elle n'était guères belle que pour elle-même et pour les rares hommes qui avaient été épris d'elle.[9] Mais quand elle entrait dans un salon sa toilette et sa figure qui bravaient les suffrages au lieu de les charmer excitaient les regards de curiosité malveillante, les chuchotements et les rires. La bravade du suffrage public par [le refus de porter] une toilette dite à la mode ou au moins simple n'était du reste qu'un signe de l'absence de toute qualité sociale chez Mme Jacques de Réveillon. L'absence de tact, de goût, de bienveillance, de simplicité éclataient dans toutes ses paroles. Elle se moquait des gens devant eux, raillait leur bêtise, multipliait les impertinences, faisait l'enfant gâtée, parlait perpétuellement d'elle sur un ton d'admiration.[10] Mais tandis que tant de femmes médiocres ont reçu le don de se faire bien venir, de plaire à chacun, de montrer en toute circonstance de la mesure, de la bonté, du goût, de répondre à tout quelque chose qui plaira,[11] Mme Jacques de Réveillon qui manquait à ce point de ces qualités[12]

* * *

Mais Dieu ayant voulu livrer les personnes comme le monde aux discussions, il arrive souvent qu'une telle personne dépourvue de tact, de douceur, irritante de prétention et de mauvais goût dans ses toilettes et dans ses façons, désagréable, dénuée de tout charme social, prouve d'un autre côté son absence de goût pour ses semblables et de bonne volonté de sympathiser avec eux, par un goût très vif, une véritable intelligence des questions qui ne les intéressent pas, qu'elles s'intéressent beaucoup à la philosophie de S[c]hopenhauer, à la poésie de Miss Browning, n'achètent que de beaux tableaux et quand elles parlent avec des personnes intelligentes montrent véritablement de l'esprit.[13] De sorte que tandis que presque toutes les personnes qui voyant Mme de Réveillon dans le monde déclaraient avoir à son endroit une irrémédiable antipathie, que toutes les personnes simples souffraient de sa prétention, toutes les personnes honnêtes de son mauvais ton, toutes les personnes bonnes de son impertinence, toutes les personnes élégantes de son genre impossible, en revanche certains hommes qui sans doute avaient eu au premier abord la même impression et avaient juré qu'ils n'iraient jamais chez elle et aussi certaines femmes qui savaient allier à l'amabilité et au bon genre, l'amour de jouer à quatre mains du Bach et d'aller à Bayreuth, se plaisaient beaucoup dans son intimité. Et comme on ne peut tout rencontrer chez une même personne, et que des défauts singuliers sont le prix dont nous devons payer des qualités particulières, de sorte que nous voudrions par moments pouvoir citer, à ceux de nos amis qui nous manquent, la gentillesse de tels autres, mais que ceux-là par un autre côté ne les valent pas, Mme Jacques de Réveillon était, une fois qu'elle s'était liée avec une personne, capable de la comprendre et, aimant à la défendre, capable d'une sorte d'affection plus vivace que celle des personnes qui sont bienveillantes à tous, toujours douces avec nous et douces avec tant de gens, une affection toute hérissée de mots désagréables, orgueilleuses sur soi-même, mais si on passait par-dessus les épines et qu'on fût fidèle, beaucoup plus solide en somme et plus réservée à vous que l'affection banale des autres. Mais de telles personnes, si orgueilleuses de leur supériorité, si dépourvues de bonté et de désir de concession, ne sont bonnes que pour ceux qu'elles estiment intellectuellement. Elles sont méprisantes et dures avec leur père, leur mari s'il est médiocre. De sorte que nous qu'elles aiment nous ne pouvons pas sans scandaliser dire qu'elles sont bonnes et qu'elles sont intelligentes, et comme tout être dans ses relations si simples qu'elles soient avec un être [donne] [14] le raccourci de ce qu'elle peut être dans toutes les relations imaginables de la vie, dans les mots que nous laissons passer sans avoir l'air d'entendre où elles se vantent ridiculement, dans leurs rancunes, dans les propos méchants qu'elles nous répètent pour nous mettre en garde contre certaines gens, nous sentons passer à notre portée quoique se dirigeant dans une autre direction les défauts qui font l'irritation du monde et le malheur de

leur parenté. La bonté purement bonne ne leur est pourtant pas
étrangère mais elle se porte alors sur de pauvres mendiants, sur des
créatures malheureuses qui leur représentent intellectuellement la
misère du monde, les misères à qui on peut faire l'aumône de sa
fortune, même d'une larme mais non point des concessions de toutes
les minutes à une intelligence inférieure à la nôtre et qui ne nous
admirerait point.

[1] Le manuscrit original, entièrement inédit, consiste en deux fragments qui correspondent aux deux moitiés du portrait de Mme Jacques de Réveillon, née
Émilie Wirthaufer, où l'auteur révèle, si l'on peut dire, l'envers et l'endroit du
personnage. La première moitié seulement du portrait appartient à la Bibliothèque Nationale (N.a.f., manuscrit de *Jean Santeuil*, ff. 700 à 701v°). La
seconde moitié appartenait à la collection personnelle de feu M. Raoul Simon-
son, qui me communiqua ses manuscrits avec une rare générosité, sans me
connaître. En tête de la première page, on lit d'une main inconnue cette inscription: «2 pages du manuscrit original de *A l'ombre des Jeunes Filles en
fleurs*».
   Pour l'identité du modèle de ce portrait, l'évocation de la baronne Deslandes
par André Germain, Albert Flament, André de Fouquières et Jacques Blanche
ne laisse subsister aucun doute. Certains détails sont à remarquer: le «face à
mains plein de prétention» (Flament parle de «son monocle à tige de diamants»,
Le Bal du Pré Catelan, Paris, Fayard, 1946, p. 277; André Germain, *Les Fous
de 1900*, Paris, La Palatine, 1954, p. 66, d'un «monocle à la ravissante monture
d'argent ciselé, qui secourait son extrême myopie»); sa toilette (cf. André
Germain, *La Bourgeoisie qui brûle*, Paris, Sun, 1951, p. 108: «Elle possédait,
en particulier, la robe «couleur de lune» et tant d'autres indescriptibles vêtements, toujours audacieux et toujours sauvés par le goût le plus raffiné»); son
«décolletage excessif» (voir ci-dessous, la note 4); sa vanité (voir ci-dessous,
la note 5), ainsi que son nom de jeune fille, Émilie Wirthaufer, faisant allusion
aux origines de la mère de Mme Deslandes, née Oppenheimer (d'après André
Germain, la fortune de la baronne était en Allemagne; cf. *La Bourgeoisie qui
brûle*, p. 110, et *Les Fous de 1900*, p. 64; voir aussi Marcel Proust, *Lettres à
Reynaldo Hahn*, Paris, Gallimard, 1956, p. 99).
   Quant à la date de composition du portrait en question, j'ai pu l'établir
d'après l'allusion au mariage de Mme Deslandes avec le jeune prince de Broglie
(voir ci-dessous, la note 8). On verra d'ailleurs que l'allusion à ce mariage vient
nous donner en même temps une confirmation irréfutable de l'identité du
modèle dont Proust s'est servi pour ce portrait. Notre texte, datant de la fin
de 1901 ou des premiers mois de 1902, serait donc un des très rares fragments
que Proust ajouta à *Jean Santeuil* après l'avoir abandonné en 1899. (Voir mon
«Historique du premier roman de Proust», *Saggi e ricerche di letteratura
francese*, IV (1963), 262 et suiv.)
[2] Nous supprimons *ne*, que Proust a oublié de barrier ici.
[3] *alençon*, sans majuscule.
[4] Cf. *Les Fous de 1900*, p. 69: «Ce qui nous choquait le plus c'était le contraste
entre la délicatesse de sa petite personne et la protubérance inattendue de ses
seins d'Orientale. L'abbé Mugnier, plus malicieux que distrait, ne pouvait
s'empêcher de me dire: Quel est donc ce petit animal qu'elle serre frileusement
contre sa poitrine?» Flament, plus circonspect, parle (*op. cit.*, p. 173) de sa
«taille élancée, au corsage fort décolleté».
[5] Cf. Flament qui évoque Mme Deslandes posant des questions telles que: «Com-

ment me trouvez-vous?» . . . et: «Je n'ai pas changé depuis la dernière fois?» (*op. cit.*, p. 176).

⁶ *leur*, ajouté en interligne.

⁷ *a*, par mégarde.

⁸ Allusion au deuxième (ou troisième?) mariage de Madeleine Vivier-Deslandes, femme divorcée du comte Fleury, avec le prince Robert de Broglie, presque quinze ans plus jeune qu'elle. Ils s'étaient mariés à Londres le 27 novembre 1901, mais ce mariage fut annulé juridiquement le 10 mars 1902. (*Almanach de Gotha*, 1921, p. 292, et 1939, p. 406.) Ainsi Proust a dû écrire ce portrait pendant la brève période que dura ce mariage.

La baronne Deslandes étant née le 15 avril 1866, et le prince Robert de Broglie le 23 novembre 1880, il y avait entre eux deux une différence d'âge de quatorze ans et quelques mois, et non vingt ans, ainsi que l'affirment André Germain (*Les Fous de 1900*, p. 66), et André de Fouquières (*Mon Paris et ses Parisiens*, II, 96). Il n'en est pas moins vrai que le «jeune fou» se maria quatre fois. Par contre, la baronne Deslandes ne se remaria plus après l'aventure en question ici.

⁹ Notamment Barrès, Henry Bataille et Forain. Barrès avait été à ses pieds, paraît-il, à l'époque du *Jardin de Bérénice*, et avait écrit pour elle un article où il qualifiait son roman *Ilse* de «petit chef-d'œuvre», article paru dans le *Figaro* du 9 juillet 1894, sous la signature Gaston Davenay, pseudonyme de Gaston Calmette.

¹⁰ Cf. Flament (*op. cit.*, pp. 171 à 172): «Madeleine Deslandes est de ces quelques femmes riches, éduquées . . . s'accordant une importance excessive, par l'intérêt qu'elles attachent à leur moindre geste.» Et André Germain (*La Bourgeoisie qui brûle*, p. 108) prétend qu'elle était vaniteuse, «irascible et maladroitement arriviste».

¹¹ *plaira* semble être en surcharge sur *plaise*.

¹² La phrase est inachevée. Proust l'aurait sans doute supprimée, puisqu'il la reprend sur une autre feuille au commencement de la seconde moitié du portrait.

¹³ En récrivant la dernière phrase du fragment précédent, au lieu d'établir un contraste entre Mᵐᵉ Jacques de Réveillon et «tant de femmes médiocres», il énumère d'abord les qualités qui lui manquent, et ensuite celles qui, par compensation, peuvent lui valoir, sinon de la sympathie, au moins une certaine admiration.

¹⁴ *donnent*, par mégarde, dans le manuscrit.

BERTRAND DE RÉVEILLON [1]

[1902]

Et comme toutes ces années de sa vie qu'il ne connaissait, tous ces exercices brillants qu'il n'avait jamais pratiqués, toute cette force si éloignée de sa faiblesse étaient autant d'amis de Bertrand dont il était inconsciemment jaloux, qui dispersaient beaucoup de lui-même dans du lointain, dans de l'inconnu, dans du supérieur, dans l'irressaisisable [*sic*], c'était encore une fois dire à ces autres amis: vous n'êtes que pour m'aider à voler plus vite auprès de lui. Jeunesse vigoureuse, exercices d'adresse, je vous ordonne de m'amener vite près de lui, de me laisser ensuite. Vous lui ferez bien sentir aussi bien que je n'y songe pas, que tout ce qu'il croyait à jamais entre nous est là près de nous, pour lui, au service de notre amitié, même ce passé insaisissable qu'il croyait impossible à faire revenir et surtout à pénétrer de lui. Hé bien le voici et si pénétré de lui qu'il n'est que le serviteur de notre amitié comme mes amis de tout à l'heure qui ont été nous chercher une voiture et sont montés dans une autre. Comment pouvais-je mieux lui ôter toute amertume de ma force qu'en l'asservissant au désir de le voir et en le rejetant dès que je suis près de lui . . . Les années lointaines te rendaient tristes bien que tu ne me l'aies jamais dit—hé bien les voici toutes ce soir miraculeusement évoquées, je te les amène avec moi dans ma course et je te montre que comme tout ce qui est à moi elles sont à toi et pour toi.

[1] Passage omis du texte publié; doit se situer avant le dernier paragraphe (I, 298) du portrait. Bibliothèque Nationale, N.a.f., manuscrit de *Jean Santeuil*, f. 220. Proust indique, en tête de ce passage, en interligne: *Développement à mettre quelques lignes plus haut ou ici.* Pour la date de composition du fragment, voir ci-dessous, la note 1 au sujet du fragment suivant.

MADAME MARTIAL[1]

[1902]

Mais j'eus encore ce soir-là, et plus fortement, une de ces impressions[2] où un être perd subitement pour nous sa réalité d'être directement perçu par la vulgaire observation de la vie, et nous apparaît comme immédiatement retranché[3] à quelque idée forte dont il n'est plus que le jouet spiritualisé.

Nous ne restâmes pas longtemps au café. Bertrand de Réveillon et moi nous allions à une petite soirée chez sa tante la marquise de Réveillon, soirée qui à vrai dire nous ennuyait fort, et pour mon malheur je fus assis à côté de l'ennuyeuse Mme Martial. C'était la femme du grand peintre Martial qui malgré ses quatre-vingts ans allait encore au théâtre, dans le monde, et exposait encore des toiles admirées. Il était extrêmement cassé et frêle et, comme la grandeur d'une lumière nous donne l'idée de la distance à laquelle elle est placée, la petite flamme de ses yeux semblait indiquer qu'il regardait tout du fond d'un esprit situé bien loin, sans doute du fond de ses années centrales. Et c'était sans doute de là, de ce palais si ancien de lui-même mais conservé au fond de lui-même par la force de l'habitude, qu'il faisait venir encore ses ors précieux, ses pourpres uniques, que sa main tremblante venait encore déposer sur la toile et dont la rare production s'arrêterait définitivement après lui.

Sa femme était une personne de près de soixante ans, extrêmement grande, extrêmement forte, extrêmement nulle, d'une majesté incessante, qui pouvait avoir été admirable mais on n'y pensait pas et seulement à son extrême ennui. Elle était excellente pour sa vieillesse du prolongement inouï de laquelle elle tirait d'ailleurs beaucoup d'honneurs, d'invitations, une vie plus brillante qu'elle n'aurait quand elle ne serait plus que la veuve, sauf auprès des amis vraiment fidèles et des personnes d'imagination qui aiment connaître la nièce de Victor Hugo, le frère de Lamartine, l'Esther Van Gobsec de Balzac.

Quand je la rencontrais chez la marquise de Réveillon ou ailleurs, il fallait généralement la mener boire, lui chercher son manteau, et c'était une terreur de la rencontrer. Mais ce soir-là après l'avoir saluée, en écoutant de la musique tout d'un coup je pensai à elle et de cette façon: je pensai que quand Martial l'avait épousée, la majesté absolue de son corps et de ses traits alors qu'elle était dans la beauté de la jeunesse, avait dû faire d'elle pour Martial comme une sorte d'apparition de la beauté de son rêve, dont il allait chercher

les traces dans les statues de la Grèce et les tableaux de l'Italie, qu'elle
avait dû lui paraître presque surhumaine, qu'il en était devenu
amoureux comme d'une de ses statues que seuls les artistes—les seuls
vrais collectionneurs prodigues—payent des prix fabuleux, que ses
épaules, l'attache de son cou, la ligne de son nez, la forme de son
front, le regard de ses yeux étaient dans un rapport direct avec ce
qu'il aimait, ce qu'il vénérait le plus au monde, et que d'avoir pu
avoir cette statue à lui, et qu'elle fût en même temps une femme
vivante et belle qui pût lui inspirer ce que son grand cœur triste
était si capable de donner de l'amour, cela avait dû lui donner un
bonheur qui touche au délire, quand nous voyons la beauté palpiter, ressentir notre caresse, et que le désir s'éveillant dans notre
adoration sent que dans la beauté adorée il peut éveiller un désir. Et
comme cette femme était excellente, fière de lui, très honnête, très fidèle, on comprend tout ce qui de l'âme infiniment délicate de Martial
avait pu aller à elle, vénération, reconnaissance, attachement infini qui
faisai[en]t d'elle pour lui le seul bien de la vie, un bien mille fois
plus précieux que la vie. Combien de fois dans la vénération d'un
vieux mari pour sa femme qui a vieilli auprès de lui, sent-on qu'une
admiration infinie pour sa beauté en a été le point de départ, y est
restée mêlée et que l'image éblouissante reste au fond des regards
les plus purs, les plus dévoués, les plus pleins de sublime sacrifice.

[1] Le manuscrit original, qui ne porte aucun titre, est de quatre pages autographes sur un seul feuillet de papier à lettres. Fonds Proust, University of
Illinois. Le papier est le même, pour le format, la qualité, le filigrane, les
vergeures, que celui de deux lettres de Proust à Antoine Bibesco, dont l'une
date de juin 1902, l'autre du 10 août 1902. Le portrait de Mme Martial se rattache
à celui de Bertrand de Réveillon, ami de Jean Santeuil, que Proust a peint
d'après son nouvel ami Bertrand de Salignac-Fénelon. Il a dû écrire ces deux
portraits au courant de l'été de 1902. Voir à ce sujet mon «Historique du
premier roman de Proust», *op. cit.*, pp. 263 à 266.
    Proust s'inspirera plus tard, semble-t-il, de cette esquisse de Mme Martial,
pour évoquer la femme du peintre Elstir dans *A l'ombre des jeunes filles en
fleurs*. La comparaison du fragment de 1902 avec le portrait de Mme Elstir
nous permet de mesurer la distance parcourue par Proust au cours d'une
dizaine d'années. Le texte définitif commence ainsi: «Je la trouvai très ennuyeuse; elle aurait pu être belle, si elle avait eu vingt ans, conduisant un
bœuf dans la campagne romaine; mais ses cheveux noirs blanchissaient; et elle
était commune sans être simple, parce qu'elle croyait que la solennité des
manières et la majesté de l'attitude étaient requises par sa beauté sculpturale
à laquelle, d'ailleurs, l'âge avait enlevé toutes ses séductions. Elle était mise
avec la plus grande simplicité. Et on était touché mais surpris d'entendre
Elstir dire à tout propos et avec une douceur respectueuse, comme si rien que
prononcer ces mots lui causait de l'attendrissement et de la vénération: «Ma
belle Gabrielle!» Plus tard, quand je connus la peinture mythologique d'Elstir,
Mme Elstir prit pour moi aussi de la beauté. Je compris qu'à un certain type

idéal résumé en certaines lignes, en certaines arabesques qui se retrouvaient sans cesse dans son œuvre, à un certain canon, il avait attribué en fait un caractère presque divin, puisque tout son temps, tout l'effort de pensée dont il était capable, en un mot toute sa vie, il l'avait consacrée à la tâche de distinguer mieux ces lignes, de les reproduire plus fidèlement.» (© Éditions Gallimard; Édition de la Pléiade, I, 850 à 851.)

[2] Ce commencement de la première phrase est ajouté en tête de la première page du manuscrit. Proust le substitue à ces mots, barrés: «Nous restâmes peu de temps au café Bertrand de Réveillon et moi; nous allions à une petite soirée . . .»

[3] *rattaché*? Le mot est presque illisible.

AUTRES TEXTES INÉDITS

LE SALON DE LA COMTESSE AIMERY DE LA ROCHEFOUCAULD[1]

[1901]

[Le comte Aimery de La Rochefoucauld][2] est un lettré des plus éminents et des plus délicats. M. Paul Bourget est souvent au nombre de ses invités. Le comte professe à l'endroit de son cousin le comte Robert de Montesquiou l'admiration de tous les vrais connaisseurs. Et ayant à recevoir il y a quelques années une altesse quelconque il ne crut pas pouvoir lui offrir de plus exquis régal que plusieurs pièces des *Chauves Souris* dites si nous avons bonne mémoire par Mlle Reichenberg. L'année suivante c'était après un dîner élégant, la c[tesse] Mathieu de Noailles née Brancovan qui donnait dans le salon de la rue de l'Université les prémisses de sa jeune gloire.[3] Enfin le Comte ne laisse jamais échapper une occasion d'aller applaudir les musiques si originales et si puissantes du Prince Edmond de Polignac, cet artiste hors pair auquel il est d'ailleurs apparenté par le mariage en premières noces du duc de Doudeauville avec Mlle de Polignac.[4] Mais si nous pénétrions un instant dans l'hôtel de la rue de l'Université. Il faut d'abord pour cela que je vous présente à la comtesse Aimery de La Rochefoucauld née Mailly Nesle. Sa [beauté],[5] son esprit, sa bonté sont célèbres. Peu de femmes répandent autour d'elle[s] plus de charme, excercent plus de prestige, font plus de bien. Si vous ne l'avez jamais vue peut-être connaissez-vous du moins son portrait par Chaplin exposé il y a quelques années à l'École des Beaux-Arts.[6] Alors vous avez admiré déjà la noble finesse de son profil, ses yeux bleus, sa chevelure blonde. L'exposition des Amateurs rue de Sèze contenait plusieurs peintures de Mme de La Rochefoucauld, dont un coin de forêt automnal d'une grand[e] justesse de tons. Mme de La Rochefoucauld attache-t-elle à l'héraldisme la même importance que son mari? Si comme on le croit généralement la négative est vraie elle a le tact et le goût de ne pas le laisser voir. Si c'est l'affirmative elle a cru de sa douceur et de son charme de femme de ne jamais le laisser sentir (mérite auquel participe d'ailleurs M. de La Rochefoucauld). C'est du moins l'impression que chacun ressent rue de l'Université, dans ces salons ornés de tant d'admirables tableaux de maîtres et où figure aussi, non loin d'un portrait du Cte Gabriel (fils unique du comte et de la comtesse) par Mme André, le portrait de Mme de La Rochefoucauld par Chaplin dont nous parlions tout à l'heure. La comtesse malgré l'affluence perpétuelle de ses amis a un mot aimable pour chacun. Parfois une amie l'entraîne à part pour l'inviter à dîner. Mais le nombre des invitations est si grand qu'elle ne sait plus les jours où elle est libre et pour ne mécontenter personne elle envoie le maître d'hôtel consulter un petit livre où les acceptations sont inscrites. Du reste elle laisse suivant les affinités de chacun, des groupes se former qui continuent la conversation, tandis qu'elle va offrir aux nouveaux arrivants son sourire et sa main tendue. Ici c'est sa sœur la c^tesse de Kersaint, beauté à la fois splendide et piquante, aux magnifiques épaules, aux yeux si beaux qui cause littérature, art et musique avec la si jolie, si rose, si vive Princesse de Wagram, femme d'un esprit remarquable d'ailleurs, et d'une amabilité que sa myopie doit lui rendre bien fatigante. Mais elle est trop grande dame pour en rien laisser sentir. Le m^is du Lau et l'amiral Duperré ne s'interrompent de les écouter que pour les regarder. Plus loin la c^tesse de Briey née Ludre, femme charmante que les imbéciles croient méchante parce qu'elle a beaucoup de drôlerie dans l'esprit, rit comme d'autres pleurent en se cachant les yeux dans ses mains,[7] et peut-être pleure de rire en écoutant une histoire que lui raconte une des femmes les plus spirituelles de Paris, figure d'une délicatesse exquise, la c^tesse de Broissia née de Beaufort. La duchesse de Rohan n'a pas l'air de moins s'amuser du récit et tout à l'heure du reste ce sera à Madame de Broissia d'écouter ses deux interlocutrices et elle ne sera pas à plaindre. Voici la c^tesse Guy de La Rochefoucauld, la duchesse d'Albuféra, la princesse Brancovan la grande artiste, la c^tesse de Chevigné, la c^tesse Potocka, la duchesse de Luynes. Que raconte la m^ise d'Eyragues avec cet esprit incroyable, ce tour littéraire achevé qu'elle sait donner aux moindres choses, aux m^ises de La Moussaye et de Massa? Mais ces deux fines connaisseuses ont l'air ravies, non moins que le c^te d'Haussonville qui a pourtant le droit d'être difficile en fait d'esprit. Le fait est que la m^ise de Virieu et la c^tesse Odon de Montesquiou, attirées par le succès de leur brillante parente et alliée, viennent pour prendre leur part de cette fête dont le m^is de Castellane est déjà l'incomparable jouteur. La place nous manque pour parler du c^te Gabriel de La Rochefoucauld, fils du comte Aimery, dont les débuts dans la littérature ont été fort remarqués. Nous voulons parler d'une nouvelle dans la manière douloureuse en dedans, impassible au dehors de Guy de Maupassant.

Pendant ce temps Mme de La Rochefoucauld cause—à toute grande dame tout honneur—avec la c^tesse de Brantes dont la poudre fait plus frais encore le rose et charmant visage, aux traits empreints de finesse, de majesté et des malices, profil de médaille affiné de grâce française et dont la haute intelligence fait loi partout. Enfin voici entrées la m^ise de Castellane, la m^ise de Jaucourt, la b^onne Hottinguer, la c^tesse de Chevigné et la c^tesse de Ganay, la c^tesse Tiskievitch.[8] Nous avons laissé de côté pendant tout ce temps M. de La Rochefoucauld occupé à recevoir. J'aurais voulu vous le montrer aussi à la promenade, son pas régulier, le cou souvent entouré du foulard dont le Dr Lubet-Barbon le protège des rhumes. Il vous aurait rendu votre salut avec cette politesse grave qui diffère tant de la familiarité à base d'insolence de tant d'autres. J'aurais voulu vous conduire à Verteuil, château historique du comte et de la comtesse Aimery où se retira l'auteur des *Maximes* comme vous avez pu le lire dans Saint-Simon.[9] Plusieurs souverains s'y sont arrêtés notamment Charles Quint sous ses ombrages. Dans ses vastes pièces vous auriez évoqué les temps disparus. Parcourir Verteuil c'est feuilleter l'histoire de France.

[1] Nous établissons ce texte d'après un manuscrit de six pages, sans titre, qui appartient à l'University of Illinois. C'est un premier jet écrit au crayon de la main de Marcel Proust. Pour la date du texte, voir la note 4 ci-dessous.
[2] Nous rétablissons entre crochets le sujet de la première phrase. Proust avait d'abord écrit à la première ligne, puis barré, les mots «Loin de s'attacher».
[3] Quatre poèmes de la future comtesse de Noailles parurent anonymement dans la *Revue des Deux-Mondes* du 15 février 1895, aux pages 910 à 913: *Offrande funéraire, Ciel nocturne, Sur un luth d'ivoire,* et *Le Jardin de la nuit.* La princesse Anna de Brancovan n'avait alors que dix-huit ans.

A une «fête artistique» chez Robert de Montesquiou, le vendredi 8 mars 1895, Bartet récita l'*Offrande funéraire.* Dans son compte rendu du lendemain, le *Figaro* désigne l'auteur du poème comme «une jeune fille du monde du plus beau talent».
[4] L'allusion au prince de Polignac, au présent de l'indicatif, semble être écrite alors qu'il est encore vivant. L'article doit donc être antérieur au 9 août 1901 (date où le *Figaro* et le *Gaulois* annoncent la mort du prince compositeur). Notre «salon» date vraisemblablement du premier semestre de 1901. Il précède donc par plus de dix-huit mois la publication de la série des *Salons* de Proust,

inaugurée par celui de la princesse Mathilde dans le *Figaro* du 25 février 1903. L'intérêt chronologique de notre *Salon* s'accroît de ce qu'il s'achève sur une citation des *Mémoires* de Saint-Simon, indiquant peut-être le moment où Proust commence à lire cet auteur. (Voir la note 9 ci-dessous.)

[5] Une déchirure du manuscrit ne laisse subsister que le bas de la première lettre du mot, apparemment un *b*.

[6] Le portrait de la comtesse de La Rochefoucauld par Chaplin (1878) fut exposé à l'exposition universelle de 1889. (Voir Paul Lefort, «Charles Chaplin», *Gazette des Beaux-Arts* du 1er mars 1891, p. 251.) Proust fera allusion à ce portrait dans le *Temps retrouvé* (*A la recherche du temps perdu*, éd. de la Pléiade, III, 722).

[7] Il s'agit de la femme du général comte Théodore de Briey, née Amélie de Ludre. Proust lui empruntera son rire pour Mme Verdurin.

[8] La comtesse Jean Tyszkiewicz, née Clémentine Potocka, à qui Montesquiou dédia une de ses *Paroles diaprées*, la dédicace XCIX (*Les Perles rouges*, p. 210). Proust ajoute en interligne son nom et ceux de la marquise de Jaucourt et de la bonne Hottinguer.

[9] Le passage des *Mémoires* en question ici doit être celui où Saint-Simon parle d'«une antraxe au col» du roi, passage de 1896: «Il dépêcha un courrier au duc de la Rochefoucauld, en Angoûmois, où il étoit allé passer un mois dans sa belle maison de Verteuil, et lui manda sa maladie et son désir de le revoir, avec beaucoup d'amitié.» Il est à remarquer que ce passage ne concerne nullement l'auteur des *Maximes*, déjà mort depuis seize ans en 1696, et que Louis XIV n'avait du reste jamais pardonné—à en croire Saint-Simon—la part qu'il eut à la Fronde. Il s'agit plutôt de son fils, le duc François VII, qui jouit longtemps de la faveur du roi. Ce qui explique la confusion de Proust, c'est qu'au moment où il écrit le *salon* de 1901, il connaît mal les *Mémoires* de Saint-Simon. Ce n'est d'ailleurs pas dans Saint-Simon qu'il a pu lire que l'auteur des *Maximes* s'est retiré au château de Verteuil. Les renseignements que Proust donne au sujet de ce château, sous l'égide de Saint-Simon, il a dû les trouver dans l'édition des *Mémoires* éditée par A. de Boislisle. Dans le troisième tome de cette édition, paru en 1881, il a pu trouver le nom du château de Verteuil, avec un renvoi au passage que nous citons plus haut. Et là, à la même page 154 où est imprimé le passage en question, on lit les renseignements qui semblent avoir suggéré les remarques de Proust à ce sujet: «Possédé de toute ancienneté par les la Rochefoucauld, le château de Verteuil appartient encore aux représentants du nom [. . .] Il fut honoré de la visite de Charles-Quint et de celle de Louis XIII. L'auteur des *Maximes,* qui en affectionnait beaucoup la résidence, y fut inhumé [. . .]» Cf. Herbert De Ley, *Marcel Proust et le duc de Saint-Simon,* Illinois Studies in Language and Literature 57, Urbana and London, University of Illinois Press, 1966, pp. 1 à 3.

L'AFFAIRE LEMOINE par CHATEAUBRIAND [1]

[1908]

Il y avait alors à Paris un pauvre diable du nom de Lemoine qui pensait avoir découvert la fabrication du diamant. Si c'est une illusion qu'il nourrissait différait-il en cela du reste des hommes? Il vint me confier sa chimère, je me gardai d'en sourire, j'ai les miennes et quand le vain bruit qui s'attache à mon nom se sera tu, vaudront-elles plus que la sienne. Il se mit sous ma protection m'associer aux profits. Je ne porte pas bonheur à ceux qui viennent sous mon toit. Il voulait disait-il mettre son trésor aux pieds de ma gloire comme si l'un n'avait pas été aussi imaginaire que l'autre. Je ne porte pas bonheur à ceux qui s'approchent [de][2] moi. La fortune n'a jamais voulu de moi. Lemoine échoua dans son entreprise. Il fut arrêté, puis condamné. Son crime était d'avoir poursuivi la richesse. Depuis que le monde existe c'est celui de tous les hommes. Il trouva le moyen de s'enfuir et a vécu longtemps dans la pauvreté. S'il eut ramé à flots le diamant en eût-il été plus heureux? J'ai toujours méprisé les richesses, je les ai souvent désirées, parfois elles sont venues jusqu'à moi, fidèle en cela à la devise de ma vieille Laconie je n'ai jamais su les retenir. Dans cette Angleterre où j'avais vécu pauvre étudiant [et d'où j'emportai] [3] le manuscrit d'*Atala*, je suis revenu, dans les car-[r]osses de Sa Majesté Britannique, comme Ambassadeur de Charles X[4] et [me] montrant importun à mes rois, que le vain bruit de ma gloire poursuit inutilement sur les routes de l'exil n'ayant pu desal-tér[er] mes lèvres que quand tous ces sbires avaient un verre d'eau pure que m'offrir pour le chenteau de la Révolution. Je [me] vis confondre parmi les pauvres de Mme Chateaubriand n'ayant pour oreiller comme j'ai dit dans *Atala* que la pierre de mon tombeau. Encore ai-je été obligé de l'engager à des libraires. Si plus habile que Lemoine j'avais pu faire le diamant je serais mort pauvre comme lui. Peut-être[5] mon nom du moins aurait-il chance de durer. Les hommes ne se souviennent point de la gloire littéraire mais ils ont besoin de la fortune. Si j'avais su la leur donner, quand on ne saurait plus rien de mes livres on se souviendrait encore de moi.

---

[1] Pastiche de Chateaubriand, que nous tirons du brouillon manuscrit d'un des carnets du Fonds Marcel Proust, Bibliothèque Nationale, N.a.f. Cf. Proust, *A un ami*, p. 163, lettre à Georges de Lauris que je date de novembre–décembre 1908: «Je retrouverai peut-être les pastiches que j'ai griffonnés de Chateaubriand et Régnier mais c'est si parfaitement illisible que vous n'en liriez rien . . .» Dans une autre lettre au même, écrite en mars 1909 (*ibid.*, p. 170),

Proust fera de nouveau allusion au pastiche de Chateaubriand ainsi qu'à celui de Maeterlinck et au second pastiche de Sainte-Beuve.

[2] Proust écrit d'abord *viennent à moi;* il a barré *viennent* et ajouté en interligne *s'approchent,* oubliant de substituer *de* pour *à.*

[3] Ici un blanc, que Proust comptait sans doute remplir après vérification du
passage des *Mémoires d'outre-tombe* que voici (éd. M. Levaillant et G.
Moulinier, Paris, Gallimard, 1946, I, 430): «Je détachai des *Natchez* les esquisses
d'*Atala* et de *René;* j'enfermai le reste du manuscrit dans une malle dont je
confiai le dépôt à mes hôtes, à Londres, et je me mis en route pour
Douvres . . .»

[4] *du roi de France,* barré.

[5] *alors,* barré.

L'AFFAIRE LEMOINE PAR SAINTE-BEUVE[1]

M. Delécluze, qui avait été fort initié dans ce petit monde des «mystères» et des emplois [de] l'Abbaye au bois, me disait tenir d'original que les choses ne s'étaient pas du tout passées ainsi. C'est bien Chateaubriand, déjà ambassadeur du roi de France Charles X, comme il nous a répété sans cesse, et comme si en vérité il n'y avait jamais eu que lui qui l'eût été, qui ayant vu là ou cru voir un moyen de faire sa fortune avec cette étourderie tranchons le mot avec cette inconscience qui l'a suivi jusqu'à la fin. M. Molé qui en cela au moins et sous les rapports de l'homme privé et tout honorable lui était bien[2] supérieur, l'avait inutilement averti comme il fit plus tard tout aussi inutilement au sujet de Lemoine. L'autre avait promis, et manqué sa parole, pour la dixième et vingtième fois, on pourrait compter. Ce qui confond ici c'est moins le désir assez vil pourtant chez nous d'un homme qui pose sans cesse en paladin des vieux âges, de refaire une fortune qu'il ne tenait qu'à lui de ménager, que la naïveté du provincial oui du natif[3] de Combourg et de Quimper. Caumartin croyait au sérieux d'une pareille escroquerie. «Il y a du bas breton chez Chateaubriand» disait M. Ballanche, et le Duc de Laval[4] ajoutait «oui du bas breton corrompu». Et une fois qu'on a ainsi croisé et recroisé les témoinages sur l'homme cela n'empêche pas de reconnaître et saluer le puissant écrivain, de subir l'enchantement comme disait M. Joubert. Il y a du farfadet dans tout cela. Seulement quand l'enchantement cesse on voit qu'on a été entraîné tout le temps à côté de la vérité. Oh! qu'on est plus tranquille avec les génies véridiques, avec les Térence, les Addison, les Racine, les Vauvenargues et pour fermer plus près de nous la chaîne d'or, les Xavier de Maistre et les Gasparin.*

«*Les Girondins* de Lamartine», disait un homme bien à même d'en juger, M. Duchatel, «c'est une seconde édition des *Mystères de Paris.*» Et moi je réponds: une seconde édition malhonnête et ennuyeuse ce que n'était pas la première; Sue du moins n'a jamais cherché à tromper personne et plaisait, et en art c'est tout de même bien quelque chose. Avec Lamartine il faudra toujours en revenir à l'amant d'Elvire, à l'astre qui brillait encore chastement dans la

---

* Si vous aviez su après avoir exhalé vos dernières Harmonies, vous aviez su vous envoler au Ciel, et y regner et peindre vos sereine[s] constellations, comme le Cygne, le plus étonnant lâchons le mot, le plus charlatan des hommes, Lamartine, peut'être seriez-vous de ceux-là. Mais en Lamartine comme en Chateaubriand l'homme a toujours fait tort au poète et Lamartine l'expia.

pénombre et la suavité; mais ce Lamartine-là, Olympio l'a si bien fait pâlir qu'il est presque effacé. C'est qu'[à] l'heure naissante même du premier rayon et du mol enchantement il avait bien peu de contours. «Lamartine» disait encore un homme qui excelle à démêler, à accuser un peu durement ces parentés littéraires: «c'est du Parny», et il répétait cela volontiers chez Mme de Boigne, quand il y avait peu de monde, Mme Récamier, le Chancelier qui était homme à surenchérir. Un jour que M. Royer Collard était là il semblait hésiter et enfin hasarder cette ressemblance de Joceylin [sic] avec Parny. Alors Monsieur Royer Collard, de ce ton qui imposait à tout le monde: «Sans la vivacité, Monsieur, sans la vivacité». Et maintenant sur Chateaubriand et sur Lamartine je crois avoir tout dit, montré[5] le fond du sac, tout en n'oubliant rien du dessous du panier.

[1] Second pastiche de Sainte-Beuve, tiré d'un des carnets du Fonds Marcel Proust, Bibliothèque Nationale, N.a.f. Le premier, véritable chef-d'œuvre pour qui connaît Sainte-Beuve, parut dans le *Figaro* du 14 mars 1908 et dans *Pastiches et mélanges*.
[2] En interligne, remplaçant les mots barrés: *mille fois*.
[3] En interligne, remplaçant *hobereau*, barré.
[4] Proust avait d'abord écrit *M. de Montmorency;* il barre *M.* et *Montmorency,* ajoutant en interligne: *le Duc* et *Laval*.
[5] Ms: *comme à la fois*, barré; en interligne: *et comme*, que Proust oublie de barrer.

L'AFFAIRE LEMOINE PAR MAETERLINCK[1]

[1908]

On s'est demandé plus d'une fois au cours de ces dernières années, mais jamais d'une façon aussi pressante que pendant l'affaire Lemoine, si la chimie était capable de fabriquer du diamant. La réponse des savants a été à peu près celle-ci: au jour, prochain peut-être où on pourra élever le carbone à des températures que nous n'avons pu obtenir jusqu'ici le problème de la fabrication du diamant sera chose résolue. Sans doute il est déjà singulier de penser que la Science moderne, avec les terribles moyens de destruction qu'elle possède et auxquel[s][2] ne peuvent longtemps résister, si elles n'en sont elles-mêmes munies, les places les mieux fortifiée[s], les armée[s] ou les flottes les plus aguerries, sans doute il est singulier qu'après un siège qui dure depuis si longtemps [elle] n'ait pu encore forcer les issues du palais de houille devant lequel elle a mis le siège, où depuis le commencement du monde dort dans l'obscurité le Roi fabuleux de la lumière, celui dont l'existence est mis à prix et si convoitée, que sur de simples promesses de capture, des escroq[ueur]s réussissent à se faire attribuer d'avance une partie de la récompense. Nous avons réussi à enfoncer quelques pièces d'avant garde, le premier de ces vestibules, où dans chacun un donneur[3] étincelant a été placé pour tromper l'assaillant qui croyant s'être emparé du diamant lui-même, renoncera au siège, heureux d'une victoire facile et qu'il ne saura pas incomplète, fier d'un trophée éblouissant et menteur. Et le serviteur qui s'est ainsi dévoué pour protéger le sommeil et couvrir la retraite du vieux roi qui dort depuis vingt mille ans au cœur même de la demeure enchantée et n'a rien entendu encore, a si bien pris soin de revêtir son éclat et de feindre sa ressemblance, que si nous n[e] mettions pas à contrôler l'identité du captif plus de soin que nous n'en apportons à vérifier les réalités, infiniment plus précieuses pour nous, de la destinée et du bonheur, nous ne douterions pas un instant d'avoir capturé de nos mains le Prince authentique qui fait remonter son origine à la source même de la lumière, frère de celui qui, imprudemment sorti de son palais dont les incendies naturels lui avaient ouvert les portes, tombe chaque jour sans défense aux mains de l'homme dans les mines du Cap et de l'Amérique. Mais les savants qui ont réglé eux-mêmes le siège du palais magique avec une précision plus grande que n'en auront jamais dans aucune guerre si récente soit-elle, les hommes de guerre les plus réputés, les plus habiles ingénieurs, nous avaient averti que ce n'est que dans le dernier embrasement de l'incendie, que nous pourrions nous emparer du vieux roi réfugié sur la dernière terrasse[4] de son palais en flammes. Et ils ont tôt fait de nous dire que le brillant captif dont nous nous faisons gloire n'est que le . . . que le . . . , qui à vrai dire a usé pour nous tromper des mêmes artifices qu'en emploient les bijoutiers et les femmes elles-mêmes quand n'ayant pas de diamant elles veulent cependant nous faire croire qu'elles en portent, ce qui tendrait à prouver que l'intelligence des pierres n'est peut-être pas si essentiellement différente de celle de l'homme qu'on l'a toujours cru, mais plutôt qu'une seule intelligence baigne l'univers tout entier et [l']unit dans la communion du désir et la similitude de la ruse.

Et jusqu'ici les forces les plus écrasantes dont les savants disposent, celles auprès de qui les incendies de nos pères n'étaient qu'un[e] jolie réussite de couleurs à peu près aussi inoffensives que la chaleur du soleil de Juin, ou que la pourpre des couchants, celles qui brisent en une seconde les dernières résistances du fer et de l'acier et les font bondir docilement comme une gouttelette d'argent dans une urne de cristal, aucune n'a pu encore entourer cette demeure qui a l'apparence d'une maison de charbonnier et où est caché, en sûreté en somme depuis un temps infiniment plus long que celui que l'homme a passé sur la terre, le roi dont nous avons mis l'existence à prix à des sommes si fabuleuses, que la fallacieuse promesse d'y réussir extorque l'argent des financiers et devient une base nouvelle à l'industrie des escroq[ueur]s.

Et l'on peut être assuré que si l'homme avait mis à poursuivre le hasard dans sa retraite et à s'emparer de son destin, la moitié des efforts qu'il dépense sans compter pour charmer le diamant de sa demeure ou pour forcer l'amaryllis [ou] cypripedium à donner une double fleur, que le guignon, la maladie, et sans doute[5] la mort seraient bien près d'être bannis à jamais de l'existence humaine. Sans doute à force de vivre côte à côte avec lui le hasard a fini par prendre quelquefois, bien rarement pourtant, quelque chose des fins de l'intelligence humaine. Sans doute il n'est pas impossible qu'une flèche tirée de la tour d'une cathédrale par une folle à qui on a bandé les yeux, vienne au milieu d'une assemblée de patineurs aveugles, frapper précisément un hermaphrodite.[6] Sans doute les aventures de Watteville telles qu'on les lit dans Saint-Simon[7] ont quelque chose qui révèle dans le hasard moderne un progrès notable sur le hasard antique, qui n'a pas subi[8] le contact de l'intelligence, celui qui est le ressort aveugle, irréversible, multiple, unique et absolu des tragédies grecques.

Malgré cela de tels exemples sont rares et même dans le domaine où il est le plus facile de s'emparer de lui, de le domestiquer et de faire de ce maître un esclave que nous n'appellerons que quand nous en avons besoin, dans le domaine de la médecine, il est incroyable à quel point nous lui laissons encore le gouvernement à peu près entier d'une vie dont il ignore entièrement le bien et le fin, tandis que nous devrions seulement lui faire appel pour quelque besogne purement mécanique où nous serions moins habiles que lui, et où en le guidant pas à pas, et en lui expliquant point par point ce que nous désirons, nous le chargerions seulement de graisser à nouveau ou même de refaire les ressorts que jusqu'ici il se contente ordinairement de briser. En présence d'une maladie contagieuse, tant que nous ne sommes pas atteints, les médecins lui donnent le nom de plus ou moins grande réceptivité, et quand nous le sommes, de plus ou moins grande résistance vitale, se contentant d'ailleurs de nous interdire par la diète et par le régime une nourriture et un mouvement que nous étions incapable[s] de prendre, [et] d'adresser à la transpiration au lieu de l'appel des mystérieuses quatre fleurs [dont][9] la vénérable bourrache de nos jardins d'un ennui si salutaire auxquel[l]es elle s'empressait[10] immédiatement d'obtempérer, les impérieuses injonctions d'un sudorifique auxquel[l]es elle reste presque toujours sourde.[11] Son seul pouvoir réel est de métamorphoser à l'aide de calmants la vieille fièvre bienfaisante, qui exorcisait le mal en trois jours et le chassait sans retour, en un malaise néfaste, innombrable, incessant, inépuisable, qui reparaît après chaque accalmie avec un nouveau viatique de maux, et de faire rentrer par les prières insidieuses de la morphine ou la morsure plus funeste du laudanum, le flot des bonnes sécrétions naturelles, préposées de tout temps au nettoyage de notre corps et à la propreté de ses artères, et qui allaient entraîner bien loin de lui les germes mortifères et les poisons. Tout au plus à l'aide des antispasmodiques réussira-t-il à épargner au cœur la fatigue de la dyspnée,[12] en lui en imposant une infiniment plus dangereuse et en ayant trouvé le moyen d'endormir par ruse le gardien toujours pourtant si vigilant de nos forces, si miraculeusement résistant et actif, si infatigable, si attentif, si sensible, si indispensable, le myocarde.

En ce temps où la mort [que la vitesse réveille à chaque pas sur la route], peut sortir de chaque fissure de la jante, du caillou de la

route, sort de chaque fissure de l'essieu, et est forcée de marcher derrière nous pour embellir notre triomphe, en confirmant[13] seulement
par une clameur presque effrayante de rage notre venue aux gueules-
de-loup de la prairie [. . .], cachée derrière la vitesse, épuise devant
nous le mirage innombrable, terrible, inutile et incessant de ses tenta-
tions, cache la pierre où elle[14] s'est blottie, fait paraître droite la route
au coude de laquelle elle s'est embusquée, dérobe dans un nuage de
poussière l'autre automobile au bord de laquelle elle est montée,
nous fait paraître assez grand pour y faire passer deux voitures, un
chemin où une seule ne peut se déplacer d'une ligne sans tomber
dans l'abîme au-dessus duquel elle est suspendue, raccourcit le
temps qu'il faut à l'une pour nous rejoindre, allonge celui que nous
mettons à l'éviter, elle est en réalité impuissante à s'arrêter sur la
route où, salués au passage par les gueules-de-loup qui laissent
échapper de leur lèvres de safran la goutte de rosée que l'aurore
leur confie comme un secret qu'elles devaient garder jusqu'à midi,
nous nous avançons avec une vitesse effrayante, et paisible.

[1] Nous établissons ce texte d'après le brouillon appartenant à la Bibliothèque
Nationale, N.a.f., Fonds Marcel Proust, Cahier III. Le manuscrit du texte que
nous donnons est précédé de la variante que voici: «On s'est souvent demandé
au cours de ces dernières années, mais jamais sans doute avec autant de force
que dans l'affaire Lemoine, s'il était possible ou non de fabriquer le diamant.
La réponse des plus audacieux chimistes semble actuellement celle-ci. Non,
on ne peut pas encore fabriqué [sic] le diamant, les corps obtenus ne sont pas
du diamant véritable, mais ce n'est qu'une question de temps. Dès qu'on
pourra soumettre le carbone à une température suffisante on aura du diamant.
Certes il est déjà assez singulier de penser que ce palais de houille où dort
depuis le commencement du monde le prince fabuleux de la lumière n'a pas
encore pu être ébranlé par les efforts les plus savamment combinés d'un siège
en règle où l'assaillant était servi par ces explosifs à qui ne résiste pas plus une
ville qu'une flotte ou une armée. Sans doute . . .»
[2] Ms: *auxquelles*, par mégarde.
[3] ou *dormeur*?
[4] Ms: *la plus dernière terrasse*; Proust oublie de barrer *plus*.
[5] *peut'être*, barré, remplacé par *sans doute*. Et deux phrases plus loin, *sans
doute* ajouté en interligne.
[6] Proust s'inspire évidemment ici d'une phrase du *Temple enseveli* (1902)
(l'*Évolution du mystère*, XXIX, 160), phrase pour laquelle il exprime sa
prédilection—et son amusement—dans une note de *Sésame et les lys* (p. 81),
où il cite de mémoire sans indiquer le recueil qu'il cite. C'est une de mes
étudiantes diplômées, Miss Mary Ann Brady, qui a trouvé la phrase en question. Ailleurs dans son pastiche Proust s'inspire d'autres ouvrages de Maeterlinck, notamment du *Double jardin* (1904) (cf. *En automobile, Fleurs des
champs*, etc.) et de l'*Intelligence des fleurs* (1907).
[7] Il s'agit de l'abbé Jean de Watteville, dont Saint-Simon esquisse le caractère
et les aventures extraordinaires (*Mémoires*, édition A. de Boislisle, X, 10–19).
Dans les éditions de Chéruel, le nom est orthographié: Vatteville.
[8] Ms: *n'a pas subit*, par mégarde.

[9] Ms: *et de*, par mégarde, la bourrache étant une des quatre fleurs.
[10] Ms: *s'empressent*, par mégarde.
[11] Sur la page en face, cette variante: «la vieille bourrache de nos jardins d'un ennui si salutaire, les quatre fleurs sacrées, bénévoles, inséparables et analogues, dont le nombre cabalistique multiplie les offices calmants, le tilleul qui donne un sommeil aussi léger que l'ombre de sa feuille et le parfum de sa fleur, enfin la matineuse mais excellente queue de cerise qu'on trouve encore parfumant la bouillotte aux tisanes sur le fourneau de certaines cuisines de province et qui chantant pendant qu'elle compose son breuvage comme une fée bienfaisante et un peu comique, s'apprête à remplir auprès d'un malade avec une précipitation bien intentionnée des fonctions de bonne d'enfant.»

Pour la *queue de cerises*, je suis redevable à Mme Marthe Ménardeau Fisher, qui me certifie l'existence d'un tel remède d'autrefois, produit par l'infusion de tiges de cerises dans l'eau bouillante. Son effet urinatoire expliquerait sans doute l'emploi par Proust de l'adjectif *matineuse*.

[12] Ms: *dispnée*.
[13] ou *annonçant*?
[14] La mort.

SENANCOUR [1]

Senancour c'est moi. Rêverie morale inspirée par la nature. C'était je crois un malade.[2] Il faut être faible en effet pour s'enivrer ainsi avec les choses les plus simples de la nature. Mais ses réflexions nous ennuient, ses phrases harmonieuses nous laissent d'autant plus froids qu'elles cherchent à nous toucher (cf. bien souvent maintenant France et Barrès, très souvent Chateaubriand). Au fond de tout cela ce que je vais chercher c'est la sensation même de paysages particuliers qui est délicieuse.

«le bruit des eaux rapides» (p. 112) [3]

Une phrase tout à fait de moi: «Mais du moins nous serons sensibles à q. q. accidents de lumière et de plusieurs convenances végétales» (p. 74) [4]

Revenons aux sensations: «et les sons qui animent dans leur marche les troupeaux de l'Émenthal» (72) [5]

«la simplicité automnale, le doux accord du silence dans le ciel, de la maturité des plantes et du repos de la terre» (69);[6] «ces clartés affaiblies derrière des vapeurs qui ne se dissipent plus» (se rappeler le Nahe, ces ombres qui se prolongent, au départ de Creusnach (69);[7] «ces feuilles qui sans être passées par l'orage se détachent et s'abandonnent au mouvement de l'air» (70);[8] «dans l'épaisseur des bois jaunis, au milieu des branches rompues et oubliées sur la mousse humide»[9]

Lire page 66 ce qu'il dit du retour de la lumière. Hélas il y a longtemps que cela n'est plus pour moi.[10]

Page 56 sur les arbres, c'est de moi.[11] Mais je n'essaye pas de donner un sens moral aux phénomènes naturels. Car c'est de la pure allégorie. Cependant il est certain que la vue de la nature réveille la pensée et que la vie de la pensée peut trouver mille charmes à la vue de la nature. Ce qui prouve une relation mystérieuse (puisque progrès dans la vie de l'esprit et dans l'admiration de la nature sont parallèles et réagissent) entre la vérité intellectuelle et la beauté naturelle. Tandis qu'il n'y en a aucune (au moins pour moi) entre cette même vérité et le luxe—et les décorations de théâtre etc. Pendant que je suis si éloigné de Sénancourt je note ceci: «Une vérité clairement comprise ne peut plus être écrite avec sincérité. Le poète qui a compris par l'intelligence ce qu'il veut écrire est comme un homme qui jouerait la surprise pour ce qu'il sait très bien. Ainsi tout ce que j'ai écrit plus haut est autant de retiré de mes livres.

Je reviens aux phrases de Sénancourt:
«Vous n'apercevez que la ronce sur le sable, la caverne etc»
(t[ou]t est très Fontainebleau).[12] (Page 21 très moi.)[13] Page 18
encore des sables et des ronces.[14]

«quand les brises promènent dans l'espace le bruit des cataractes.»[15]
Voir 177: *matin ronces*;[16] 190: encore le soleil qui vient de paraître,
«le sable sillonné par les traces des biches ou des lièvres»;[17] *«les grès
bizarrement fracassés»*[18] (et haut de 190,[19] c.f. *Kenilworth* et moi);[20]
214 (et «ces oiseaux qui semblent attendre de la nuit leur indépendance», «ces cris d'une joie cachée»;[21] «sur les rivages, embellis
par les feux du matin» 301;[22] 324 (Heredia *Conquistadores*)[23]

[1] Le manuscrit original, une feuille de papier à lettres dépliée (231 × 177 mm.),
appartenait à Mme Mante-Proust, mais n'a pu être retrouvé au Fonds Marcel
Proust de la Bibliothèque Nationale. Sans titre. La pagination indiquée pour
les passages cités correspond à l'édition suivante:
Rêveries/par/DE SÉNANCOUR./Troisième Édition./A la Librairie d'Abel
Ledoux,/95, rue de Richelieu./Paris. —M DCCC XXXIII.
Cf. Marcel Raymond, *Senancour, sensations et révélations*, Paris, José Corti,
1965, p. 15, n° 5. L'édition dont Proust s'est servi est une refonte d'ouvrages
antérieurs de Senancour dans laquelle il a amalgamé des textes nouveaux avec
ceux des *Rêveries sur la nature primitive de l'homme* et d'*Oberman*.
Je tiens à remercier Mr. R. G. Smith, Assistant Reference Librarian, University of Illinois Library, de toute la patience et de la bonne volonté avec
lesquelles il m'a aidé à dépister l'édition utilisée par Proust.
Pour l'importance et la date de ces notes, voir notre Avant-propos, pp. x–xi.
[2] Proust se rappelle peut-être ce que Sainte-Beuve dit, dans son article sur
Senancour, d'une «maladie nerveuse singulière, bizarre, qui se déclara en lui
après l'usage du petit vin blanc de Saint-Maurice» (*Portraits contemporains*,
I, 154). Cf. les *Rêveries*, p. 300: «Il n'appartient qu'au sage de conserver une
ame ferme dans un corps débile . . .» Mais là il s'agit de vieillesse.
[3] *Op. cit.*, p. 112 du chapitre XI, *Simplicité*: «Les entretiens [à la campagne]
sont à la fois sérieux et libres avec abandon, parce que la pensée est profonde,
parce que, autrefois, le cœur a été un peu brisé, parce que le rire habituel ne
convenait qu'à la fastidieuse gaité des villes, parce que c'est assez, pour espérer
à jamais, de se trouver là où se reunissent le bruit des eaux rapides et les
murmures de la forêt à la fin du jour.» Proust oublie de fermer la parenthèse.
[4] *Op cit.*, p. 74 du chapitre IX, *Retenue*: «L'aspect de la nature est une révélation continuelle, mais souvent obscure, de nos besoins, de nos devoirs, de notre
avenir: la pensée impuissante de l'homme appartient à la grande pensée de
l'univers. Quelquefois l'expression, dans son étendue, est trop imposante pour
notre faiblesse; mais du moins nous serons sensibles à l'harmonie de quelques
accidens de lumière, et de plusieurs convenances végétales.»
[5] *Op. cit.*, p. 72, dernière phrase du chapitre VIII, *Saisons*: «Avant les derniers
beaux jours, durant l'été incertain des hautes vallées, vers les sommets du Titlis
ou du Grimsel, dans quelque asile, auprès des neiges, vous entendrez la voix
forte des pasteurs, et les sons qui animent dans leur marche les troupeaux de
l'Émenthal.»
[6] *Ibid.*, p. 69: «L'automne est le soir de l'année. Dans notre lassitude nous
préférons ces derniers momens aux promesses du matin, à la splendeur de midi.
Le ciel, pur des jours ardens, cette profusion de lumière, cette magnificence

ne nous intéresse pas comme la simplicité automnale, comme le doux accord du silence dans le ciel, de la maturité des plantes et du repos de la terre.»
[7] Proust se rappelle ses deux séjours à Kreuznach, vieille ville pittoresque de la Prusse-Rhénane, où il alla avec sa mère en juillet 1895 et en août 1897. Il faisait des promenades en barque sur la rivière Nahe, qui traverse la ville. Cf. la note suivante. La parenthèse n'est pas fermée.
[8] *Op. cit.*, pp. 69 à 70: «Ces ombres qui se prolongent, ces clartés affaiblies derrière des vapeurs qui ne se dissipent plus, ces feuilles qui, sans être frappées de l'orage, se détachent et s'abandonnent au mouvement de l'air, tout cet aspect harmonieux et funèbre s'accorde avec le souvenir de tant d'heures écoulées, avec le vague regret de celles qui auraient dû être heureuses.» Proust cite deux fragments de la même phrase.
[9] *Ibid.*, pp. 70 à 71: «Malgré le progrès de nos siècles, jamais vous ne connaîtrez de jouissances moins passagères que d'entretenir en vous un vague sentiment de douleur, ou de chercher des idées de ruine dans l'épaisseur des bois jaunis, au milieu des branches rompues et oubliées sur la mousse humide.»
[10] *Ibid.*, p. 66 (toujours le même chapitre): «Ainsi que l'année, ainsi que la vie même, chaque journée a son printemps, son aurore, son heure de renouvellement. Nos fatigues sont suspendues par la fraîcheur du matin qui semble ramener l'inexprimable bien-être de nos premières années. Les jours sombres, ou les maladies n'interrompent pas entièrement cette sorte de réparation journalière. Tant que nous l'éprouvons, nous restons jeunes. Mais, lorsqu'elle devient trop imparfaite, c'est un affaiblissement irréparable, et il faudra mourir quand le suave retour de la lumière ne nous fera plus aucune impression.»
[11] *Op. cit.*, pp. 55 à 56 du chapitre VI, *Faiblesse humaine*: «A quelques pas de votre demeure, des arbres d'essence diverse projettent au-dessus de votre tête leurs branches vivantes vers l'espace silencieux.»
[12] Rappel du séjour d'octobre 1896 à Fontainebleau. Senancour connaissait bien ces lieux, qu'il décrit dans *Oberman* ainsi que dans les *Rêveries*. La citation est tirée du chapitre II, *Impressions naturelles*, p. 20: «Vous suivez lentement un sentier abandonné. Vous n'apercevez que la ronce sur le sable, la caverne où se réfugièrent les proscrits dont cette trace est le dernier monument, et les gouttes d'eau qui s'échappent des débris d'une fontaine, dont il semble que le temps n'ait laissé subsister que ce qui passe sans cesse.» Proust oublie de fermer la parenthèse.
[13] *Ibid.*, p. 21: «Livrés selon l'ordre naturel à ce qui change autour de nous, dans cet ordre toujours mobile, nous sommes ce que nous font le calme, l'ombre, le bruit d'un insecte, l'odeur d'une herbe: nous partageons cette vie générale, et nous nous écoulons avec ces formes instantanées. Nous nous retrouvons nous-mêmes dans ce qui agit, dans ce qui végète, dans l'attitude assurée d'un chamois, dans le port d'un cèdre, dont les branches s'inclinent, afin de s'étendre avec plus de liberté, dans tout l'aspect du monde, qui est plein d'oppositions, parce qu'il est soumis à l'ordre, et qui s'altère constamment pour se maintenir toujours.»
[14] Page 18, fin du premier chapitre: «Mesurons le sentier que nous foulons parmi les ronces, ou dans les sables mouvans.»
[15] Page 154 (Proust oublie de l'indiquer), chapitre XV, *Printemps*: «Nous demandions à errer sans guide et sans armes, durant les nuits du tropique, quand les brises promènent dans l'espace le bruit des cataractes, et les derniers chants des oiseaux du soir.»
[16] Page 177, début du chapitre XX, *De la joie*: «Vous aimez à pénétrer dans les bois avant que le soleil paraisse. Vous l'attendrez sur les collines où s'élève le cyprès, où fleurit la scabieuse. Sans autre but, vous marchez vivement au milieu des ronces; vous vous ouvrez un passage à travers d'épais buissons.»

[17] Début du chapitre XXII, *Liberté morale*, p. [189]: «Avec quel sentiment d'indépendance nous respirons dans l'épaisseur des bois au premier moment du jour! Lorsque le soleil vient à paraître, nous nous croyons plus libres sous de grands frênes, le long d'un ravin, au milieu des grès bizarrement fracassés, ou sur le sable silloné par les traces des lièvres et des biches.»

[18] Voir la note précédente.

[19] Suite du passage cité ci-dessus dans la note 17: «On aime à rencontrer un espace autrefois labouré, mais où ne se trouvent plus que du lierre appuyé sur des ruines, et quelques bouleaux épars dont les branches inclinées avec abandon, reprennent l'attitude des lieux incultes.» (*Ibid.*, pp. 189 à 190.)

[20] *Ibid.*, p. 190: «Des hommes qui ne possèderaient qu'un toit auprès d'une source, et qui se nourriraient presque toujours d'alimens sauvages, ne se croiraient pas indigens, pourvu qu'ils restassent robustes, et que l'opinion ne les eût pas subjugués. C'est à peu près ainsi que nous pourrions être, si le bonheur faisait réellement partie de notre destination. Mais la pénurie et ses chagrins seront d'infaillibles produits d'une civilisation qui se proposera pour objet le faste et les plaisirs.»

Kenilworth, le roman de Walter Scott, raconte l'histoire tragique de la belle jeune Amy Robsart, vouée au malheur et à la mort par son destin implacable. Le misérable Richard Varnez la pousse à épouser le comte de Leicester, le favori de la reine Élizabeth, et elle meurt calomniée, victime d'une civilisation qui a pour objet le faste et les plaisirs.

Proust, pour lui-même, n'avait jamais été «robuste», et de toute façon il ne croyait pas pouvoir atteindre au bonheur.

[21] Page 214, chapitre XXV, *Renoncement*: «Pour nous, au milieu des campagnes, après le mouvement du jour, à l'heure de l'obscurité tranquille, nous avons entendu quelquefois, du côté des terres incultes et des vieux murs en ruine, ces oiseaux solitaires qui paraissent attendre de la nuit leur indépendance. Ces accens nocturnes, ces cris d'une joie cachée au loin dans une vie habituellement silencieuse, ces chants rares et simples, laisseront d'ineffaçables souvenirs, tandis qu'on peut oublier toutes les merveilles de la symphonie qui retentirent dans les capitales des Appennins.» Proust oublie de fermer la parenthèse.

[22] Page 301, dernière phrase du chapitre XXXIV, *Cours de la vie*: «Le bonheur d'admirer à jamais de vastes parties moins inconnues de l'œuvre divine, ou peut-être celui de communiquer, dans l'espace, avec tant d'esprits généreux qui s'efforcèrent de marcher sur les traces célestes, ces pures jouissances seront plus intimes que ne l'étaient ici d'heureux pressentimens, au milieu des suaves odeurs, ou des voix mélodieuses, sur le rivage embelli par les feux du matin.»

[23] Page 324, XXXIXe et dernier chapitre, *L'Infini*: «Sur la terre même, quelque chose fut accordé à l'homme pour entretenir avec force ce besoin d'impressions nouvelles, ce désir qui le charme et le tourmente, qui lui donne du malheur et du génie; c'est la vue des constellations inconnues jusqu'alors.»

Cf. la fin du sonnet *Les Conquérants* (en espagnol: *Los Conquistadores*) d'Heredia; le poète évoque les routiers, les capitaines partis du même port d'où s'embarqua Christophe Colomb:

> . . . penchés à l'avant des blanches caravelles,
> Ils regardaient monter en un ciel ignoré
> Du fond de l'Océan des étoiles nouvelles.

Deuxième Partie

TEXTES RETROUVÉS

L'IRRÉLIGION D'ÉTAT [1]

(1892)

La France d'aujourd'hui ressemble fort à ce «Disciple» dont M. Paul Bourget nous a raconté la tragique histoire et qui souffrit tant pour cette raison qu'il avait été enseigné par un philosophe matérialiste. Pourtant le lecteur tiendra le gouvernement actuel pour bien plus coupable que le philosophe matérialiste du roman, s'il considère que les leçons de M. Sixte s'adressaient seulement à des esprits raffinés et qu'on pouvait présumer capables d'éprouver le fort et le faible des doctrines de leur maître. Tandis que la plupart des élèves des «écoles sans Dieu» ne sont point «têtes philosophiques»; ils ne peuvent accepter que sans examen les raisons qu'on leur donne sinon de désespérer, au moins de n'espérer qu'en un bonheur terrestre et de préférer en conséquence, à la prière le vote, au vote la dynamite. Aussi bien un enseignement qui n'est pas religieux n'est-il pas forcément athéiste? Ne pas prendre parti sur Dieu, sur l'âme, quand il s'agit d'un enseignement tout entier, n'est-ce pas encore une façon, et la pire, de prendre parti? «On se contente de ne pas parler de ces choses-là», dit-on. C'est précisément le matérialisme. La substitution de l'irréligion d'État à une religion d'État n'a donc rien qui puisse surprendre. On pourrait s'étonner seulement que la négation d'une religion ait le même cortège de fanatisme, d'intolérance et de persécution que la religion elle-même. Les radicaux qui détiennent actuellement la puissance publique, soit par les adeptes qu'ils comptent dans le gouvernement, soit par l'effroi qu'ils inspirent à de plus modérés, persécutent la religion sous toutes ses formes. Mais, voudrait-on leur dire, si le matérialisme était vrai (ce dont l'accord à travers les siècles des grandes philosophies idéalistes est un suffisant démenti)[2] et si, sans croire à la réalité de sa fiction, un homme imaginait aujourd'hui une théorie de la vie humaine, si riche d'illusions bienfaisantes que les hommes, en l'acceptant, se résigneraient aussitôt et cesseraient d'essayer de jouir ici-bas par la violence, pour mériter, par leurs bonnes et nobles œuvres, leur salut éternel, l'État ne devrait-il pas s'en remettre à ce poète ingénieux et persuasif du soin de guérir celles de nos misères qui comportent avant tout une solution morale, comme le socialisme. Eh bien, cette théorie de la vie et du bonheur[3] existe, elle a été longtemps acceptée et à juste titre; elle est vraie, d'une vérité, il faut bien le dire, qui a contre elle d'être méconnue des rédacteurs de l'*Intransigeant* et de la *Lanterne* (mais il n'y a pas d'autorité en matière de philosophie!) La France a grandi en l'apprenant, grandi en courage, en désintéressement, en honneur délicat. C'est à des esprits comme élevés au-dessus d'eux-mêmes par le Christianisme que la France doit ses plus purs chefs-d'œuvre, soit dans le domaine de l'action, soit dans le domaine de la spéculation. Aujourd'hui encore, tandis que les missionnaires français civilisent l'Orient, le plus hardi philosophe de ce temps pourrait scandaliser l'épicier matérialiste du coin par sa piété rigoureuse. Cette discipline religieuse à laquelle il se soumet, et qui ne gênait ni Descartes, ni Pascal, serait une entrave paraît-il, pour le libre génie de certains conseillers municipaux. Et c'est pour cela que, du même coup, la France en fut «délivrée». Misérable délivrance! Quand on se délivre d'un devoir, on est moins libre, on s'enchaîne à ses mauvais penchants. Un attentat sur la personne de son empereur montra naguère au prince de Bismarck les funestes conséquences du «Kulturkampf». Puissent les progrès du socialisme épouvanter le gouvernement, l'avertir qu'il y a autre chose à craindre aujourd'hui que la trop grande puissance de l'Église, et que si on ne peut pas réfuter sérieusement une philosophie aussi vaine que celle de M. Homais, les faits se chargent de développer ses conséquence[s] dans la pratique, que c'est comme celle de tous les imbéciles, une doctrine de destruction et de mort.

LAURENCE [4]

[1] Biblio, n° 12.
[2] La parenthèse n'est pas fermée dans le texte imprimé.
[3] *bouheur*, dans le texte imprimé.
[4] C'est Robert Dreyfus qui identifie Proust comme l'auteur de cet article. Voir *Souvenirs sur Marcel Proust*, Paris, Bernard Grasset, 1926, pp. 95–96.

PORTRAIT DE MADAME ***[1]
(1892)

Nicole unit à des grâces italiennes le mystère des femmes du Nord. Elle a leur chevelure blonde, leurs yeux clairs comme la transparence du ciel dans un lac, leur port élevé. Mais elle respire une mollesse savante et comme mûrie à ce soleil toscan qui noie les regards des femmes, étire leurs bras, relève les coins de leurs lèvres, rythme leur démarche jusqu'à rendre toutes leurs beautés divinement langoureuses. Et ce n'est pas trop que les charmes de deux climats et de deux races se soient fondus pour composer le charme de Nicole, car elle est la parfaite courtisane, si l'on veut dire seulement par là que chez elle l'art de plaire est à un degré vraiment unique, qu'il[2] est fait à la fois de dons et d'étude, qu'il est naturel et raffiné. Aussi la plus petite fleur prend entre ses seins ou dans sa main, le compliment le plus banal prend dans sa bouche, l'acte le plus vulgaire, comme l'offre de son bras pour aller à table, prend, quand c'est elle qui l'accomplit, une[3] grâce qui trouble à l'égal d'une émotion artistique. Toutes les choses s'adoucissent autour d'elle en une délicieuse harmonie qui se résume dans les plis de sa robe. Mais Nicole ne se soucie pas du plaisir d'art qu'elle procure, et le regard qui semble promettre tant de félicités, à peine sait-elle sur qui elle l'a laissé tomber, sans autre raison sans doute qu'alors sa chute était jolie. Elle ne se soucie que du bien, l'aime assez pour le faire, l'aime trop pour se contenter de le faire, sans essayer de comprendre ce que—en le faisant—elle fait. On ne peut pas dire qu'elle ait le pédantisme de la magnanimité, car elle en a trop pour cela le goût sincère. Disons qu'elle en a l'érudition, érudition charmante qui ne met dans sa tête et dans sa bouche que les noms aimables des Vertus. Son charme en est plus doux encore, comme parfumé d'une odeur sainte. Il est rare de pouvoir admirer ce qu'on aime. Il n'en est que plus exquis de saisir dans la molle et riche beauté de Nicole, dans sa *lactea ubertas*, dans toute sa suave personne, les séductions, la fécondité d'un grand cœur.

[1] Biblio, n° 18. Cf. Robert Dreyfus, *Souvenirs*, p. 96, note 1: «portrait d'une dame élégante de l'époque, très fêtée et très séduisante, dont le charme fut aussi célèbre que la beauté». Les raisons pour la suppression de ce portrait dans *Les Plaisirs et les jours* sont obscures, mais l'identité du modèle est claire. Il s'agit de Mme Guillaume Beer, née Elena Goldschmidt-Franchetti, née à Florence en 1870, connue plus tard en littérature sous le pseudonyme Jean Dornis. L'amalgame de son nom de jeune fille explique comment elle «unit à des grâces italiennes le mystère des femmes du Nord»; son pays d'origine est confirmée par l'allusion à «ce soleil toscan». Elle avait exercé «l'art de plaire»

sur le poète Leconte de Lisle, qui célébra son charme dans un de ses *Derniers poèmes* sous le titre: *La Rose de Louveciennes.* Mme Beer possédait le pavillon de Voisins à Louveciennes, où elle invitait quelquefois le jeune Proust. (Cf. *Qui êtes-vous? Annuaire des contemporains français & étrangers 1909–1910,* Paris, Librairie Ch. Delagrave, [1909], p. 35; Talvart et Place, *Bibliographie des auteurs modernes de langue française (1801–1927),* Paris, Chronique des Lettres Françaises, IV, 293–295. Voir *Bulletin de la Société des Amis de Marcel Proust,* VI (1956), 147, lettre à Ch. Grandjean que je date du 12? novembre 1893, où Proust écrit qu'il devait «aller aujourd'hui déjeuner à Louveciennes chez vos voisins Beer . . .»)

² *quil,* dans le texte imprimé.

³ *nne,* dans le texte imprimé.

LE NEZ DE CLÉOPÂTRE *

par

Henri de Saussine[1]

(1893)

Si la nouvelle génération diffère de la précédente et la dépasse en un sens, c'est assurément par l'instinct de la réflexion, l'essor du rêve, l'ambition très haute de reconstituer sa place à la pensée que les matérialistes avaient bannie de l'univers et les naturalistes de l'art. Ses aspirations, vagues peut-être, mais assurément énergiques, tendent à donner à la vie un arrière-plan, un sens à notre destinée, à nos actes une sanction. Si *les jeunes* ont jusqu'à présent souvent échoué dans leurs généreuses tentatives, la faute en est peut-être à ce qu'on perd le don de la vie quand on veut trop en raisonner: l'œuvre trop réfléchie rarement est vivante, et la couleur perd en intensité ce que l'analyse gagne en profondeur. De là sans doute le mauvais sort jeté sur tant d'œuvres modernes, qui les frappe dès leur naissance d'une mort immédiate.

Le *Nez de Cléopâtre* peut faire croire ce mauvais sort conjuré. Sous ce titre, Henri de Saussine vient de faire paraître un livre vivant et profond, où l'abstrait se réalise et pour ainsi dire s'incarne avec le relief le plus éclatant. Les personnages y vivent comme chez Balzac, sont expliqués comme chez Stendhal, jugés comme chez Tolstoï, sans préjudice de l'originalité de l'auteur que le rythme et le très personnel refrain de sa langue nous chantent sur tous les modes jusqu'à nous ravir. Comme les abeilles cette langue possède un aiguillon qui perce tout à jour, la saveur raffinée du miel . . . et des ailes.

Dans le *Nez de Cléopâtre*, les personnages atteignent la généralité du type, tout en restant individuels, socialement situés, acteurs dans les drames de l'amour et de la mort qui se jouent dans chaque famille, sujets responsables d'une destinée qu'ils créent plus encore qu'ils ne la subissent. De là des descriptions de peintre, des intuitions de poète, des études de mœurs d'une finesse extrême, et de ces grandes vues mélancoliques sur les causes profondes de nos joies et de nos peines où l'on sent tantôt comme un prolongement d'*Hamlet* (la mort de Mme de l'Oseraie), tantôt comme la critique de *Roméo* (scènes d'amour de Jean et Christine). Çà et là, sans ralentir l'exceptionnel entrain du dialogue, des réflexions comme celle-ci: «Pour la

* Un volume, 3 fr. 50.

beauté comme pour le talent, la célébrité commence à l'heure où cesse la cause qui l'a fait naître, justifiant l'universelle loi qui veut que le bruit suive la lumière au lieu de l'accompagner», ou comme celle-ci: «Le culte des snobs classe une femme comme l'orgue de Barbarie consacre un air»; ou bien encore: «Ce sont des graines inférieures que le vent emporte et que la sécheresse fait avorter: le germe du chêne ou du sapin, où qu'il tombe, pousse des racines, et serré par les roches, lance pourtant vers le ciel le jet de sa frondaison».

Mais il est difficile de rien détacher de la belle unité du livre. Le lecteur devra l'aborder dans son ensemble pour y saisir surtout l'espèce de transposition dans l'écriture du *leit-motiv* wagnérien, qui en constitue la plus saisissante nouveauté.*

* Par exemple le rappel rythmique de l'aïeul Bassompierre qui solidarise de façon si philosophique et si étrangement poétique, le présent au passé, le type à l'individu, le particulier au général.
[1] Biblio, n° 22. Cf. le texte intégral, établi d'après le manuscrit, ci-dessous, pp. 236–238.

AVANT LA NUIT [1]

(1893)

«Bien que je sois encore assez forte, vous savez (me dit-elle avec une plus intime douceur comme on atténue par l'accent les choses trop dures qu'on doit dire à ceux qu'on aime), vous savez que je peux mourir d'un jour à l'autre—tout en pouvant très bien vivre encore plusieurs mois.—Aussi je ne peux pas tarder davantage à vous révéler une chose qui pèse sur ma conscience; vous comprendrez après combien il m'a été pénible de vous la dire.» Ses prunelles, symboliques fleurs bleues, se décolorèrent, comme si elles se fanaient. Je crus qu'elle allait pleurer, mais il n'en fut rien. «Je suis bien triste de détruire volontairement mon espérance d'être estimée après[2] ma mort par mon meilleur ami, à ternir, à briser le souvenir qu'il eut gardé de moi et d'après lequel, pour la voir plus belle et plus harmonieuse, je me figure souvent ma propre vie. Mais le souci d'un arrangement esthétique (elle sourit en prononçant cette épithète avec la petite exagération ironique dont elle accompagnait les mots de ce genre extrêmement rares dans sa conversation) ne peut réprimer l'impérieux besoin de vérité qui me force à parler. Écoutez, Leslie, il faut que je vous le dise. Mais avant, donnez-moi mon manteau. Il fait un peu froid sur cette terrasse et le médecin m'a défendu de me soulever inutilement.» Je lui donnai son manteau. Le soleil était couché et la mer qu'on apercevait à travers les pommiers était mauve. Légers comme de claires couronnes flétries et persistants comme des regrets, de petits nuages bleus et roses flottaient à l'horizon. Une file mélancolique de peupliers plongeaient dans l'ombre, la tête résignée dans un rose d'église; les derniers rayons sans toucher leurs troncs, teignaient leurs branches accrochant à ces balustrades d'ombre des guirlandes de lumière. La brise mêlait les trois odeurs de la mer, des feuilles humides et du lait. Jamais la campagne normande n'avait adouci de plus de volupté la mélancolie du soir, mais je la goûtais mal tant j'étais agité par les mystérieuses paroles de mon amie.

«Je vous ai beaucoup aimé, mais je vous ai peu donné, mon pauvre ami.»—«Pardonnez-moi Françoise si au mépris des règles de ce genre littéraire, j'interromps une *confession* que j'aurais dû écouter en silence—m'écriai-je en essayant de plaisanter pour la calmer, mais en réalité mortellement triste. Comment vous m'avez peu donné? Vous m'avez d'autant plus donné que je vous demandais moins et bien plus en vérité que si les sens avaient eu quelque part dans notre tendresse. Surnaturelle comme une madone, douce comme une nourrice, je vous ai adorée et vous m'avez bercé. Je vous aimai d'une affection dont aucune espérance de plaisir charnel ne venait déconcerter la sagacité sensible. Ne m'apportiez-vous pas en échange une amitié incomparable, un thé exquis, une conversation naturellement ornée, et combien de touffes de roses fraîches. Vous seule avez su de vos mains maternelles et expressives rafraîchir mon front brûlant de fièvre, couler du miel entre mes lèvres flétries, mettre dans ma vie de nobles images. Chère amie, je ne veux pas connaître cette confession absurde. Donnez-moi vos mains que je les baise: il fait froid; rentrons et parlons d'autre chose.»

«Leslie, il faut pourtant que vous m'écoutiez, mon pauvre petit. Cela est nécessaire. Vous êtes-vous jamais demandé si veuve comme j'étais depuis ma vingtième année j'étais toujours restée . . .»

«J'en suis sûr, mais cela ne me regarde pas. Vous êtes une créature tellement supérieure à toute autre qu'une faiblesse de vous aurait un caractère de noblesse et de beauté dont sont dépourvues les bonnes actions des autres. Vous avez agi comme vous avez pensé qu'il était bien et je suis certain que vous n'avez jamais fait que des choses délicates et pures.»—«Pures! . . . Leslie, votre confiance me désole comme un reproche anticipé. Écoutez . . . je ne sais pas comment vous dire cela. C'est bien pire que si j'avais aimé vous par exemple, ou même un autre, oui vraiment n'importe quel autre.»—Je devins blanc comme un linge, blanc comme elle, hélas, et tremblant qu'elle ne le vît essayais de rire et répétais sans trop savoir ce que je disais: Ah! ah! n'importe quel autre, que vous êtes singulière—«Je disais bien pire, Leslie, je n'en sais rien, à l'heure pourtant lumineuse qu'il est. Le soir on voit les choses avec plus de calme, mais je ne vois pas clairement ceci et il y a des ombres démesurées sur ma vie. Mais si au fond de ma conscience je crois que ce n'était pas pire, pourquoi avoir honte de vous le dire?—Était-ce pire?»—Je ne comprenais pas; mais en proie à une agitation horrible impossible à dissimuler, je commençai à trembler de peur comme dans un cauchemar. Je n'osais pas regarder l'allée maintenant pleine de nuit et d'épouvante qui s'ouvrait devant nous, je n'osais pas fermer les yeux non plus.—Sa voix qui était descendue en se brisant de tristesses de plus en plus profondes, remonta tout à coup et d'un ton naturel, sur une note claire, elle me dit: «Vous rappelez-vous, quand ma pauvre amie Dorothy fut surprise avec une chanteuse dont j'ai oublié le nom, (je me réjouis de cette diversion qui, je l'espérais, nous écartait définitivement du récit de ses peines) comment vous m'expliquâtes alors que nous ne pouvions la mépriser. Je me rappelle vos paroles:

Comment nous indigner d'habitudes que Socrate (il s'agissait d'hommes, mais n'est-ce pas la même chose) qui but la ciguë plutôt que de commettre une injustice, approuvait gaîment chez ses amis préférés. Si l'amour fécond, destiné à perpétuer la race, noble comme un devoir familial, social, humain, est supérieur à l'amour purement voluptueux, en revanche il n'y a pas de hiérarchie entre les amours stériles et il n'est pas moins moral—ou plutôt pas plus immoral qu'une femme trouve du plaisir avec une autre femme plutôt qu'avec un être d'un autre sexe. La cause de cet amour est dans une altération nerveuse qui l'est trop exclusivement pour comporter un contenu moral. On ne peut pas dire parce que la plupart des gens voient les objets qualifiés rouges, rouges, que ceux qui les voient violets se trompent. D'ailleurs—ajoutiez-vous, si on affine la volupté jusqu'à la rendre esthétique, comme les corps féminins et masculins peuvent être aussi beaux les uns que les autres, on ne voit pas pourquoi une femme vraiment artiste ne serait pas amoureuse d'une femme. Chez les natures vraiment artistes l'attraction ou la répulsion physique est modifiée par la contemplation du beau. La plupart des gens s'écartent avec dégoût de la méduse. Michelet, sensible à la délicatesse de leurs couleurs les ramassait avec plaisir. Malgré ma répulsion pour les huîtres, après que j'eus songé (me disiez-vous encore), à leurs voyages dans la mer que leur goût évoquerait maintenant pour moi, elles me sont devenues, surtout quand j'étais loin de la mer, un suggestif régal. Ainsi les aptitudes physiques, plaisir de contact, gourmandise, plaisir des sens, reviennent se greffer là où notre goût du beau a pris racine. Ne croyez-vous pas que ces arguments pourraient aider une femme physiquement prédisposée à ce genre d'amour à prendre conscience de sa vague curiosité, si déjà certaines statuettes de Rodin par exemple avaient triomphé—artistiquement—de ses répugnances—qu'ils l'excuseraient à ses propres yeux, rassureraient sa conscience—et que ce pourrait être un grand malheur.»—Je ne sais pas comment je ne criai pas alors: en brusque éclair le sens de sa confession, le sentiment de mon effroyable responsabilité, m'étaient à la fois apparus. Mais me laissant aveuglément diriger par une de ces inspirations plus hautes qui, quand nous sommes trop au-dessous de nous-mêmes, trop insuffisants pour jouer notre scène dans la vie, prennent brusquement notre masque et jouent au pied-levé notre rôle; je dis avec calme: «je vous assure que je n'aurais aucun remords, car vraiment je n'ai aucun sentiment de mépris ni même de pitié pour ces femmes.» Elle me dit mystérieusement, avec une infinie douceur de reconnaissance: «Vous êtes généreux.» Elle ajouta un peu bas et vite, avec un air ennuyé, comme on dédaigne tout en les exprimant, des détails terre à terre: «vous savez je me suis très bien rendu compte malgré vos airs secrets à tous, que la balle qu'on n'a pu extraire et qui a déterminé ma maladie, vous recherchez avec anxiété qui me l'a tirée. J'espérais toujours qu'on ne la découvrirait pas cette balle. Eh bien puisque le médecin a l'air sûr maintenant et que vous pourriez soupçonner des innocents, j'avoue. Mais j'aime mieux vous dire la vérité.» Elle ajouta avec cette douceur qu'elle avait en commençant à parler de sa mort prochaine, pour consoler de la peine que les choses qu'elle disait allaient causer par la manière dont elle les disait. «C'est moi dans un de ces moments de désespoir qui sont bien naturels à tous ceux qui *vivent*, qui . . . me suis blessée.» Je voulus aller à elle pour l'embrasser mais j'eus beau me contenir, en arrivant près d'elle, une force irrésistible étrangla ma gorge, mes yeux s'emplirent de larmes et je me mis à sangloter. Elle, d'abord, essuyait mes yeux, riait un peu, doucement me consolait comme autrefois avec mille gentillesses. Mais au fond d'elle une immense pitié pour elle-même et pour moi sourdait, jaillissant vers ses yeux—et retomba en larmes brûlantes. Nous pleurions ensemble. Accord d'une triste et large harmonie. Nos pitiés confondues avaient maintenant pour objet quelque chose de plus grand que nous et sur quoi nous pleurions volontairement, librement. J'essayai de boire sur ses mains ses pauvres larmes. Mais toujours il en tombait d'autres dans lesquelles elle se laissait transir. Sa main devenait toute glacée comme les pâles feuilles tombées dans le bassin des jets d'eau. Et jamais nous n'avions eu tant de mal et tant de bien.

[1] Biblio, n° 34.
[2] *aprèe*, dans le texte imprimé.

SOUVENIR [1]

(1893)

A M[aximilien] Winter

Je passai l'année dernière quelque temps au Grand Hôtel de T, situé à l'extrémité de la plage et qui regarde la mer. La fade exhalaison des cuisines et des eaux sales, la luxueuse banalité des tentures variant seule la grisâtre nudité des murs et complétant ce décor d'*exil* avaient incliné mon âme à une dépression presque morbide, quand, un jour de grand vent qui menaçait de devenir une tempête, traversant un couloir pour retourner à ma chambre une odeur délicieuse et rare me fit arrêter net. Il m'était impossible de l'analyser, mais elle était si complexement et si richement florale, que des champs entiers, des champs florentins, je supposai, avaient dû être dénudés pour en composer quelques gouttes. La volupté était telle pour moi que je restai un très long espace de temps sans m'en aller; par une porte à peine entr'ouverte[2] et qui seule avait pu laisser passage à ce parfum je découvris une chambre, qui, rien qu'à la[3] si peu apercevoir, donnait l'impression de la plus exquise personnalité. Au milieu même de cet écœurant hôtel comment un hôte avait-il pu sanctifier une si pure chapelle, raffiner un si merveilleux boudoir, isoler une tour d'ivoire et de parfums. Un bruit de pas, invisibles du couloir et d'ailleurs un respect presque religieux m'empêchaient d'ouvrir davantage la porte. Tout à coup le vent furieux du dehors ouvrit une fenêtre mal fermée du couloir et un souffle salé entra par larges et rapides ondes, délayant sans le noyer le concentré parfum floral. Jamais je n'oublierai cette fine persistance de l'odeur primitive donnant sa tonalité à l'arôme de ce vaste vent. Le courant d'air avait fermé la porte et je descendis. Mais par un hasard qui me contraria au plus haut point, quand je me renseignai auprès du directeur de l'hôtel sur les habitants du 47 (car ces créatures d'élection avaient un n° comme les autres) on ne put me donner que des noms qui étaient évidemment des pseudonymes. J'entendis seulement une fois une voix d'homme frémissante et grave, solennelle et douce, appeler Veilet (violet) et une voix de femme d'un charme surnaturel répondre: «Clarence».—Malgré ces deux prénoms anglais, ils paraissaient au dire des domestiques de l'hôtel parler habituellement le français—et sans accent étranger. Ils prenaient leurs repas dans une chambre spéciale et je ne pouvais les voir. Une seule fois je vis disparaître, en une fuite de lignes d'une telle expression spirituelle, d'une distinction si unique qu'elle reste pour moi une des plus hautes révélations de la beauté, une femme grande, la face détournée, la taille insaisissable dans un long manteau de laine brune et rose. Quelques jours après, montant un escalier assez éloigné du corridor mystérieux, je sentis une faible odeur délicieuse, certainement la même que la première fois. Je me dirigeai vers le corridor et arrivé presque en face de la chambre je fus assourdi par la violence des parfums qui tonnaient comme des orgues avec un mesurable accroissement d'intensité de minute en minute. La chambre démeublée apparaissait comme éventrée par la porte grande ouverte. Une vingtaine de petites fioles brisées gisaient à terre et des taches humides souillaient le parquet. «Ils sont partis ce matin, me dit le domestique qui essuyait par terre, et pour que personne ne puisse se servir de leurs odeurs, comme ils ne pouvaient pas les remettre dans leurs malles à cause des choses qu'ils avaient achetées ici et qui les remplissaient, ils ont cassé les flacons. C'est du propre!» Je me précipitai sur un flacon qui gardait quelques dernières gouttes. A l'insu des mystérieux voyageurs elles parfument encore ma chambre.

Dans ma banale vie je fus un jour exalté de parfums qu'exhalait le monde jusque-là si fade. C'étaient les troublants annonciateurs de l'amour. Lui-même cependant était survenu, avec ses roses et ses flûtes, sculptant, tapissant, fermant, parfumant tout autour de lui. Les plus vastes souffles de la pensée même, il s'est mêlé à eux qui l'ont sans l'affaiblir, infinisé. Mais de lui-même qu'ai-je su? ai-je en rien éclairci son mystère, et de lui connu autre chose que le parfum de sa tristesse et que l'odeur de ses parfums? Puis il s'en est allé et les parfums, des flacons brisés, s'exhalèrent avec une intensité plus pure. Une goutte affaiblie imprègne encore ma vie.

[1] Biblio, n° 35.
[2] *entrouverte,* dans le texte imprimé.
[3] *le,* dans le texte imprimé.

CONVERSATION [1]

[1893–1895]

Mon ami Honoré a des yeux charmants, fait voir l'esprit le plus naturellement aimable, mais dissipe dans une vie de scandales l'argent qu'il emprunte aux usuriers. Hier chez sa mère, après un dîner où il n'était point venu on vint à parler de sa conduite et son oncle qui est magistrat s'exprima d'abord en ces termes.

—Berthe, dit-il, il faut un terme à tout, mais les débordements de votre fils attendent encore le leur. Pas de merci, voilà ce que je vous conseille, ou la correctionnelle n'est pas loin. Comment le laissez-vous corrompre dans la société de ces mauvaises femmes et de ces joueurs, l'esprit faux mais brillant que la nature lui avait départi. Est-il même honorable qu'un jeune homme de son âge porte des cravates claires et des boutonnières de fleurs. Telle n'est pas la tenue d'un garçon qui travaille. Dieu sait que je méprise les écrivains, les tenant tous pour des bohêmes dangereux, mais enfin puisque votre fils avait des dispositions, comme on dit, pour écrire, j'aimerais encore mieux lui voir écrire de méchants romans (peut-être pourriez-vous le tourner vers les travaux de l'histoire ou de l'économie politique, bien compatibles avec une vie rangée) que mener une vie pareille! Au moins il ne paraîtrait point sans cesse dans les promenades, monté comme un gommeux sur un cheval pur sang.

Mais il fut interrompu par le grand peintre et romancier B... qui écoutait impatiemment ce discours.

—Dieu me garde de vous reprocher de parler en gardien des lois, s'écria-t-il! J'ai pour cela le sentiment trop vif des diverses humeurs et caractères des hommes et des convenances de leurs jugements à leur caractère, mais si je vous estime d'être un magistrat prudent, combien je dois louer Honoré de peindre devant nos yeux une fresque si ardente et si chaude de la vie du jeune homme. Quelles belles années! Quoi, on les lui voudrait voir consumer à écrire? Mais eût-il du génie, que fera-t-il qui vaille? Etre beau, en jouir, plaire, être fou, vivre. Qu'on essaye de faire une imparfaite imitation de sa fougue et on appellera cela non sans raison un chef-d'œuvre. Combien le modèle est plus beau et plus passionnant. Qu'il y mêle de l'économie politique, qu'il s'amuse, mais sagement, qu'il soit estimé de sa famille, qu'il aille habillé de noir! Traduisez cela en art ou en littérature pour voir quelle ennuyeuse grisaille cela donnera. N'est-il pas convenable qu'il se ruine pour être somptueusement vêtu et monté et ne serait-il pas honteux qu'il fût mal vêtu et mal

monté, comment ne s'y ruinerait-il pas, puisqu'il n'a pas d'argent.
Qu'est-ce qu'une jeunesse penchée sur les livres, ternie, ignorant la
magnificence, si elle faisait école que deviendraient les peintres, les
romanciers, sans ceux qui aiment les formes diverses et belles de la
vie. Vous vous plaignez qu'il sache distinguer un veston d'une
jaquette, un cheval bai d'une jument alezane, une pierre de lune
d'une opale ou d'un œil de chat; mais je pense que c'est simplement
avoir les yeux ouverts sur le monde. N'est-il pas vrai que du jour
où on ne distinguerait plus ces choses, on aurait cessé d'écrire et de
Peindre. Certes je ne demande pas que votre fils, pour aviver de
quelques rouges la gamme de couleurs que présente sa vie, pousse
jusqu'à l'assassinat, mais l'équitation et une folle élégance, les dettes
et les expédients, le jeu, la débauche, voilà les scènes nécessaires et
charmantes de sa vie de jeune homme, voilà la plus intelligente et
artistique manière dont il la puisse passer tant qu'il sera si beau et
qu'on l'aimera.

—Bonne ou mauvaise, puisqu'elle est telle, dit en soupirant la mère
d'Honoré, j'aime mieux croire que la vie de mon fils est belle plutôt
qu'horrible. Mais s'il vaut mieux faire preuve de bon goût que de
bon sens et s'il est d'un goût exquis de mettre de la couleur et de
l'harmonie dans sa vie, ne faut-il pas tenir pour plus haut encore le
bon cœur, et s'il en avait un peu, n'aurait-il pas pitié de moi qu'il
voit toujours.

—Nul doute qu'il a pitié de vous, s'écria B..., car sa nature est
généreuse. Mais il peut vous trouver infiniment touchante sans cesser
pour cela de trouver beaux, les chevaux, les femmes, les beaux habits
et les fièvres du jeu. Notre âme est ouverte à divers genres d'émotions
qui, d'ennemies qu'elles étaient dans la vie, se réconcilient dans notre
âme en une même impression de beauté.

Ainsi parlait ce vieux peintre, doux, indulgent, mais peu philosophe. Lui, qui toujours modestement vêtu, simple et rangé, avait
imaginé tant de vies somptueuses et passionnées, il n'avait pas su voir
que leur beauté ne résidait pas dans ceux qui les mènent sans les
comprendre, mais dans la riche imagination qui les conçoit. Il tenait
le langage des artistes de notre temps, si inquiétant au simple point
de vue littéraire même, si l'on songe qu'à peine sommes-nous débar-
rassés du fils de famille de théâtre chez qui les plus viles indélica-
tesses n'étaient qu'un effet de sa générosité et de son honneur, nous
allons voir apparaître—ils nous en menacent—le même fils de famille,
vicieux mais tenant pour l'art et pour une intelligente obéissance
aux lois de la couleur et aux exigences de l'esthétique générale.

Cependant continuait à se développer le caractère de chacun soit par les réflexions que la conduite du jeune homme lui inspirait, soit par la dissimulation qui les lui faisait taire—et l'absence même d'Honoré à cette réunion de famille ne marquait pas moins que n'eut sa présence d'un trait sympathique aux uns, antipathique aux autres, sa nature pourtant incertaine et difficile à juger.

[1] Biblio, n° 359. Fragment sacrifié des *Plaisirs et les jours*. Nous en établissons le texte d'après la dactylographie du Fonds Marcel Proust à la Bibliothèque Nationale.

ALLÉGORIE [1]

[1893–1895]

Il y avait dans le pré un endroit si richement, si diversement fleuri qu'on avait coutume de l'appeler le jardin. Chaque jour il s'épanouissait davantage dans la joie de sa beauté et dans la bonne odeur de ses parfums. Un soir, un orage furieux arracha, puis emporta toutes les fleurs. Puis une pluie torrentielle tomba glaçant le sol meurtri; tout ce qu'il aimait le mieux était parti, déraciné de son cœur même. Maintenant tout lui était égal, mais ce froid sans trêve, cette inondation folle, c'était la dernière cruauté. Cependant le vent prenait à poignées toute la terre légère et la jetait devant lui. Bientôt la dernière couche résistante fut à nu, le vent n'eut pas de prise sur elle, mais l'eau ne la traversait pas, et c'était un jardin si imprudemment vallonné qu'elle ne pouvait s'en écouler, restait là. Et toujours elle tombait à torrents, noyant de larmes le jardin saccagé. Au matin, elle tombait encore, puis cessa; le jardin n'était plus qu'un champ dévasté couvert d'une eau trouble. Mais tout pourtant s'apaisait quand, vers cinq heures, le jardin sentit son eau calmée, devenue pure, parcourue d'une extase infinie, rose et bleue, divine et malade, l'après-midi, céleste, venait se reposer sur son lit. Et l'eau ne la voilait ni ne la froissait nullement mais de tout son amour approfondissait peut-être encore son regard vague et triste et contenait, retenait tout entière, tendrement pressait sa lumineuse beauté. Et désormais ceux qui aiment les vastes spectacles du ciel vont souvent les regarder dans l'étang.

Heureux le cœur ainsi défleuri, ainsi saccagé, si maintenant plein de larmes il peut lui aussi refléter le ciel.

[1] Biblio, n° 359. Fragment sacrifié des *Plaisirs et les jours*. Nous en établissons le texte d'après la dactylographie du Fonds Marcel Proust à la Bibliothèque Nationale.

UNE FÊTE LITTÉRAIRE A VERSAILLES [1]
(1894)

La grille aux fers dorés est ouverte sur la large avenue de Paris qui mène droit au théâtre de Versailles. Appuyé sur l'une des extrémités de la grille, un coquet pavillon se dresse; un large tapis rouge est étendu sur le sable, devant la porte; des fleurs, des roses jonchent le chemin. Sur le seuil, aimable, souriant, très bon, le seigneur de la calme demeure reçoit les amis qu'il convia. Un orchestre, dissimulé dans un bosquet, murmure une douce musique.

Une pente douce, semée d'une pelouse verte, abritée par des bouquets d'arbres, mène au théâtre, qui fut aménagé dans la partie plate du frais jardin. Une merveille, ce théâtre improvisé, «éphémère»,[2] comme il est écrit sur la frise. —Tout ce qui est beau et tout ce qui [est] bon n'est-il pas éphémère?— Un artiste l'éleva. C'est un long rectangle en forme de temple, que précède un atrium aux lourdes draperies, et que termine une petite scène surélevée. Le décor figure une colonnade circulaire; entre les colonnes on aperçoit des bosquets et des charmilles, derrière lesquelles, peut-être, Mme de La Vallière ou Mme de Montespan vont nous apparaître.

*
* *

La salle est remplie. Et quelle salle! Quel «tout-Paris»!

Mme la comtesse Greffulhe, délicieusement habillée: la robe est de soie lilas rosé, semée d'orchidées, et recouverte de mousseline de soie de même nuance, le chapeau fleuri d'orchidées et tout entouré de gaze lilas; Mlle Geneviève de Caraman Chimay, la comtesse de Fitz-James, popeline noire et blanche, ombrelle bleue, incrustée de turquoises, jabot Louis XV; la comtesse de Pourtalès, taffetas gris perle, parsemé de fleurs foncées, les parements clairs, le chapeau surmonté d'une aigrette jaune; le duc de Luynes, la comtesse Aimery de La Rochefoucauld, crêpe de Chine héliotrope; la marquise d'Hervey de Saint-Denis, crêpe blanc, chapeau de paille de riz blanc avec plumes blanches, pèlerine en alpaga blanc avec broderie grise; la comtesse Pierre de Brissac en robe rayée de blanc et jaune, chapeau noir avec des roses; la duchesse de Gramont,[3] la comtesse Adhéaume de Chevigné, Mme Arthur Baignères et M. Baignères, Mme Henri Baignères, la princesse de Chimay, robe de drap brodé de violettes et de mimosas, chapeau noir avec des nœuds héliotrope; Mlles de Heredia, robe de mousseline rose; la comtesse Louis de Montesquiou, en noir; la vicomtesse de Kergariou, crêpe de Chine gris avec des nœuds hortensia bleu, chapeau noir avec nœuds d'hortensia; la marquise de Lubersac, pèlerine d'hermine sur une robe noire et blanche; comtesse Potocka, Mme de Brantes, la princesse de Wagram, la comtesse de Brigode, la marquise de Biencourt, la princesse de Brancovan, en robe rayée; Mme Austin Lee, la princesse de Broglie, la comtesse Jean de Montebello, la comtesse de Périgord, gris argenté, chapeau iris; Mme Arcos, la marquise de Massa, la duchesse d'Albuféra, le baron et la baronne Denys Cochin, M. Paul Deschanel, le comte et la comtesse de Lambertye, le comte et la comtesse de Ganay, le comte de Ravignan, la baronne de Poilly, le comte et la comtesse de Janzé, la princesse de Poix, le prince de Sagan, venu en voiture à vapeur avec le comte de Dion; le comte et la comtesse d'Aramon, le comte de Saint-Phalle, le comte de Gabriac, le comte et la comtesse Bertrand de Montesquiou, le marquis du Lau, Mme Madeleine Lemaire, bengaline prune, blouse pompadour, chapeau mauve; Mlle Madeleine Lemaire, mousseline blanche et satin jaune, chapeau noir semé de roses; le prince de Lucinge, la vicomtesse de Trédern, le comte et la comtesse de Guerne, la comtesse de Chaponay, la princesse Bibesco, la comtesse de Kersaint, la comtesse de Chevigné, la comtesse de Berkheim, le comte et la comtesse de Chandieu, la marquise de Lur-Saluces, le marquis et la marquise d'Adelsward, le marquis et la marquise de Ganay, M. Joubert, la marquise de Balleroy, le baron de Saint-Amand, le comte de Castellane, M. Charles Ephrussi, M. et Mme Jules Claretie, M. et Mme Francis Magnard, M. et Mme Ganderax, M. et Mme Gervex, M. Rodenbach, M. et Mme Maurice Barrès, Mme Alphonse Daudet, M. et Mme Léon Daudet, M. et Mme Duez, M. et Mme Helleu, Mme Jeanniot, M. et Mme Roger-Jourdain, M. et Mme Jacques Saint-Cère, M. Émile Blavet, M. et Mme Adolphe Aderer, M. Jean Béraud, Mlle Louise Abbéma, M. et Mme Pozzi, M. Henry Simond, MM. Boldini, Tissot, Haraucourt, Henri de Régnier, Mme Judith Gautier, M. et Mme de La Gandara, M. et Mme Dubufe, M. Aurélien Scholl, M. et Mme Detelbach, M. Dieulafoy, M. de Heredia, le comte de Saussine.

Une sonnette discrète réclame le silence. M. Léon Delafosse se met au piano et exécute avec le talent qu'on lui sait une gavotte de Bach, une fantaisie de Chopin, une barcarolle de Rubinstein. M. Yann Nibor[4] lui succède; il dit les *Anciens*, l'*Ouragan*, les *Quatre*

Frères et l'Ella, et cette poésie simple, franche, vigoureuse, émeut profondément tous les délicats qui l'écoutent.

Mais voici Mlle Reichenberg, toute gracieuse, habillée de rose pâle et coiffée d'un large chapeau blanc que couvrent de grandes plumes roses. On lui fait fête, car elle lit à ravir le *Menuet* de François Coppée, la *Mandoline* de Verlaine, le madrigal de M. Robert de Montesquiou et la *Dormeuse* de Mme Desbordes-Valmore.

> Si l'enfant sommeille
> Il verra l'abeille,
> Quand elle aura fait son miel,
> Danser entre terre et ciel.
>
> Si l'enfant repose,
> Un ange tout rose,
> Que la nuit seule on peut voir,
> Viendra lui dire: «Bonsoir».
>
> S'il brame, s'il crie,
> Par l'aube en furie,
> Ce cher agneau révolté
> Sera peut-être emporté.
>
> Oui, mais s'il est sage,
> Sur son doux visage,
> La Vierge se penchera
> Et longtemps lui parlera.

Nouvel enchantement. Mme Sarah Bernhardt, vêtue d'une longue robe de soie argentée, garnie d'une magnifique guipure de Venise; Mlle Bartet, ayant une jupe de dentelle blanche et un corsage de mousseline de soie bleuet, et Mlle Reichenberg apparaissent toutes trois réunies. De longs applaudissements les accueillent.

Elles disent, avec un art exquis, en se partageant les strophes, cette fameuse *Ode à Versailles,* qu'André Chénier composa après le 10 août 1792, lorsque, retiré de la lutte, il s'en allait rêver à Versailles. Il était alors épris de Fanny, c'est-à-dire de Mme Le Coulteux, qui habitait Louveciennes:

> O Versailles, ô bois, ô portiques,
> Marbres vivants, berceaux antiques,
> Par les dieux et les rois Élysée embelli,
>
> A ton aspect, dans ma pensée,
> Comme sur l'herbe aride une fraîche rosée,
> Coule un peu de calme et d'oubli.

* * *

Un court entr'acte, pendant lequel les amis de M. de Montesquiou admirent les petites merveilles du jardin, la serre japonaise, avec ses fleurs rares et ses fins oiseaux, ou se réunissent autour du buffet, préparé sous une tente . . . Et l'on n'entend que ces mots: «Que c'est charmant! . . . Quelle jolie fête! . . . Et quel beau temps!» Car le soleil s'est mis de la partie et il fait resplendir les fraîches toilettes roses, mauves, jaunes, lilas, violettes, douce caresse pour les yeux.

La Muse reprend ses droits. De nouveau M. Delafosse est au piano. Cette fois, il accompagne des mélodies que lui-même composa sur des poésies de M. de Montesquiou et que chante avec beaucoup de sentiment M. Bagès.

Mlle Bartet nous revient aussi, exquise, extraordinaire. Elle récite le *Parfum impérissable*, de M. Leconte de Lisle; le *Récif de corail*, de M. José Maria de Heredia, une chose délicieuse de Mlle de Heredia, l'*Étang bleu*; le *Figuier* et *Aria*, de M. Robert de Montesquiou:

> . . . Tout ce qui fut diaphane
> Et délicat—et se fane:
>
> Ombrages de tendelets
> Squelettes de roitelets . . .
>
> Opacité des feuillages,
> Fumée aux toits des villages.
>
> Moins d'épanouissements
> Que d'évanouissements . . .
>
> Mais surtout, du haut des ormes,
> Les reflets, échos des formes.
>
> Mais encore, au fond des bois,
> Les échos, reflets des Rois.

Rien n'égale le triomphe de Mlle Bartet . . . si ce n'est celui de Mme Sarah Bernhardt, qui nous dit, elle aussi, des vers du maître de la maison: *Salomé, Une Romance* et le *Coucher de la morte*, une page qui restera:

> Un jour qu'elle sentit que son cœur était las,
> Voyant qu'il lui faudrait mourir à cette peine,
> Elle fit travailler une bière d'ébène
> Et disposer au fond de riches matelas.
>
> Pour qu'ils fussent moelleux, elle les fit emplir
> De tous les billets doux dont on l'avait lassée;
> Dans la chambre on les fait apporter par brassée
> Et bientôt le tapis s'en voit ensevelir . . .

Mais quand elle se fut de ce geste acquittée,
La belle fut plus calme en songeant que ce jour
Elle aurait, pour dormir sa dernière nuitée,
Un lit harmonieux de murmures d'amour . . .

Il faut que l'auteur lui-même vienne, avec ses incomparables interprètes, recevoir les applaudissements enthousiastes de l'assistance. M. Yann Nibor réapparaît pour dire trois autres de ses œuvres, non moins saisissantes que les premières. M. Delafosse exécute la rapsodie de Liszt.

C'est fini. Le rêve est terminé. Il faut revenir à Paris, où l'on parle de déclaration ministérielle, d'interpellations et autres choses semblables. Avec quel délicat souvenir et avec quel regret nous quittons Versailles, la ville royale, où, pendant quelques heures, nous crûmes que nous vivions au siècle de Louis le Grand!

TOUT-PARIS

[1] Biblio, n° 40.
[2] Calembour sur les initiales (F.M.R.) de celui qui donnait la fête: Robert de Montesquiou-Fezensac.
[3] *Grammont*, dans le texte imprimé.
[4] Yann Nibor, pseudonyme d'Albert-Auguste Robin, le «poète des matelots», né à Saint-Malo (1857-19—).

UN DIMANCHE
AU CONSERVATOIRE [1]

(1895)

Je venais d'arriver au Conservatoire, ce «Sénat» des concerts, qui, comme le *Journal des Débats* ou la *Revue des Deux Mondes*, s'en tient à cette forme indirecte, centre-gauche et limitée de l'influence, à cette sorte d'influence honoraire qui s'appelle l'autorité, vieille maison où, comme dans certaines parties du faubourg Saint-Germain, l'inconfort, à force d'avoir été une habitude, a reçu de l'avancement et pris le rang d'un principe, d'un privilège, flatteur ici pour les invités, là pour les abonnés, qui se considèrent et s'enorgueillissent un peu, d'ailleurs, comme s'ils étaient des invités. L'exécution y est plus parfaite que partout ailleurs. Hier encore, la voix intarissable d'une jeune femme et d'une jeune fille y jaillissait, ruisselait sur les vieilles pierres comme une source, et l'antique demeure ressemblait à la cité construite par Aristophane quand y chantent l'alouette et le rossignol.

Ce jour-là, on donnait la cinquième Symphonie de Beethoven. J'étais avec mon frère et le lieutenant S... Le concert n'était pas encore commencé et nous échangions quelques paroles sans cordialité, chacun de nous étant absorbé par des soucis personnels. Les loges se remplissaient peu à peu. Mme *** venait d'entrer avec deux musiciens et deux hommes du monde, ses invités de ce jour-là, et elle goûtait visiblement la saveur de cette salade, qu'elle jugeait unique. La composition de plusieurs autres loges, pourtant, était presque pareille, mais n'obtenait que ses sarcasmes ou sa sincère indifférence. C'est ainsi qu'elle concevait, dans la chaleur de l'imagination, le bonheur des élus qu'elle admettait à dîner chez elle, et que chaque soir, dans l'ennui glacé de l'expérience, elle se préparait avec une résignation difficile, à assister chez les autres à des dîners pourtant identiques.

Je sortis pour parler à un ami. Le premier morceau commença, on ne me laissa pas rentrer; je me perdis dans les couloirs et j'arrivai à un endroit d'où, sans rien entendre qu'un murmure confus, j'aperçus quelques rangs de fauteuils. Des «sujets» plongés dans un état proche de l'hypnose, des fumeurs de haschish qui se seraient enivrés de compagnie, tel est le spectacle que m'offrit la partie de la salle sur laquelle étaient tombés mes regards. Malgré que toutes ces personnes, probablement tranquilles dans l'ordinaire de la vie, fussent confortablement assises dans des fauteuils et habillées comme on l'est quand on va goûter et qu'on veut aviver un plaisir paisible, décent et social, leurs figures respiraient tour à tour une volupté alanguie et une vivacité presque guerrière. Par moments, la tristesse assombrissait leurs yeux, mais, peu à peu, elles se laissaient aller aux promesses d'une consolation qui les avait bientôt rassérénées. Puis tous semblèrent écouter avec attention un raisonnement d'une logique inflexible et tout à la fois d'un imprévu charmant. Maintenant les bouches ne pouvaient s'empêcher de sourire, les têtes oscillaient sur les épaules et retenaient à peine des saluts gracieux comme au cours d'une promenade élégante ou pendant qu'on danse un menuet. Tous semblaient suivre avec exaltation et comme du haut d'un rempart les péripéties passionnantes des événements qui se déroulaient et qui devaient être à la fois une bataille incertaine, un bal de Cour, des serments d'amour qui gagnaient le cœur de chacun, des funérailles et un lever de soleil. Un lien incompréhensible mais fort réunissait maintenant toutes ces personnes, tout à l'heure si étrangères les unes aux autres. Près de la porte, je voyais mon frère et le lieutenant S... échanger des regards où brillait la sympathie, ardente et qui assemble chacun autour d'elle, comme un feu d'hiver. Tels les soldats d'une troupe en marche, les assistants exprimaient diversement le même découragement ou la même allégresse dans leur militante immobilité. Seul, debout contre une colonne, comme un ibis ou un ascète, un vieux monsieur semblait recueilli et descendu au fond de lui-même pour y goûter des joies qui ne finiraient plus. Tous ils étaient plus beaux ainsi que tout à l'heure, dépouillés pour ainsi dire des circonstances particulières, et assez hors d'eux-mêmes pour sembler loin dans le passé. Le lieutenant S... n'était plus mesquin, et Mme *** n'était plus ridicule. J'éprouvais à les considérer aussi peu d'antipathie personnelle et autant de plaisir esthétique que si j'avais eu devant moi Lysandre, qui fut capitaine, et Praxô, qui fut courtisane.

*
* *

Le premier morceau était fini, je rentrai dans la salle et m'assis auprès de mon frère. Mais il parut ne pas s'apercevoir de mon retour et répondit à une question que je lui fis par un sourire distrait, indulgent et ravi. Pour suggérer ainsi à ceux qui l'écoutaient tant d'émotions diverses, avec une force aussi irrésistible, la musique avait dû d'abord endormir leur attention à tout le reste. Et quand le concert eut recommencé, bientôt magnétisé moi-même par le rythme, je n'étais plus qu'un «sujet» docile aux insinuations et aux commandements de la symphonie.

Devant moi ondulait l'orchestre que je n'apercevais pas tout à l'heure. Le chef d'orchestre, tel qu'un général dirigeant la manœuvre de son armée, mais qui livrerait une bataille hors de la souffrance de l'espace et du temps, était comme enivré. Chaque geste de sa tête, chaque dodelinement de sa main, imprimait à tous les musiciens, aux événements dont la musique développait la marche, à nos cœurs et jusqu'à nos gestes, la même ardeur ou la même solennité qui le possédait. Cette toute-puissance, à vrai dire il n'était pas libre de l'exercer dans un sens ou dans un autre; aussi n'y avait-il nulle hésitation dans ses commandements, nulle incohérence, nulle fièvre, et pourtant lui-même n'était pas commandé. Mais chaque signe qu'il faisait avec son bâton et avec sa tête d'où jaillissaient aussitôt ces conséquences innombrables et délicieuses, si notre raison eût été impuissante à le définir d'avance, le plus ardent élan de nos cœurs venait de le réclamer. Anxieux et heureux d'être à chaque seconde mieux compris que de nous-mêmes et plus puissamment réalisés, nous étions à la fois au paroxysme de notre étonnement et au comble de nos vœux. Pour moi, suivant sur les crêtes des lames de l'harmonie un courant qui m'entraînait à travers les mille bruits de la tempête, je sentais mon souffle devenir court. La musique, battant comme un cœur momentané à la place de mon cœur, ralentissait ou précipitait à son gré les battements de mon sang dans mes veines—au point que, parfois, je me sentais défaillir et comme stagner en moi-même, et qu'à d'autres moments, jouer de la hache et grimper comme un mousse en haut des cordages eût été un faible emploi à mon activité centuplée.

*
* *

Cependant la musique, comme elle faisait à tous moments l'unité en chacun de nous, y versant tour à tour jusqu'à en chasser tout le reste et à l'emplir tout entier l'anxiété, l'héroïque ardeur ou la crainte, la réalisait entre nos cœurs. Comme pour pousser un esquif en mer les mille bouches du vent se collent à tous les empiècements de la toile, pourrai-je jamais oublier que j'ai senti tant de cœurs, pendant l'*Andante* de la *Symphonie en ut mineur,* gonflés et tendus comme une seule voile, par une immense espérance! Comme les Satyres et les Thyades, célébrant la fête de Bacchus, semblent seulement secouer des thyrses ou suspendre leurs lèvres à des grappes; mais le délire sacré du dieu les gagne, et elles connaissent sans souffrir les peines et, plus douloureuses que les peines, les joies,—ainsi ces deux cents musiciens semblaient tenir de petits violons, brandir des baguettes comme des thyrses et suspendre leurs lèvres à des flûtes comme à des grappes d'où découle la mélodie. Mais une abondante

ivresse émanait de ces rites qui, pour être traditionnels, n'en resteront pas moins à jamais incompréhensibles et mystérieux. Maintenant les espérances blessées étaient retombées à terre; c'était une
retraite rapide, en bon ordre, la nuit, par des chemins mal éclairés.
Et je déplorais, sans en comprendre, sans en chercher la cause, les
adieux que l'orchestre laissait tomber sans ralentir sa marche, avec
une gravité virile, après un malheur inconnu, mais certain.

A ce moment, j'entendis tout près de moi une dame qui disait à
une autre: «Voulez-vous des bonbons?» La souffrance que j'éprouvai
était pleine de pitié, de mauvaise humeur, d'étonnement surtout,
que dans ces circonstances héroïques où tous les intérêts d'un esprit
magnanime sont engagés, on se sentît encore un estomac gourmand,
un corps oisif. Je remarquai seulement alors que beaucoup des assistants étaient restés réfractaires au bercement, puis aux suggestions
voluptueuses ou terribles tentées par la musique. Nous tous qui les
avions subies, quand, après le concert, nous nous trouvâmes dehors,
nous reprenions à peine haleine et nos cœurs étaient pour un instant
désobstrués de tout ce qui les empêchait de voir la vérité et la
beauté. Des nuages ombrageaient comme des palmiers les jardins
ardents du ciel, puis s'y couchèrent mollement comme des jeunes
filles dont le vent dénoua les ceintures, diminuèrent et s'incrustèrent
comme des coquillages roses que la mer a laissés sur une grève
immense, puis, par un changement aussi rapide et aussi harmonieux qu'un changement de ton dans une symphonie, flottèrent
comme des écharpes, se flétrirent comme des couronnes et un
moment encore persistèrent en souriant comme des regrets. Bientôt
seule, sur les vitraux de l'Occident, une vapeur enflait encore ses
joues roses comme un chérubin. Et par delà les collines et les vallées
brumeuses du ciel, une nuée grise et fine cernait l'Orient avec une
lassitude plus passionnée qu'un œil plein d'amour. Déjà nos yeux
retrouvant au ciel, aussi riches mais apaisées, les émotions de la
musique, s'emplissaient de larmes. En ce moment, nous nous serions
facilement élevés jusqu'à une tragédie de Sophocle, à un dialogue de
Platon, à la vie de Spinosa, à la mort de Philopœmen. Mais bientôt
la vie nous reprit. Nous avions décidé d'aller au Louvre encore
ouvert; le lieutenant S... se rappela, au bout de quelques minutes,
qu'il avait des visites à faire, mon frère gagna le thé de la rue
Royale où il espérait rencontrer Mme ***, et les autres allèrent
renier leur âme, quelques-uns où ils en avaient envie, le plus grand
nombre où il en avait l'habitude.

[1] Biblio, n° 42.

CAMILLE SAINT-SAËNS [1]

(1895)

«C'est un génie, dit une vieille légende, mais c'est un malin génie. Roi des esprits de la musique et du chant, il possède tous les secrets, et même celui, dès qu'on veut l'approcher, de s'enfuir au plus loin, toujours insaisissable.» Au moment d'*Ascanio*, pendant qu'on le cherche en France, il parcourt les Canaries. Ce soir, caché sous le nom d'un charmant musicien défunt qu'il va ressusciter,[2] il se dérobera encore à nos hommages. Va-t-il maintenant échapper aux prises de ma pensée qui cherche à le saisir, et ne me laissera-t-il, entre les mains, comme un lutin disparu, que «du vent»?

Génie inspiré de la musique, doué d'une sensibilité profonde—vous n'avez, sans parler de la *Lyre et la Harpe*, qu'à parcourir *Ascanio*, cette lyre, ou *Samson et Dalila*, cette harpe,—il se plaît, comme un Gustave Flaubert, comme un Anatole France à la cacher sous sa richesse, sous sa science de grand écrivain musical. Car nul ne semble avoir mieux retenu cette pensée célèbre: «Toutes les beautés intellectuelles qui se trouvent dans un beau style, tous les rapports dont il est composé sont autant de vérités . . . plus précieuses peut-être que celles qui peuvent faire le fond du discours.»

Il sait rajeunir une formule en l'employant dans sa vieille acception, et prendre, pour ainsi dire, chaque phrase musicale, dans son sens étymologique. Il emprunte leurs grâces à Beethoven et à Bach, ou plutôt, comme dans une de ses plus belles transcriptions, prête à Bach des grâces qui n'étaient pas à lui.

Peindre dans un accord, dramatiser avec la fugue, éterniser par le style; faire tenir autant d'invention et de génie créateur dans l'emploi de la gamme qu'un autre dans le contour d'une mélodie, la faire courir autour d'une idée, comme le lierre antique qui préserve de la ruine le monument, faire octroyer ainsi par l'archaïsme ses lettres de noblesse à la modernité; donner peu à peu à un lieu commun la valeur d'une imagination originale par la propriété savante, singulière, sublime, de l'expression, faire d'un archaïsme un trait d'esprit, une idée générale, le résumé d'une civilisation, l'essence d'une race, un trait de génie jailli de l'autel[3] ou tombé du ciel; donner l'accent anglais à un prélude, prélude d'*Henri VIII*, le caractère matrimonial à une scène, duo d'Anne de Bolyn et d'Henri VIII, la lumière napolitaine à un chœur, *Quand vous chantez Scozzone*, plaisanter un art dans une marche, *Suite algérienne*, fixer le style de l'orfèvrerie de la Renaissance dans un opéra, *Ascanio;* enfin, pour faire comprendre une religion, détester un tyran, plaindre une femme, voir Éros, entendre l'Éternel, s'en tenir aux ressources non pas même de la musique, mais du langage musical, s'amuser comme un dieu et comme le diable à faire tenir le monde dans la musique, la musique dans l'harmonie, toute l'étendue de l'orgue dans l'exiguité du piano, voilà les jeux habiles, déconcertants, diaboliques et divins de cet humaniste musical qui fait éclater à chaque instant l'invention et le génie dans ce qui semblait le domaine borné de la tradition, de l'imitation et du savoir.

[1] Biblio, n° 45. Nous suivons le texte du *Gaulois*, que les *Cahiers Marcel Proust* reproduisent inexactement.

[2] Ernest Guiraud (1837–1892) avait commencé la musique de *Frédégonde*, drame lyrique en cinq actes de Louis Gallet que Saint-Saëns acheva. La répétition générale eut lieu à l'Opéra le même soir (samedi 14 décembre 1895) où paraissait l'article de Proust, en première page du *Gaulois*. Proust l'avait écrit, ainsi qu'un autre sur Saint-Saëns comme pianiste (voir *Contre Sainte-Beuve*, pp. 328–333)—celui-là rédigé après le concert du dimanche 8 décembre 1895—pour faire plaisir à Mme Lemaire. S'il taisait le nom de Guiraud, un ami de Mme Straus, c'était sans doute parce qu'il était à ce moment-là brouillé momentanément avec les Straus. C'est sous l'effet de cette brouille qu'il écrivit, vers le même moment, le portrait si peu flatteur de Mme Straus sous le nom de Mme Marmet, dans le chapitre de *Jean Santeuil* intitulé *La Première de «Frédégonde»* (III, 66–73).

Il paraît que Guiraud avait des distractions «légendaires». On raconte que lorsqu'il présenta sa fille naturelle à Mme Straus, celle-ci ayant demandé si l'enfant ressemblait à sa mère, le compositeur aurait répondu: «Je ne sais pas, je ne l'ai jamais vue sans son chapeau.» Proust cite ce mot dans *A la recherche du temps perdu* (I, 859).

[3] *outil*, dans le *Gaulois;* nous suivons la correction donnée par l'éditeur des *Cahiers Marcel Proust.*

SOUVENIR D'UN CAPITAINE[1]

J'étais revenu passer un jour en cette petite ville de L... où je fus un an lieutenant, et où fiévreusement je voulus tout revoir, les lieux que l'amour m'a rendu incapable de resonger sans un grand frisson triste, et les lieux, si humbles pourtant, comme les murs de la caserne et notre jardinet, parés seulement des grâces diverses que la lumière porte avec elle selon l'heure, l'humeur du temps et la saison. Ces simples lieux-là restent à jamais dans le petit monde de mes imaginations revêtues d'une grande douceur, d'une grande beauté. Quand même je serais resté des mois sans y penser, tout à coup je les aperçois, comme au détour d'un chemin montant on aperçoit un village, une église, un petit bois dans la chantante lumière du soir. Cour de la caserne, jardinet où l'été mes amis et moi nous dînions, le souvenir sans doute vous peint avec cette fraîcheur délicieuse, comme ferait l'enchanteresse lumière du matin ou du soir. Chaque petit détail est là, tout éclairé, et me paraît beau. Je vous vois comme de la colline. Vous êtes un petit monde qui se suffit, qui existe hors de moi, qui a sa douce beauté, dans sa claire lumière si inattendue. Et mon cœur, mon cœur gai d'alors, triste pour moi maintenant et pourtant égayant, car il ravit un moment en sa gaîté l'autre, le malade et stérile cœur d'aujourd'hui, mon gai cœur d'alors est dans ce jardinet ensoleillé, dans la cour de la caserne lointaine et pourtant si près, si étrangement près de moi, si en moi, et pourtant si hors de moi, si impossible à plus jamais atteindre, mon cœur est dans la petite ville de lumière chantante et j'entends un clair bruit de cloches qui emplit les rues pleines de soleil. Donc j'étais revenu passer un jour dans cette petite ville de L... Et j'avais eu, moins vif que je ne le craignais, le chagrin de la retrouver moins que je ne la retrouvais par moment dans mon cœur, où je la retrouvais pourtant déjà trop peu, ce qui était vraiment triste, et par minutes désespérant . . . Nous avons tant d'occasions fécondes de nous désespérer que la paresse[2] comme un petit génie d'inconscience et de «non pensée» nous fait perdre.—Donc j'avais retrouvé de grandes mélancolies auprès des hommes et dans les choses de là-bas. Et puis aussi de grandes gaîtés que je pourrais à peine expliquer et que deux ou trois amis seulement peuvent partager parce qu'ils ont vécu si complètement ma vie dans ce temps-là. Mais voici ce que je veux raconter. Avant d'aller dîner, pour prendre le train tout de suite après, j'étais allé donner l'ordre de me renvoyer des livres oubliés à mon ancien ordonnance changé de corps, affecté à l'autre régiment de la ville, caserné à l'autre extrémité de la ville. Je le rencontrai dans la rue, à cette heure presque déserte, devant la petite porte de la caserne de son nouveau régiment et nous causâmes dix minutes là dans la rue, tout illuminée par le soir, avec pour seul témoin le brigadier de garde qui lisait un journal, assis sur une borne, contre la petite porte. Je ne revois plus très nettement sa figure, mais il était très grand, un peu mince avec quelque chose de délicieusement fin et doux dans les yeux et dans la bouche. Il exerça sur moi une séduction tout à fait mystérieuse et je me mis à faire attention à mes paroles et à mes gestes, essayant de lui plaire et de dire des choses un peu admirables, soit par le sens délicat, soit par beaucoup de bonté ou de fierté. J'ai oublié de dire que je n'étais pas en uniforme, et que j'étais dans un phaéton que j'avais arrêté pour causer avec mon ordonnance. Mais le brigadier de garde n'avait pas pu ne pas reconnaître le phaéton du comte de C..., un de mes anciens camarades de promotion au grade de lieutenant et qui l'avait mis à ma disposition pour la journée. Mon ancien ordonnance, en outre, terminant chaque réponse par: mon capitaine, le brigadier savait parfaitement mon grade. Mais l'usage n'est point qu'un soldat rende les honneurs aux officiers en civil, à moins qu'ils n'appartiennent à son régiment.

Je sentis que le brigadier m'écoutait et il avait levé sur nous d'exquis yeux calmes, qu'il baissa vers son journal quand je le regardai. Passionnément désireux (pourquoi?) qu'il me regardât, je mis mon monocle et affectai de regarder partout, évitant de regarder dans sa direction. L'heure avançait, il fallait partir. Je ne pouvais plus prolonger l'entretien avec mon ordonnance. Je lui dis au revoir avec une amitié tempérée tout exprès de fierté à cause du brigadier et, regardant une seconde le brigadier qui rassis sur sa borne tenait levés vers nous ses exquis yeux calmes, je les saluai du chapeau et de la tête, en lui souriant un peu. Il se leva tout debout et tint sans plus la laisser retomber, comme on fait au bout d'une seconde pour le salut militaire, sa main droite ouverte contre la visière de son képi, me regardant fixement, comme c'est le règlement, avec un trouble extraordinaire. Alors, tout en faisant partir mon cheval, je le saluai tout à fait, et c'était comme déjà à un ancien ami que je lui disais dans mon regard et dans mon sourire des choses infiniment affectueuses. Et, oubliant la réalité, par cet enchantement mystérieux des regards qui sont comme des âmes et nous transportent dans leur mystique royaume où toutes les impossibilités sont abolies, je restai nu-tête déjà emporté assez loin par le cheval, tourné vers lui jusqu'à ce que je ne le vis plus du tout. Lui saluait toujours et vraiment deux regards d'amitié, comme en dehors du temps et de l'espace, d'amitié déjà confiante et reposée, s'étaient croisés. Je dînai tristement et restai deux jours vraiment angoissé, avec dans mes rêves cette figure qui tout à coup m'apparaissait me secouant de frissons. Naturellement, je ne l'ai jamais revu et je ne le reverrai jamais.—Mais d'ailleurs maintenant, vous voyez, je ne me rappelle plus très bien la figure, et cela m'apparaît seulement comme très doux, dans cette place toute chaude et blonde de la lumière du soir, un peu triste pourtant à cause de son mystère et de son inachèvement.

[1] Biblio, n° 274. Il nous a été impossible de consulter le manuscrit de ce texte, que la Bibliothèque Nationale ne possède pas.
[2] Ici nous supprimons le mot *et*, que Proust a peut-être oublié de barrer, puisqu'il a mis le verbe au singulier.

DANS LE MONDE [1]

(1896)

Mme Madeleine Lemaire, dont la précédente soirée n'avait été qu'une longue ovation pour le maître Saint-Saëns, qui avait joué du piano—comme il a composé pour le piano—avec génie—a reçu, avant-hier mardi, pour la dernière fois cette année.

Grand succès pour Mlle Héglon, qui a magistralement chanté un air d'*Orphée* et un air de *Samson et Dalila*. Puis Mlle Bartet, en récitant quelques-unes des plus belles pièces du comte Robert de Montesquiou, la *Servante*, le *Laurier*, les *Lacrymatoires*, a tenu sous le charme et sous l'émotion de cette poésie magnifique et de son art infini d'interprète une assistance d'élite:

Duchesse d'Uzès douairière, duchesse d'Uzès, duchesse de Brissac, comtesse Aimery de La Rochefoucauld, marquise de Galliffet, comtesse d'Haussonville, comtesse Potocka, comtesse de Guerne, princesse de Brancovan, princesse Bibesco, Mme Meredith Howland, Mme Lambert de Rothschild, comtesse de Lasteyrie, comtesse de Briey, comtesse de Saint-Léon, comtesse de Bois-Landry, duc de Luynes, marquis du Lau, comtes Aimery et Hubert de La Rochefoucauld, comte de Ségur, amiral Duperré, MM. Anatole France, de Heredia, comte d'Haussonville, Pailleron, de l'Académie; les peintres Léon Bonnat, Gérôme, Carolus Duran, Jean Béraud, Boldini, Helleu, de La Gandara; les littérateurs H. Fouquier, Prévost, Henri de Régnier, Jules Lemaitre, Étienne Grosclaude, Marcel Proust.

[1] Biblio, n° 50. Rien ne prouve que cette note du *Gaulois* soit de Proust. On sait seulement qu'il rédigeait parfois de telles notes mondaines pour rendre service à des amis comme Mme Lemaire et Montesquiou. Il s'y amusait à faire le pastiche du style des salles de rédaction. Le nom de Marcel Proust, qui termine dignement la liste des «littérateurs» ayant assisté à cette soirée, semble donc être une discrète signature.

SUR M. ALPHONSE DAUDET [1]

(1897)

Je ne connais qu'un portrait de M. Daudet, celui de Carrière, qui est beau comme l'heure mystérieuse où l'ombre s'épaissit. Ce n'est pas assez pour moi qui, dans toute cette souffrance et toute cette nuit, aperçois, comme au travers du mythe d'Hélios, la touchante victoire de la lumière.

On a tout dit sur M. Daudet artiste, il me semble que j'ai quelque chose à dire sur M. Daudet œuvre d'art.

Dans les autres œuvres d'art la puissance expressive n'est achetée qu'au prix de la plastique, de la pureté des lignes. Le feu intérieur en fondant le métal efface l'effigie de la médaille: dans la figure de M. Daudet l'intensité de la souffrance n'a pas altéré la perfection de la beauté. La gloire de ce front, où la chevelure palpitante est partagée comme deux ailes vastes et légères, n'est pas seulement celle d'un martyr, c'est celle d'un dieu ou d'un roi. Car le charme royal, aisance souveraine des attitudes et des formes, existe ailleurs que dans l'imagination des snobs et les romans pour les portiers.

Moins matérielle que la beauté, moins spirituelle que la hauteur de la pensée, et du caractère, cette noblesse visible est, si l'on veut, comme l'habitude de la noblesse intérieure, c'est-à-dire de cette noblesse devenue inconsciente, consécutive des belles lignes du visage et du corps, des mouvements larges et simples de la noblesse incarnée. Seulement, les snobs se trompent en la cherchant sur le trône. Les rois dans ce sens sont aussi souvent parmi les pasteurs que parmi les pasteurs de peuples. M. Daudet est un roi, un roi maure, au visage énergique et fin, comme le fer d'une sarrazine. Un souverain et un prétendant viennent en ce moment à mon esprit, qui sont doués aussi d'une véritable grâce royale. C'est le roi Charles Ier peint par Van Dyck, et le prince Hamlet figuré par Mounet-Sully.

Mais si le visage de M. Daudet est un noble poème de souffrance et de mélancolie, plein de courage et de foi, un poème héroïque, j'en dois dire maintenant la grandeur réconfortante.

J'osais à peine lever les yeux sur monsieur Daudet, le jour où je le vis pour la première fois. Je savais que depuis dix ans la continuité de ses douleurs atroces, la nécessité quotidienne de calmants plus dangereux encore, et chaque soir la souffrance de son corps, dès qu'il était tendu, devenant intolérable, il devait avaler une bouteille de chloral pour s'endormir.

Je me rappelais combien un mal, auprès du sien si léger qu'il l'eût goûté comme un répit, m'avait détaché des autres, rendu indifférent à tout ce qui n'intéressait pas mon corps souffrant, vers qui mon esprit restait obstinément fixé comme un malade demeure dans son lit, la tête tournée contre le mur. Je ne pouvais comprendre comment, à ces attaques quotidiennes d'une douleur incomparablement plus cruelle, M. Daudet avait résisté, mais je sentais que toute la force que l'épuisement, la souffrance et la peur lui avaient pourtant laissée devait être remède contre le mal, au-devant de lui, dans l'attente, et que ma vue lui serait une fatigue, ma bonne santé une insulte, mon existence même une inhumaine importunité.

Alors j'ai vu cette chose sublime qui doit nous faire rougir, lâches que nous sommes tous, ou plutôt qui doit comme la parole de celui par qui nous connûmes qu'au lieu de malades et de serfs nous étions des esprits et des rois, nous faire lever, rhumatisants et paralytiques, nous rendre à la pensée, esclaves de la chair jouissante ou torturée, nous donner aux autres égoïstes, j'ai vu ce beau malade embelli par la souffrance, ce poète à l'approche de qui encore le mal devenait poésie, comme à l'aimant le fer s'aimante, détaché de soi et tout à nous tous, préoccupé de mon avenir et de l'avenir d'autres amis, nous souriant, célébrant le bonheur, célébrant l'amour.

Il célébrait aussi la vie, l'employait d'ailleurs mieux que combien de nous, continuant à penser, à dicter, et quand son écriture pouvait toucher, à écrire, ardent pour la vérité comme un jeune homme, passionné de courage, de beauté, nous parlant sans cesse, et plus brave encore nous écoutant.

On parle de courage, et comme il reprochait à ceux qui aujourd'hui médisent du courage et de l'amour, d'appauvrir, d'épuiser les forces vives de la vie, il sortit un instant, jetant encore de la porte une parole brûlante. Quand, au bout de quelques instants, il rentra, il reprit la conversation où il l'avait laissée, l'attisant avec le même feu, un feu qui jette des flammes et qui chante; car sa voix crépitante et douce est comme un instrument de musique, de musique de fête dans un pays de soleil.

Et pourtant j'appris que, s'il nous avait un moment quittés, c'est que la douleur était devenue si vive qu'à peine sorti du salon il se trouva presque mal.

Et je me rappelle maintenant, que, quand il rentra, son front brillait de gouttes de sueur. Il semblait sortir d'une lutte, mais il respirait le calme de la victoire. Sur ce beau front, dans ses yeux où la flamme de la jeunesse encore était déjà, selon le beau dire de Victor Hugo, de la lumière, je voyais les traces du combat de la lumière, de la pensée, d'Hélios contre les perfides esprits de la nuit. Hélios a vaincu, lentement les a repoussés dans le royaume sombre.

Depuis plusieurs années, M. Daudet va mieux, après sa longue passion nous pouvons tous entonner le cantique du jour de Pâques: «Il est ressuscité».

Après un voyage en Angleterre, dernier acte d'héroïsme qui semblait devoir lui coûter la vie, la vie est reconquise. Dans le corps, il semblait qu'il n'y eût plus la force d'où tirer tant d'espoir. Eh bien, du tout, une autre force, la force de cette énergie qui avait, en 1870, fait face aux ennemis et qui dut se centupler dans ce combat effrayant, incessant et silencieux, combat assis, combat couché contre l'ennemi, c'est son âme qui a recréé l'espoir, la vie. Ce n'est qu'à l'énergie que la vie se donne. Pour rendre Alceste à Admète, il fallut Hercule.

Et cette fois—voyez le divin trésor d'Arlatan—Hercule a épousé la Jeunesse Éternelle, M. Daudet va mieux; c'est une parole que personne ne peut écouter sans trouble; bonne nouvelle d'un monde que nous ne connaissons pas ou que nous connaissons seuls et qui de temps en temps envoie un fait éloquent, nous annonce que par-dessus la loi de fer de la nécessité physique, il y a la loi de la lumière, de la grâce et de l'âme.

C'est pourquoi je sais et crois que tout homme aurait joie et profit spirituel à aller souvent dans l'appartement sanctifié par tant de mystères de la rue de Bellechasse, en pèlerinage auprès de cette œuvre d'art délicate et profonde qu'est M. Daudet.

La nature, dans un langage autrement expressif et vivant que le nôtre, car elle use de prunelles plus transparentes et plus profondes que nos symboles, de peau plus fine, plus subtilement colorée que nos images, de rude et nerveux vocabulaire, des muscles plissés par la souffrance et redressés par l'énergie, nous anime de tout le sens de la beauté, de la volonté et de la douleur.

C'est ainsi que toute chose de la nature et tout fait de l'âme est plein de poésie qui attend son poète, de signification qui réclame un interprète.

La mission du poète, sans doute moins haute, est, par là, aussi inépuisable que celle du prêtre, puisque si toujours une nouvelle âme tend à celui-là quelque misère à secourir, toujours une nouvelle créature donne à celui-ci toute une poésie captive qu'il doit délivrer, pour qu'elle plane ensuite au-dessus des esprits des hommes. Aujourd'hui, j'ai voulu seulement montrer comme, tout près de nous, la vie nous propose de beaux sujets de méditation, et, car un terme sacré est à sa place dans un sujet religieux, d'élévation.

[1] Biblio, n° 55.

ADIEUX [1]

(1897)

Les amis de Daudet sont venus lui dire adieu pendant toute la journée d'hier et encore ce matin devant ce lit, couvert de fleurs maintenant et sur lequel, pour la première fois depuis tant d'années de martyre,[2] on peut dire qu'il *repose*. Tous sont venus, les plus illustres comme Anatole France et les plus obscurs comme moi; des adversaires comme Zola et Drumont; ceux qui étaient restés un temps éloignés de lui comme Drumont, demandant à la mort de mettre un peu de son éternel oubli sur des dissentiments éphémères; ceux qui l'appelaient leur maître venant demander à sa bouche muette, mais encore éloquente dans son silence, un dernier conseil, un suprême exemple, comme Barrès, comme Hervieu qui tout à l'heure, a baisé au front son ami mort, en pleurant.

Pendant ce temps La Gandara fixait dans une esquisse admirable ces traits immortels et si beaux. Et chacun reste étonné, en contemplant une dernière fois Alphonse Daudet, pour la première fois de ne pas le voir souffrir.

Au désespoir de cette Sainte Famille que forment, avec celle qui fut sa femme incomparable, ses fils qui, bien plus que ses œuvres, étaient sa fierté, se mêle le désespoir de tous.

Et l'on ne peut s'empêcher de pleurer en voyant le crucifix d'argent qu'une main pieuse a attaché sur la poitrine de ce grand homme, qui fut pendant les dernières années de sa vie un crucifié. On ne peut s'empêcher de pleurer en voyant sur sa poitrine cette croix d'argent moins lourde que celle qu'il avait portée jusque-là, en voyant sur sa poitrine ce symbole de Notre-Seigneur auquel il ressemblait et qui comme lui a tant souffert.

[1] Biblio, n° 56.
[2] *martye*, par mégarde.

ROBERT DE FLERS [1]

(1898)

De tous les jeunes gens qui ont débuté dans les lettres depuis quelques années, M. Robert de Flers est peut-être le seul qui n'ait pas à se dire: «Je ne suis peut-être qu'un raté. C'est peut-être pour une ombre que j'ai lâché la proie. Ma vocation pour écrire,—que tous les autres hommes de lettres d'ailleurs, et pourtant les seuls compétents nient—se manifeste surtout par mon absence de vocation pour tout le reste, par l'absence totale des qualités diverses qui dans la vie font réussir. Je suis peut-être un Gustave Flaubert, mais je ne suis peut-être que le Frédéric Moreau de l'*Éducation sentimentale.*» M. de Flers est peut-être le seul qui ne puisse se dire cela, qui chaque jour, je ne dis pas seulement ait un succès de plus, mais une action de plus, ce qui est tout autre chose. Il a trouvé dans la vie le parfait milieu d'adaptation pour ses dons. Et cela est d'autant plus admirable, révèle, à mon avis, en lui une puissance d'autant plus merveilleuse et rare que, à la différence de tant d'autres et je parle de ceux de premier ordre, chez lui les dons étaient multiples, je pourrais presque dire universels. Songez-y. M. de Flers a abordé la réalité qui gît au fond de la vie, à peu près par tous les bouts. A ses innombrables aspects son esprit a paru assez multiforme [pour] [2] faire à peu près face. A vingt ans je le vois versificateur prôné des versificateurs, sentant jusqu'au fond par exemple les vers de Mallarmé, les phrases de Barrès, écrire des nouvelles exquises, ne pas laisser passer une légende, un fait, sans en extraire le sens et la poésie; pendant ce temps-là suivre sur mer l'itinéraire de Paris à Jérusalem et rapporter ce livre de voyage qui ne se contente pas de charmer les lettrés, mais qui intéresse les savants, que couronne l'Académie. Aucune goutte de la vie n'est perdue pour lui. Pendant qu'il devient plus savant, qu'il dépouille les collections d'autographes, de pièces originales que nous rêvons tous de lire, mais où nous ne mettons jamais le nez, il est le critique littéraire et dramatique de plusieurs journaux. Il a la fièvre du présent comme du passé. Et pas un enthousiasme n'a soulevé les spectateurs d'un théâtre de drame ou d'un café-concert —ces étranges enthousiasmes que les vieux savants à la fin de leur vie regrettent quelquefois de n'avoir pas connus, craignant de s'être trompés de vie;—qu'il n'en ait été fou pendant une heure, le jeune sage, pour en raisonner après. Vous croyez que c'est tout. Vous vous trompez bien. Ayez le même joyeux étonnement que celui de l'admirateur de sir John Lubbock, [3] le grand naturaliste, quand il

apprend que le Lubbock, grand directeur de difficiles entreprises
commerciales, *c'est le même.* Ayez le même joyeux étonnement en
apprenant que cet érudit, ce poète, ce romancier, ce publiciste[4] est
le jeune directeur qui, depuis qu'il a pris les Escholiers, en a fait un
théâtre où, de par son goût de grand lettré et son incroyable autorité sur les hommes, des artistes comme Granier, Mayer, de Max
jouent des auteurs comme . . . tous les plus remarquables auteurs
de ce temps, c'est le même.—Et si vous alliez dans la Lozère, et si
vous saviez que chaque paysan n'a qu'un nom à la bouche, celui du
jeune homme qui vit de sa vie, qui prend tant de peine pour qu'il
ait pu avoir sa part de la justice et de la charité ignorées ailleurs,
qui fait de son département une sorte de province fénelonienne, que
diriez-vous en apprenant que ce Robert de Flers, dont on voudrait
tant faire un député là-bas, c'est encore, c'est toujours le même. Ce
n'est pas tout, mais pour aujourd'hui c'est assez. Et admirez avec
moi celui qui vous apprend que le talent et le succès, que l'art et
la vie, que les jouissances de la vie et le talent, que la hauteur morale
et l'estime du peuple ne sont pas inconciliables.

De sorte que seul d'entre nous tous il me paraît travailler à la
seule chose importante, à transformer la vie autour de nous, de façon
à ce qu'elle devienne, au lieu de la forteresse de la bêtise, le temple
du beau, au lieu [du] [5] repaire de la méchanceté, l'asile de la justice.
Pourquoi cela? Parce qu'il a les dons que ceux qui ont le talent et
ceux qui connaissent les lois de la justice et veulent son règne (et
qui ne sont d'ailleurs pas toujours les mêmes, et qui en lui sont le
même), n'ont jamais. Sans doute, on en pourrait citer d'autres qui
sont de grands lettrés, mais ceux-là croyez-vous qu'ils sauront imposer un auteur de talent, diriger un théâtre dans le sens de leur
goût, parler seulement à une actrice. Ils seront exquis et impuissants.
Sans doute dans nos provinces il y a d'autres gens de cœur. Mais
sont-ce les mêmes qui sauront parler au peuple, s'en faire aimer, s'en
faire croire, le mener, où ils veulent? Sans doute il y a d'autres
artistes raffinés goûtant les voluptés les plus subtiles que le baude-
lairisme ait découvertes dans le monde moral? Mais ceux-là ne
seront ni érudits, ni bien souvent lettrés, presque jamais hantés de la
réalisation des idées de justice dans la société, assurément jamais
capables d'assurer cette réalisation. Robert de Flers est surtout cela.
Si j'étais effrayé de la multiplicité de ses idées, si je me demandais
où est le fond permanent et solide de tout cela, j'irais revoir ceux
qui le connaissent le mieux, qui après tous les succès de Paris, le
retrouvent toujours le même, tout à eux, les paysans témoins de la

grandeur de son caractère, en dernier lieu véritable mesure de sa valeur.

[1] Biblio, n° 58.
[2] *par*, dans le texte imprimé.
[3] *Lublock*, deux fois dans le texte imprimé.
[4] *publicite*, dans le texte imprimé.
[5] *de*, dans le texte imprimé.

LETTRES DE PERSE ET D'AILLEURS
LES COMEDIENS DE SALON
BERNARD D'ALGOUVRES A FRANÇOISE DE BREYVES[1]

(1899)

Les Reis-Boisfrisieux,
par La Roche-en-Marche

Ma chérie,

Tu es un amour de nous avoir fait envoyer ces fromages à la crème. Ils sont exquis. Je voudrais que tu pusses me voir y écraser des fraises et m'arrêter juste à point, quand c'est assez rose, sans avoir besoin d'y goûter, avec l'expérience d'un coloriste et la divination d'un gourmand![2] Où tu es moins gentille, c'est quand tu veux absolument savoir ce qui m'a rendu jaloux. Tu dis que tu ne m'en voudras pas, mais moi je sais bien que tu m'en voudras! Et puis tu vas dire: Qu'est-ce qui t'a dit ça? et je ne pourrai pourtant pas brûler mes espions, des espions que j'ai, sans le vouloir bien entendu, car tu penses bien que je ne te fais pas filer.

Mais il y a des gens qui passent dans les rues. Ce n'est pas une chose bien extraordinaire, mais cela suffit quelquefois à faire bien de la peine. Même, depuis que la mondanité de ma sœur et les obligations de ta vie nous ont envoyés l'autre en Touraine et l'un dans le Nord, comme on ne sait quelle nécessité géographique qui jette aux deux bouts de la France deux rivières d'abord unies et qui avaient un même lit, je ne peux pas te dire, rien que de lire les «déplacements et villégiatures» ce que cela me donne des coups! Bien entendu, on ne reçoit pas le *Figaro* ici, mais la quatrième page du *Gaulois* suffit. C'est une littérature mélancolique. Chaque fois que je vois le nom de quelqu'un qui peut te paraître séduisant déplacé vers l'Indre-et-Loire, cela me fait un mal! Tant que je lis seulement: «Jamais, de mémoire de Tourangeau, on ne s'est amusé comme cette année en Touraine; les fêtes se succèdent sans interruption», quand je vois que Tournefort était en singe et Mlle de Thianges en lampe à gaz, cela ne me bouleverse pas. Mais il y a des noms d'invités qui—si tu étais à la soirée—me donnent envie de pleurer. Et quand arrive la fin traditionnelle: «Après un cotillon conduit avec un incroyable entrain par le vicomte de Tournefort et Mlle de Thianges, on s'est séparé au petit jour, non sans avoir fait promettre à la toute gracieuse maîtresse de maison de donner très prochainement un lendemain à cette fête d'une suprême élégance; demain courses, etc.», j'ai beau savoir que c'est un cliché, je rage contre tous ces gueux d'invités qui ont fait promettre à la maîtresse de la maison de renouveler prochainement mon supplice.

Tandis que si j'étais là, au contraire, je trouverais cela charmant et j'attendrais avec impatience le lendemain où nous danserions ensemble. Justement, j'ai rencontré Porbois (Guy de Porbois) qui venait de là-bas. Ce que j'aurais voulu lui poser de questions sur les gens qu'il y avait! J'en avais surtout une qui me brûlait les lèvres. Thierry était-il là-bas? J'ai été héroïque. La question n'a pas été posée. Il est bien entendu que, si par hasard ma chérie consentait à y répondre elle-même, je ne l'en empêche pas et que cela lui serait compté.

Tu vois que je mendie. Je m'en remets à votre charité, ma bonne dame. Comment! tu ne savais pas qui est Bonain? Talon de bois! Mais d'abord c'est le vice-président du cercle, s'il te plaît. Son pied de bois a fait sa fortune sociale. D'abord il lui a donné une identité mondaine, premier élément indispensable à la formation d'une personnalité. Pense pendant combien d'années, si Bonain avait eu ses deux pieds, la personne prête à inscrire son nom sur la liste des gens du monde se serait inutilement informée. «J'ai dîné avec un M. Bonain, qui est-ce donc? Ah oui, je crois, Georges Bonain?»— «Ah! je ne sais pas s'il s'appelle Georges: un blond»—«Peut-être . . . Je ne sais pas si c'est cela.» Et les rivages de la mémoire prêts à accueillir cette épave glissante, qu'aucun clou ne pouvait accrocher au sable, l'auraient rejeté[e] sur les reflux du doute au vaste inconnu. Bonain n'eut pas à passer par ce premier stage et son infirmité, comme les blessures pour les soldats, le fit avancer plus vite. Si même on hésitait un instant «Bonain Jacques?»—«Jacques je ne sais pas, enfin Talon de bois, un monsieur qui a un pied en bois?»—«Ah! oui, c'est cela. Oui c'est Bonain le grand ami des Escouflac la Torne.»

Mais ce n'est pas tout. Bonain était bel homme, ayant surtout ce qu'on appelle du chic et dans quoi une démarche traînante peut entrer comme élément important (cela lui donne l'air d'être «né»); la légère hésitation de sa marche, son coquet pied de bois retient la sympathie des femmes, plus même, leur curiosité, comme un léger strabisme, un monocle bien porté, ont quelque chose de plus particulier que la beauté d'un œil clair, d'un regard droit. Sous un pantalon irréprochable, dans une petite bottine vernie, avoir un pied de bois et n'en trahir la présence que par une démarche dont l'irrégularité a l'air d'une élégance et la lenteur un raffinement, c'est posséder plus qu'une distinction, presque un vice qui semble promettre à une femme des caresses dont personne n'imaginera jamais la lenteur brutale et les ressources artificielles. (Je te dis cela sans peur, comme je sais que tu n'aimes que la nature.) Aussi, ne fallait-il pas dire, il y a seulement dix ans, à toutes les petites snobs: «Je ne peux pas comprendre qu'une femme aime un homme qui a un pied de bois.» Avec quel mépris elles répondaient: «Personne n'a autant de chic que lui», d'un air de dire: «Ce n'est pas vous, avec vos deux pieds! . . .»

Mais quel admirateur d'une grande artiste l'aimerait autant si elle n'avait pas son défaut de prononciation? Pourtant parmi les femmes Bonain a rencontré des adversaires, les partisans vieux jeu des beaux attelages, aux pieds vivants qui ne comprennent pas qu'on vende ses voitures pour acheter des automobiles. Sais-tu qu'il a été marié avec une nièce du vieux duc de Tournefort! Parfaitement, née d'Étampes, elle est morte et peu de temps après son mariage semblait ne plus subir le charme de Bonain autant que les jeunes femmes qui ne voyaient que sa démarche étudiée se dandiner à son arrivée sur le turf. C'est que, hélas! dans l'intimité les choses perdent peu à peu pour nous l'attrait de leur singularité et, en fin de compte, il n'y a pas d'homme chic pour sa femme, qui voit ses abcès, sa peur d'arriver en retard, la teinture dont il rajeunit le matin ses cheveux vieillissants.[3]

Tu te plains de mouches; nous en avons beaucoup aussi, mais j'aime les entendre dans la chambre dont on a fermé les rideaux pour tâcher d'avoir moins chaud.

C'est une sensation d'été et qui est divine, parce que rien ne pourrait nous la donner si l'été n'était venu. Ce n'est pas le concert en plein air des rouges-gorges, ni ce que fait le rossignol, qui est comme du chant. Non, ce n'est, le bourdonnement des mouches, que la musique de chambre de l'été.[4] Mais il suffit de l'entendre pour retrouver tout l'été. Et elles l'évoquent d'autant plus nécessairement qu'elles ne résument pas seulement la poésie de l'été mais dénoncent sa présence. Et sais-tu, quand il fait très chaud et qu'on est sur son lit, c'est très gentil quand elles se promènent sur vous. Essaie. Cela te rappellera quelque chose, en moins bien, j'espère.

BERNARD

P.C.C.
Marcel Proust

[1] Biblio, n° 59.
[2] Cf. *Sésame et les lys* de Ruskin, préface (édition de 1935), pp. 11–12; et *Du côté de chez Swann*, I, 139.
[3] Ce portrait de Bonain est tiré apparemment du chapitre de *Jean Santeuil* intitulé *Le Salon de Madame de Réveillon* (III, 35–39).
[4] Cf. *Du côté de chez Swann*, I, 83.

LETTRES DE PERSE ET D'AILLEURS
LES COMÉDIENS DE SALON
BERNARD D'ALGOUVRES A FRANÇOISE DE BREYVES[1]

(1899)

Amstel Hotel, Amsterdam

Ma chérie,

Quelle semaine! d'abord quand elle a vu annoncée cette fête des eaux de Saint-Cloud dont tu as dû entendre parler par tous les journaux, Mme de Tournefort a voulu nous y mener. Et là, entre parenthèses, j'ai reconnu un original dont j'avais vu chez ta cousine le portrait. T'en souviens-tu? Il fut peint par Hubert Robert il y a plus d'un siècle. Mais il est encore ressemblant. Il représente le grand jet d'eau de Saint-Cloud. De loin j'ai reconnu le charme ancien des hauteurs qui l'entourent et, lui, au milieu, frémissant à peine au vent et au soleil, comme une grande plume blanche. Je l'ai reconnu, c'est donc qu'il est, qu'il est quelque chose de plus que l'eau incessamment renouvelée au cours intermittent de sa vie séculaire et momentanée. Il n'a rien perdu de sa légèreté, de sa fraîcheur et, debout dans le nerveux de son élan et le fondu de sa douceur, laissant flotter son panache agité et murmurant que le soleil dore comme un beau nuage, il le traverse de son ascension à chaque moment, ou plutôt, tant elle semble immobile, à chaque degré de laquelle il semble jeter rapidement au bassin, comme un lest, de petites masses d'eau qui y tombent en y creusant ses seules rides, avec un petit bruit dont s'accroît le silence qui le suit et sur lequel [s'étend][2] et s'élance, plus harmonieuse, la tige fusante et recommencée. Et tout le long du parcours aérien les petites gouttes qui n'ont plus la force et qui retombent! C'était charmant.[3]

Et puis nous avons appris que l'exposition Van Dyck à Anvers allait finir; le vieux Tournefort a absolument tenu à y aller et nous avons poussé jusqu'à Amsterdam, d'où je t'écris dans une chambre qui regarde le canal et les grandes mouettes qui passent si vite en battant si lentement de leurs grandes ailes et qui semblent jusque dans les rues, au coin des places, chercher, flairer, sentir la mer, comme si leur instinct les avertissait qu'elle était là-dessous et rendait en effet quelque chose de marin à cette ville, où elles promènent, comme au-dessus des vagues et dans le vent, leur infatigable inquiétude, l'ivresse joyeuse de leur force et de leur élément reconnu, humé et salué de leurs cris.

Quelles belles armes parlantes et planantes pour un[e] ville que ces oiseaux! Mais c'est de toi que je veux parler, de ta lettre où j'ai été si fier de retrouver ma chérie si savante, citant son dix-huitième siècle. Les choses que je t'ai apprises à aimer, celles que je connais par toi, tous ces présents que nous tenons de notre amour comme ils me sont précieux, comme des bijoux qui ont une lueur ancienne de tendresse et qui sont doux à porter. Hélas! il y a dans celle que j'appelle follement *ma* Françoise tant de choses qui sont d'avant moi, que je ne connais pas et sur lesquelles je n'ai pas de prise, que j'en aime mieux les choses où je me retrouve en toi et qui sont pour les moments de fatigue et de doute comme un gage matériel d'un amour qui ne l'est pas.

Te rappelles-tu le jour où tu as récité des vers que je t'avais appris? Je ne t'ai jamais tant aimée. Écoute si cette lettre, écrite du Mont-Dore, ne ressemble pas à la tienne et à ce que tu dis des hôtels d'Auvergne, du Mont-Dore et de Royat: «Tout le monde me salue d'un «Madame est malade?» qui m'impatiente, quoique je n'en sois que trop convaincue. Il y a un monde prodigieux aux eaux, cela me désole. Une légion de puces affamées a fait de mon lit un enfer. J'ai voulu voir les promenades. On m'a montré une douzaine de pas à faire dans un endroit assez désagréable. Je suis rentrée plus triste que je n'étais sortie. A force de monter en grade et de profiter des départs, je me trouve dans une chambre à feu assez passable, au moins pour le Mont-Dore, en face de la fontaine où l'on boit.» «A force de profiter des départs!» «Les départs!» Ne reconnaissez-vous pas, Françoise, le mot même du concierge de l'hôtel où nous étions quand il nous disait: «Il y a beaucoup de départs cette semaine.»

Et pourtant cette lettre écrite du Mont-Dore est datée du mois d'août 1803. Et le concierge ne se doutait pas qu'il usait de l'expression de Madame de Beaumont. Car c'est elle qui a écrit en ces termes à Joubert.[4] Oui, elle «cette figure d'Herculanum qui coule sans bruit dans les airs, à peine enveloppée d'un corps», cette Pauline de Montmorin à qui ressemble ma chérie, à cause de quoi pendant un temps où je n'osais pas encore l'appeler Françoise, je t'appelais Pauline. C'était son prénom. Ce n'était pas le tien. Mais c'était [t]'appeler par un prénom tout de même, te toucher en effigie, la moitié du chemin était faite. D'ailleurs, cela n'est pas pour t'étonner qu'elle dit déjà les «départs», comme on dit aujourd'hui.

Car une[5] petite élève sait que tout change très peu, elle qui connaît mieux qu'un vieux savant la page d'Aristote, où, pour montrer que l'homme ne peut éprouver à la fois des plaisirs d'ordre différent, il donne cet exemple: «C'est quand la pièce est mauvaise, quand l'intérêt languit, que l'on commence à manger des bonbons dans les loges.» Je connais un autre endroit où la chambre de Madame de Beaumont existe encore. C'est l'odieux romancier X... qui l'habite. Comme disait le guide du château: «C'est là que s'agenouillait Marie Stuart et c'est là, maintenant, où ce que je mets mes balais.» Le roman d'Auvergne que tu me racontes est bien joli. Celui que l'hôtel du Mont-Dore abritait en 1803 valait bien ceux d'aujourd'hui: c'était le roman d'Atala. C'était pour la donner à Chateaubriand que Madame de Beaumont cherchait à prolonger sa vie. Il y avait déjà deux ans qu'elle avait loué à Savigny une maison où il put finir dans le calme le *Génie du christianisme*. Déjà il la trompait, lui faisait écrire par Chênedollé qu'il n'avait pas quitté Avignon quand il était en Bretagne auprès de Madame de Chateaubriand, qu'il n'avait pas vue depuis dix ans.

Mais on lui avait fait comprendre qu'il était maintenant un auteur trop chrétien dans ses livres pour fouler aux pieds dans sa vie un sacrement comme le mariage. Madame de Beaumont quitta le Mont-Dore pour aller à Rome retrouver, au grand scandale du monde diplomatique, celui qui osera dire un jour, quand elle sera morte, qu'il n'a pas ressenti l'attachement[6] véritable avant de connaître Mme Récamier. Quel ennui! j'avais mille choses à te dire et si je ne m'arrête la lettre ne partira plus. Je t'écrirai demain pour M. de Thianges et mille autres choses. Je serai revenu après-demain aux Boisfrisieux. Une folie pour finir. Figure-toi que Lapenard est furieux de ne pas avoir été prévenu qu'il y avait un complot, ou du moins un prétendu complot. Il aurait donné une forte somme et aurait fait là-dedans des relations distinguées.

Les princes, au lieu de s'adresser à leurs partisans, devraient taper les snobs. On donnerait pour le complot, comme on donne pour les ventes de charité. Il y a bien des gens qui trouvent que changer la forme du gouvernement est peu de chose, si cela peut les faire inviter à des chasses. Il se fichent du retour de la monarchie.[7] Mais crois-tu qu'ils s'intéressaient à la reconstruction de la basilique de chez toi? Ils voulaient être invités à tes fêtes et donneront pour le complot comme pour une vente où l'on se soucie moins de l'intérêt de l'œuvre que de la qualité des patronnesses. Avis au Prince, quand tu le verras.

Ton BERNARD

P.C.C.
Marcel Proust

[1] Biblio, n° 60. Proust met l'en-tête d'Amsterdam, et l'allusion à l'exposition Van Dyck, afin de donner un peu d'actualité à son article dans la *Presse*. L'exposition d'Anvers, fêtant le 300ème anniversaire de Van Dyck, fut inaugurée le 12 août 1899. Proust, qui n'y alla pas, se sert de ses souvenirs de l'année précédente, où il avait fait son premier voyage en Hollande, en octobre 1898, pour voir l'exposition Rembrandt à Amsterdam.

[2] *La Presse* donne ici *s'entend*, sans doute une coquille.

[3] Proust reprendra cette description dans *Sodome et Gomorrhe*, II, 656–657. Et plus loin (p. 814), Albertine évoquera en une phrase les mouettes d'Amsterdam.

[4] Voir *Les Correspondants de J. Joubert 1785–1822. Lettres inédites de M. de Fontanes—Mme de Beaumont—M. et Mme de Chateaubriand—M. Molé—Mme de Guitaut—M. Friselle—Mlle de Chastenay*. Publiées par Paul de Raynal. Paris, Calmann-Lévy, 1883. Proust cite les pages 145 et 149. Cf. *Correspondance avec sa mère*, Paris, Plon, 1953, pp. 143–144.

[5] Peut-être une mauvaise leçon pour *ma*.

[6] *l'*, peut-être une coquille pour *d'*.

[7] Cf. *Correspondance avec sa mère*, p. 135.

JOHN RUSKIN [1]

(1900)

On craignait l'autre jour pour la vie de Tolstoï; ce malheur ne s'est pas réalisé; mais le monde n'a pas fait une perte moins grande: Ruskin est mort. Nietzsche est fou, Tolstoï et Ibsen semblent au terme de leur carrière; l'Europe perd l'un après l'autre ses grands «directeurs de conscience». Directeur de conscience de son temps, certes Ruskin le fut, mais il fut aussi son professeur de goût, son initiateur à cette beauté que Tolstoï réprouve au nom de la morale et dont Ruskin avait tout poétisé, jusqu'à la morale elle-même.

Il était né en 1819, n° 54, Hunter Street, Brunswick Square, d'un père négociant en vins, dont il aimait plus tard à faire le modèle du commerçant avisé et probe, et d'une mère ardemment calviniste. Son père avait l'habitude de faire tous les ans des voyages dans une voiture qu'il louait et qui arrêtait la famille à tout ce qui, sites de la nature ou monument de l'art, pouvait former le goût. Celui de Ruskin fut de bonne heure ardent et sûr, et M. de la Sizeranne a raconté les émotions que ressentit l'enfant la première fois qu'il vit les montagnes. Il éprouvait déjà des passions pour les choses à un âge où généralement on n'en ressent pas encore pour les personnes. C'est, comme il arrive souvent, dans ses derniers livres qu'il s'est attardé à décrire ses premières années. Elles avaient gardé dans sa mémoire un charme ineffaçable qui s'est fixé à jamais dans ce livre de *Praeterita*, sorte d'autobiographie comme il en avait déjà esquissé une dans *Fors Clavigera*, et qui correspond, dans l'œuvre de Ruskin, à *Vérité et Poésie* dans l'œuvre de Gœthe.

La *Gazette des Beaux-Arts* tiendra à honneur, dans un prochain numéro, de donner de l'œuvre de Ruskin une idée, sinon complète, du moins fidèle, et moins sans doute d'en faire l'analyse totale que d'en donner l'impression juste. Ici nous ne pourrions essayer d'en résumer même le catalogue, qui, tel que nous l'avons sous les yeux, dressé méthodiquement par le disciple préféré de Ruskin, son savant ami M. Collingwood, comprend plus de 160 titres différents. Toujours imagés et comme enveloppés à dessein d'une sorte d'obscurité mystérieuse, plusieurs de ces titres sont d'ailleurs aujourd'hui familiers aux lettrés et aux artistes. *Les Sept Lampes de l'Architecture* (1849), *Les Deux Sentiers* (1859), *Munera Pulveris* (1862–63), *Sésame et les Lys* (1865), *La Couronne d'olivier sauvage* (1866), *La Reine de l'air* (1869), *Aratra Pentelici* (1872), *Ariadne Florentina* (1873), *Deucalion* (1875–83), *Les Matinées de Florence* (1873–

77), *Proserpine* (1873–86), *Les Lois de Fiesole* (1877–78), *Le Repos de Saint-Marc* (1878–84), *Les Trois Colonnes du Préraphaélitisme* (1878), sont maintenant, tout aussi bien que les *Peintres modernes* (1843) ou *Les Pierres de Venise* (1831),[2] de véritables bréviaires de sagesse et d'esthétique. Les polémiques ardentes qu'ils excitèrent à leur apparition (il est inutile de rappeler le procès de Ruskin avec M. Whistler, dont le souvenir est présent à tous les esprits) tombèrent peu à peu; et quand Ruskin, atteint du mal qui l'avait forcé de renoncer à ses cours d'Oxford, se retira à Brantwood avec M. et Mme Severn, l'Angleterre, comme le fait observer le *Times* dans le très remarquable article qu'il a consacré à Ruskin dans son numéro du 22 janvier, l'Angleterre tout entière était devenue ruskinienne, et la célébration de son 80e anniversaire fut une sorte de fête nationale. Ses idées sur les préraphaélites ont été vulgarisées jusqu'à la banalité. Son admiration pour Turner, auquel il a consacré tant de livres (et l'on sait que les *Peintres modernes* ne furent d'abord conçus que comme une sorte de défense et d'apologie de la peinture de Turner) et qui, jusqu'à la fin de sa vie, fut le mobile d'actes où elle semblerait n'avoir rien à faire,* a traversé le détroit, de l'autre côté duquel M. Groult en a réuni une collection incomparable.

Venise, Pise, Florence sont pour les ruskiniens de véritables lieux de pèlerinage et, dans bien des ouvrages, des œuvres d'art, des opinions contemporaines, c'est Ruskin lui-même qu'on pourrait reconnaître, comme sur une pièce de monnaie se distingue l'effigie du souverain du jour.

M.P.

* Quand, en 1883, Ruskin résigna pour la dernière fois son enseignement à Oxford, une des deux raisons de cette décision fut que l'Université avait refusé d'acheter 1.200 livres le *Croissant de lune* de Turner.
[1] Biblio, n° 61.
[2] *Sic.* C'est sans doute une coquille; la date de publication de *Stones of Venice* est 1851.

VACANCES [1]

Françoise—Henri—Premiers jours de Septembre

[1900?]

à Robert de Flers

FRANÇOISE. Puisque vous êtes seul à Paris, nous pourrions peut-être dîner ensemble quelque part. (Un silence) (plus bas) Nous rentrerions ensuite chez moi. Y a-t-il un endroit qui vous plaise mieux qu'un autre?

HENRI. Il y a dans le bois un restaurant où j'ai déjeuné l'autre jour et qui est charmant. Assez longtemps avant d'arriver on est accueilli par des arbres qui s'écartent pour vous laisser passer, vous devancent et vous escortent, souriants, silencieux et gênés, appuyés les uns aux autres comme pour prendre une contenance. Puis il y a une pelouse au milieu de laquelle vivent quelques hêtres assemblés. L'emplacement qu'ils occupent semble avoir été l'objet d'un choix. Ils paraissent se plaire là. Au fond il y a un orme un peu fou qui, pour les rumeurs les plus insignifiantes que lui apporte le vent, fait avec ses branches une mimique passionnée qui n'en finit plus. Aussi les autres le laissent tranquille. Il est là tout seul. Et devant, c'est le lac, sur l'eau duquel un saule remue ses branches sans arrêter. C'est comme une maladie qu'il aurait, comme ces gens qui ne peuvent pas arrêter une minute de trembler.

FRANÇOISE, distraite. Ça fait bien des choses tout cela.

HENRI. Oui, et nous ne sommes pas encore arrivés. Mais ça te suffit comme cela, n'est-ce pas?

FRANÇOISE. C'est un endroit poétique.

HENRI. C'est plutôt un endroit romanesque.

FRANÇOISE. Alors . . . (un silence) ce sera très bien pour nous.

HENRI, tristement. Un peu trop bien. Il y a des endroits qui semblent préparés pour loger le bonheur. Les choses paraissent toutes prêtes à le recevoir, leur beauté l'attend, leur silence l'épie, leur solitude promet de le cacher, leur amitié de veiller sur lui. Quand on vient dans ces endroits-là mettre beaucoup moins que lui, on sent plus tristement qu'ailleurs que ce serait bien doux de l'avoir, le bonheur. Nulle part on n'est si malheureux.

FRANÇOISE. Ce que je vois dans ce que tu dis là, c'est que ce n'est pas très gentil, tu sais.

HENRI. Je le sais. Mais tu ne doutes pas du plaisir que j'ai à être auprès de toi, ma petite amie—et si je ne peux pas avoir de grand bonheur avec toi, c'est que je ne peux pas—d'ici longtemps peut-être —en avoir avec personne. Et puis, vois-tu, il y a cela aussi: ce bel endroit, je sais qu'elle y allait.

FRANÇOISE. Avec toi?

[HENRI.] Non, avec l'un, avec l'autre. (Silence) Mais ça ne fait rien, nous irons. Viens me prendre demain à 8 heures ½.

FRANÇOISE. 8 heures ½, c'est un peu tard, tu sais, parce que nous ne pourrons pas rentrer chez moi avant minuit, et en ce moment il n'y a plus d'autre locataire que moi, le concierge éteint de bonne heure.

HENRI. Nous n'aurons pas besoin de rentrer chez toi. Il n'y a jamais personne dans ce petit pavillon du Bois. Nous dînerons dans une chambre qui donne sur l'eau. Avant qu'il ne fasse nuit, tu verras comme les hortensias du bord ont alors une couleur douce mais brave et décidée à lutter contre l'obscurité. Et quand il fera nuit tout à fait, c'est à peine si tu devineras les cygnes qui feront silencieusement passer sur l'eau inquiète et sombre leur un peu moindre obscurité. Alors nous pourrons faire tout ce que nous voudrons. Personne ne nous dérangera.

FRANÇOISE. C'est joli ce que tu dis, je suis sûre que tu pourrais écrire une pièce si tu n'étais pas si chiffe, mon petit.

HENRI, douleureusement. C'est joli? Ne me dis pas cela! Du reste, je sais que non.

FRANÇOISE. Ça n'est pas désagréable, ce que je te dis. Pourquoi cela t'ennuierait-il que ce soit joli?

HENRI. Parce que je n'ai jamais rien pu lui dire de joli à elle. Alors, tu comprends, j'aime autant être aussi bête avec les autres, pour ne pas avoir de regrets.

FRANÇOISE. Pourquoi est-ce que tu ne lui as jamais rien dit de bien?

HENRI. Parce que je l'aimais et parce qu'elle n'était pas intelligente.

FRANÇOISE. Je ne suis pas intelligente non plus, moi.

HENRI. Mais avec toi je ne fais pas attention.

FRANÇOISE. Tu pourrais être poli, dis donc.

HENRI. Je le peux si tu le veux.

FRANÇOISE, un silence. Je ne le veux pas.

II
Au Pavillon du Bois

FRANÇOISE. Qu'est-ce que tu as? Tu ne t'es pas amusé?

HENRI, tristement. Si.

FRANÇOISE. En arrivant tu disais gaiement: «Oh que je vais m'ennuyer!» et tu avais l'air enchanté. Et maintenant que tu t'es amusé, tu as l'air d'un triste! Et même pendant, tu sais, tu avais l'air triste. Et pourtant, tu ne me diras pas que tu t'es ennuyé.

HENRI. Je ne te le dirai pas.

FRANÇOISE. Tu étais si pressé que tu ne pouvais plus attendre et quand le garçon a apporté la salade de légumes tu as dit: «Garçon, nous ne prendrons pas de salade, remportez-la et ne revenez pas avant que je vous appelle.» Il voulait insister pour que tu la goûtes. Tu étais furieux. C'est comme, quand on est pressé d'aller dîner en ville, on est en colère contre ces encombrements. Est-ce que je dis la vérité?

HENRI. Toute la vérité.

FRANÇOISE. Alors?

HENRI. Je ne peux pas t'expliquer. Ou même si, je peux. Elle s'amusait, tu sais. Alors, quand je m'amuse et que cela m'ennuie, je me dis: Ce n'est pas si drôle que ça de s'amuser. Je savais qu'elle venait souvent ici. Si je m'étais ennuyé à jurer de n'y plus revenir, je me serais dit: Ce n'est pas folichon ce petit pavillon du Bois. Je n'ai pas besoin de me tracasser en pensant qu'elle y venait souvent. Ce n'est pas plus amusant que ça, ce n'est pas la peine d'être jaloux. Mais j'ai eu beaucoup de plaisir tout à l'heure avec toi, Françoise, beaucoup de plaisir, hélas! Et aussitôt cette même sensation si forte, je l'imagine éprouvée par [Rosalie],[2] donnée à elle par d'autres. Et cela me fait beaucoup plus de peine encore que cela ne m'en fait de plaisir.

FRANÇOISE. Beaucoup plus? Sois sincère.

HENRI. Non, autant; non, un peu moins puisque je recommencerai. Mais cela m'en fait encore. Vois-tu, Françoise, nous décidons nous-même nos chagrins, en choisissant nos plaisirs, car les uns ne sont que l'envers des autres. Si nous n'avions jamais connu le plaisir, nous ne connaîtrions pas la jalousie, puisque être jaloux, c'est imaginer le plaisir d'une femme que nous aimons. Pour imaginer le leur, nous prêtons aux autres notre propre vie. Et les saints ne sont pas malheureux, parce qu'ils sont bons. Mais console-toi, Françoise, si tant est que mon chagrin t'ennuie, les plus grandes douleurs ont une fin. Est-ce que je n'ai pas fait des progrès depuis l'année dernière où je ne pouvais pas t'approcher?

FRANÇOISE. Beaucoup de progrès, je suis bien heureuse. Mais tu ne veux toujours pas m'embrasser.

HENRI. Oh! cela, c'est la dernière chose. Quand je le pourrai, c'est que je serai bien guéri.

FRANÇOISE. Pourquoi la dernière?

HENRI. Peut-être parce qu[e] quand on embrasse on est plus calme, on peut penser. Le baiser, c'est une sensation à laquelle on peut mêler trop de souvenirs. Le reste se fait plus aveuglément. Et puis le reste, avec elle, je ne me le rappelle même plus. Et c'était fini depuis longtemps, que je l'embrassais encore. (Il a l'air navré.)

FRANÇOISE. Mais qu'est-ce qui te dit qu'elle en aimait d'autres. Tout ça, ce sont des potins. Non, je ne le crois pas.

HENRI. Tu es gentille.

FRANÇOISE. Elle t'aimait. Elle t'aime.

HENRI. Tu es bonne. (Henri s'approche de la fenêtre et regarde le clair de lune.)

FRANÇOISE. Tu connais le clair de lune, tu as écrit de belles choses dessus.

HENRI. Je me figure qu'il me connaît un peu aussi. Voilà si longtemps qu'il voit mes chagrins. (Ses yeux se mouillent.)

FRANÇOISE. Ne reste pas là, si cela te fait mal.

HENRI. Cela ne me fait pas mal. La méchanceté me fait mal. Mais l'amitié, même des choses, m'attendrit. Souvent, quand j'avais passé la nuit à l'attendre, j'allais sur le balcon quand le soleil était déjà haut, j'étais glacé comme les gens qui ont trop de chagrin, et quand le soleil me jetait son manteau de chaleur sur les épaules, quand sur mes yeux que je fermais à demi pour le plus finement sentir, il passait sa main de lumière, c'est seulement par des larmes que je pouvais répondre à ses présents.

FRANÇOISE. Écoute, allons-nous-en, il est tard. Quand crois-tu que tu cesseras de l'aimer?

HENRI. Quand j'en aimerai une autre. Jusqu'à ce qu'il y ait un nouveau souverain, c'est encore au nom du précédent qu'on obéit, souvent bien malgré soi.

FRANÇOISE. Et quand crois-tu que tu en aimeras une autre?

HENRI. Je suis prêt pour cela maintenant. Mais cela ne dépend pas de moi seulement, cela dépend aussi d'elle.

FRANÇOISE, se méprenant. De moi.

HENRI. Oh non!

FRANÇOISE. De qui?

[HE]NRI. Je ne peux te dire de nom. Je ne crois pas que je l'aie encore.

[1] Nous établissons ce texte d'après la photocopie que nous a communiquée aimablement la Houghton Library, de Harvard University. Cf. Biblio, n° 257.

La substance et le ton de ce dialogue, ainsi que la dédicace à Robert de Flers, semblent le situer vers la même époque que les «Lettres de Perse et d'ailleurs», lesquelles forment un dialogue épistolaire entre Françoise et Bernard. Proust faisait ces *Lettres* en collaboration avec Robert de Flers: la première de la série, par Proust, parue dans la *Presse* du 19 septembre 1899, avait été suivie le lendemain par une réponse de Flers.

Mme Mante possédait un cahier datant de l'époque des traductions de Ruskin, à la fin duquel il y a un manuscrit de trois pages et quart d'un dialogue intitulé: *Henri—Rosalie—Françoise.* Le style est semblable à celui que nous publions ici, et le papier du cahier en question porte en filigrane l'inscription: «Exhibition's Paper/1900», ce qui semble nous fournir un *terminus a quo.* Notre dialogue doit donc dater de 1900 ou de 1901.

D'autre part, nous possédons deux lettres à Antoine Bibesco où il est question du même dialogue. Dans la première de ces lettres, que je date du 9 septembre 1904, Proust parle de M. Ollendorf, directeur du journal *Gil Blas,* qui a «un dialogue qu'il avait promis de faire paraître» et qu'il garde «depuis fort longtemps». Proust demande à Bibesco de tâcher d'obtenir que M. Ollendorf se décide à faire paraître ou à renvoyer le dialogue, ajoutant que «comme cela se passe au mois de septembre» il voudrait profiter de «cette vague actualité» pour faire publier ailleurs son dialogue. (*Lettres de Marcel Proust à Bibesco,* Préface de Thierry Maulnier, Lausanne, La Guilde du Livre, 1949, pp. 144–145; cf. Marcel Proust, *Lettres retrouvées,* Paris, Plon, 1966, p. 66 et note 3.)

[2] Par lapsus, Proust écrit Françoise pour Rosalie, le nom de l'amie absente.

Pays des Aromates, par le comte ROBERT DE MONTESQUIOU. Paris, H. Floury, 1900. In-8°.[1]

(1901)

Imitant la modestie de tels illustres devanciers qui ne prétendaient qu'à tracer l'*Itinéraire de Paris à Jérusalem* ou à remettre un *Rapport sur la Philosophie au XIX*e *siècle,* le comte Robert de Montesquiou ne veut, dans son *Pays des Aromates,* que dresser un catalogue et donner un guide d'une minime fraction de l'Exposition de 1900, la collection Victor Klotz à la Rétrospective de la Parfumerie. Ce n'est pas, à vrai dire, le premier guide pour l'Exposition qu'ait écrit le célèbre poète, si c'est pourtant le premier qu'il ait voulu écrire. Le goût d'un public artiste consacrant vite ce que son intuition de précurseur avait d'abord élu, les idoles de l'Exposition de 1900 se trouvent avoir été par lui encensées, et quand, après y avoir à grand'peine dépassé de véritables champs d'hortensias et de pleins ciels de «chauves-souris», il n'était pas, pour aller voir Chassériau, Gallé, Monticelli, Lalique, de plus merveilleuse compagnie que telles pages magistrales des *Autels privilégiés* et des *Roseaux pensants.* Cette fois-ci, c'est de[2] boîtes à odeur, de fontaines de parfums, de flacons-fleurs, de cassolettes que nous parle M. R. de Montesquiou, s'excusant ou plutôt se réclamant de ce mot de Gœthe: «Tout mérite l'étude et la rime si l'on sait bien le démêler.» Et l'on peut lire, en effet, dans ces pages exquises et brèves une sorte d'abrégé d'histoire de la Parfumerie, d'histoire littéraire de la Parfumerie, pourrait-on dire, qui nous vaut de précieuses citations de Rutebœuf sur les femmes fardées: «Elle a vingt ans le jour et cinquante ans la nuit», et un tendre souvenir où se délecteront tous les vrais Balzaciens envoyé à l'un des doyens des parfumeurs en littérature au XIXe siècle, César Birotteau, l'inventeur de la Pâte des Sultanes et de l'Eau Carminative.[3] Suit la description de ces nécessaires, de ces brosses, de ces pelotes, de ces étuis, de ces bagues formant cassolettes, de ces boîtes à mouchoirs, à fard, à poudre, de ces flacons à parfums, qui servirent à la volupté de nos pères. Ils ne servent pas moins à la nôtre. «Je contiens le secret de la Beauté», dit l'un d'[eux],[4] et il semble bien qu'il l'ait gardé, car, s'il n'embellit plus personne, il est beau. Et de ces boîtes à odeurs, dont les odeurs sont allées rejoindre les roses, par elles parfumées, de visages depuis longtemps en poussière, de ces fontaines à parfums qui n'ont pas gardé «l'odorant souvenir», de ces pages surtout, d'une grâce infinie et profonde, il semble qu'il s'échappe quelque chose d'aussi troublant et d'aussi délicieux, quoique des plus immatériels, l'odeur mélancolique, le «Parfum impérissable» du Passé.

[1] Biblio, n° 66.
[2] *des*, dans le texte imprimé.
[3] *Carminatise*, dans la *Chronique des Arts*.
[4] *l'un d'un*, dans le texte imprimé.

SOMNOLENCE [1]

[1901]

Peu à peu le mouvement du train m'assoupit. Mon attention s'obscurcit, et mon imagination lui chuchote très vite des choses qui lui paraissent très bien se suivre, mais qui si je suis réveillé par un arrêt, me paraissent n'avoir aucun sens, ou plutôt n'être rien. Et réveillé je me figure que je croyais avoir continué à imaginer en somnolant mais que je me trompais. Et pourtant j'imaginais toujours et même avec une vitesse vertigineuse, mais des choses qui au grand jour de la conscience pleine sont aussi invisibles que les étoiles quand il fait grand jour, et pourtant elles sont là.[2] Étendu dans le wagon je me laisse bercer par le bruit du train et que je rythme d'ailleurs moi-même, selon que tel choc est choisi par mon oreille comme «temps fort». Car il en est des bruits du train comme des sons des cloches. Notre oreille les attache les uns aux autres comme elle veut, si bien que tantôt l'un commençant avec un peu d'avance, l'autre semble se précipiter sur lui pour le rejoindre. D'où un petit arrangement rythmique bien humble [?] avec une percussion attendue qui revient toujours nous ébranler au même moment. Peu à peu mon attention baisse, je m'assoupis. Les récits intérieurs que mon imagination me fait ne cessent certes pas. Au contraire je me parle à moi-même de plus en [plus] vite, seulement de plus en plus bas, semble-t-il. Et tout cet enchaînement me paraît parfaitement satisfaisant tant que je somnole. Mais si je veux pour me rendre compte de ce qu'est cette rêvasserie de la somnolence me réveiller tout à fait, plus rien, les dernières bribes de rêverie somnolente que je peux arrêter au passage au moment de l'entrée au grand jour du réveil me paraissent sans aucune signification.[3] Et tout ce que je me raconte me paraît parfaitement satisfaisant. Chaque mot idée en appelle un autre et tout cela se suit parfaitement. A vrai dire comme ma mémoire et mon raisonnement dorment je ne peux pas leur demander maintenant ce qu'était un petit radotage rapide et parfaitement suivi. Ils n'en savent rien. Mais à mon attention crépusculaire de ce moment-là cela paraissait très agréable, très bien lié, incessant. Et c'était très confortable pour ce moment où mes membres étaient engourdis, où je somnolais, ce chuchotement à voix basse de l'imagination qui ne voulait pas m'empêcher de dormir, qui s'était aussitôt accommodé à ma nouvelle situation et qui sentait que pour mon attention toute petite il n'y avait besoin que d'un même radotage qu'elle comprenait d'ailleurs parfaitement. Mais au fond cette histoire qu'elle me raconte tout bas comme à un petit enfant, qu'est-ce que c'est, je veux le savoir, je m'éveille tout à fait. Mais aussi mon bavardage intérieur s'arrête net. Et de ce qu'il contait contait contait si vite, pendant que le train faisait un accompagnement dont mon oreille avait fixé le rythme une fois pour toute[s] et que mon épaule secouée par le mouvement s'engourdissait à l'angle de la banquette, impossible de retrouver une miette. Cette fois-ci j'ai comme un mauvais musicien perdu la mesure dans le morceau monotone et sourd qu'exécute le train. Et me rattrapant par mon temps fort, c'est un autre que j'élis. Et tandis que celui-là revient marteler mon oreille au moment prévu, le bruit dominant de tout à l'heure, rentré dans le rang de par la négligeance et le caprice de mon oreille, ne fait plus que le préparer et suivre son successeur, sourdement, s'élançant sur sa trace ou l'accompagnant en boîtant. Et peu à peu l'attention qui m'aurait été si utile pour me rendre compte des récits de mon imagination pendant que je somnole, baisse. Je recommence à somnoler et aussitôt mon imagination de somnolence qui n'attend que ce moment-là comme si elle ne voulait pas être observée, et comme si ce récit qu'elle me fait était secret et ne devait être entendu ni de mon attention, ni de mon raisonnement, repart et commence à me parler tout bas, très vite. Je ne sais ce qu'elle me raconte ainsi mais je sais qu'à ce moment-là cela m'intéressait beaucoup, que la facilité avec laquelle je la comprenais la faisait aller plus vite comme l'admiration de celui qui écoute excite la verve du causeur,[4] je la pressais d'aller de plus en plus vite tandis que mes jambes se détendaient sur la banquette d'en face et que la musique véhémente et changée de mesure du train continuait à me bercer. Cette fois je veux absolument savoir ce qu'elle me dit. Et averti par la déconvenue de tout à l'heure, sachant qu'une fois réveillé je ne me rappellerai rien, au moment où je me sens entrer au plein jour du réveil, je serre le frein et j'immobilise dans ma mémoire la rêvasserie qui chuchote encore et qui va s'arrêter. Mais les deux dernières paroles ainsi recueillies sont absurdes, n'ont aucun sens et c'est le sommeil décidément qui me faisait croire que je suivais un récit lié. Mais non, je me rendors encore une fois. Et cette fois-ci j'essaye de me réveiller progressivement, de mêler tout doucement à mon attention crépusculaire de la somnolence, des jours faibles d'abord d'attention éveillée pour ne pas effaroucher ma vieille conteuse nocturne, et arrêter au passage tous ses propos comme font ceux qui vont dans les provinces recueillir de la bouche d'une aïeule une tradition précieuse et qui va disparaître. Mais je ne peux pas être à la fois éveillé et endormi, dès que je porte le jour de l'attention le récit s'évanouit. Mais si je ne peux rien en apercevoir du moins j'ai le sentiment que c'est bien un récit nullement incohérent.[5] Et alors j'ai le sentiment que j'avais fait erreur en croyant au réveil n'avoir pensé que des choses entièrement incohérentes, je n'ai pu voir au jour même progressif du réveil, ce qui ne se voit pas le jour, mais j'ai senti toute une suite qui s'arrêtait, tout un enchaînement non perceptible à l'esprit éveillé, mais encore perceptible à ce qui reste d'endormi à l'esprit qui se réveille et que ce récit c'était le raisonnable de la raison assoupie, qui a besoin d'elle pour avoir lieu et être compris. On ne peut pas les séparer, à la place de la raison dormante mettez la raison éveillée, et il n'y a plus d'imagination sommeillante, à croire qu'il n'y en a jamais eu. Il faut qu'elles soient toutes les deux, qu'elles s'emboîtent et dans le demi-jour de cette concavité nouvelle fredonne vite vite, bas, bas, l'incompréhensible récit. Alors quand le train me rendort, quand mon attention crépusculaire veille seule alors mon imagination sommeillante l'emporte.

Si tu veux faisons un rêve.

Et le jacassage commence de plus en plus rapide, de plus en plus ténu, de plus en plus imperceptible à la conscience. Et voyant si je me réveille qu'il n'y a plus rien je me demande si ce jacassage ne continue pas mais sans plus d'oreille assez fine pour le percevoir dans le tumulte des sensations et des pensées rentrant en foule dans la conscience rouverte, comme en plein jour les étoiles sont bien encore dans le ciel mais [ne sont] plus visibles pour notre œil inondé de lumière. Tandis que dans la nuit de la conscience qui s'endort, dans le silence qui s'est fait par l'engourdissement de toutes les facultés qui entendaient, nous prêtons l'oreille à cette musique qui ne s'était pas tue mais qu'il faut le calme de la conscience fermée, tandis que nous sommeillons le dos appuyé au coin de la porte du train, pour entendre, notre conscience crépusculaire penchée sur elle comme sur un coquillage notre oreille, notre oreille voluptueusement écrasée en ce moment contre le capitonnage dur et mouvant du train est frappée sourdement par le temps fort et intermittent de la cadence sourde du train.

[1] Biblio, n° 349. Le texte est établi d'après l'original, qui appartient au Fonds Proust, University of Illinois. Proust semble s'être souvenu de cette esquisse lorsqu'il composa le morceau d'*A l'ombre des jeunes filles en fleurs* sur le premier voyage à Balbec. Voir *A la recherche du temps perdu*, I, 654.
[2] Une seule ligne, descendant verticalement jusqu'à ce point du texte, semble

signifier l'intention d'en biffer cette première partie. Viennent ensuite quelques lignes barrées vigoureusement. Il est donc possible que l'essai commence aux mots: «Étendu dans le wagon . . .»

[3] Ces deux phrases, commençant «Et tout cet enchaînement . . .» et finissant «. . . sans aucune signification» sont barrées de cinq traits verticaux.

[4] En interligne depuis «la facilité avec laquelle . . .» jusqu'à «. . . la verve du causeur.»

[5] Deux phrases sont barrées, commençant «Mais si je ne peux rien . . .»

LES SOURCES DU LOIR A ILLIERS [1]

Voici la semaine de Pâques et, comme à un opéra aimé aux douces influences musicales de qui on brûle d'aller se soumettre, chacun décide d'aller au plus vite à la campagne. La représentation est d'ailleurs particulièrement brillante, il faut se hâter d'en profiter. Car ce n'est que pour quelques jours que les cerisiers, les pommiers et les poiriers se montreront dans toute la splendeur de leur légère robe blanche ou rose. Et les frêles lilas qui prolongent leur séjour tous les ans de quelques semaines pour paraître,—à côté de ces cerisiers devant la beauté presque féerique de qui ils s'effacent en souriant, comme les femmes souvent admirent une autre femme—les frêles lilas sont encore là, inclinant gracieusement leur tête violette ou blanche de cygne. Et quoique leur beauté soit certes moins éclatante, peut-être la préférez-vous à celle des cerisiers, et trouvez-vous à leur parfum un charme unique. A chaque étage des vieux marronniers, les feuilles —hôtes joyeux du printemps qui restent assez tard à jouir de la belle saison et dont quelques-unes, plus résistantes que les autres aux vents redoutés de Septembre prolongent leur séjour, s'exposant vaillamment seules sur la branche désertée aux intempéries de l'automne—les feuilles déjà sont au complet.[2] Les jours où le soleil est accablant dans l'air silencieux, les unes à côté des autres elles restent des heures immobiles, dans un repos magnifique. D'autres fois si la brise se lève, suspendues à la branche infatigable et douce qui les soutient si haut au-dessus du sol et les laisse se pencher comme elles veulent, elles jouent avec l'air qui passe, chacune suit l'autre et toute la colonie semble agitée par un doux assentiment. Des oiseaux habitent là parmi elles, mais comme un hôte plus indépendant qui a faculté d'aller se promener où il veut pourvu qu'il rentre le soir quand tout s'endort dans l'arbre gigantesque et silencieux. On n'entend plus que le frisson passager d'une feuille qui se retourne sans [se] réveiller au bruit du vent qui passe, ou le balbutiement confus et la mystérieuse agitation des branches qui rêvent. Il est charmant d'ailleurs ce pensionnaire émancipé de l'arbre qu'est l'oiseau. Actif et doux il amuse les feuilles de son adresse et de ses talents, joue avec elles sans les blesser, comme un frère espiègle et doué avec ses petites sœurs émerveillées. Durant ces longues journées il distrait de sa vie exubérante l'immobilité un peu monotone des belles prisonnières. Il chante et toutes les feuilles l'écoutent, et il entame à tous moments la conversation avec un autre oiseau d'un autre arbre. Ils causent ainsi d'un arbre à l'autre, mais les feuilles, personnes bien élevées, ne se mêlent pas à la conversation. Elles restent silencieuses les unes près des autres, se balançant parfois d'un mouvement souple. Jusqu'à leur arrivée l'arbre était mort comme une maison vide dont les volets sont clos. Maintenant à travers les fenêtres ouvertes on voit que la vie est rentrée dans la maison. Ainsi[3] tout d'un coup cinq cents feuilles ont planté leurs merveilleuses tentes vertes sur l'arbre réhabité. Maintenant l'orage peut venir. On sent que [la] jeunesse, la vie, la vie qui demain resplendira à un nouveau soleil est là. Le ciel s'est voilé, il pleut. Mais l'arbre n'a pas rentré ses magnifiques feuillages verts, plus verts peut-être encore dans cette terne atmosphère sans lumière d'un jour de pluie, verts jusqu'aux bords des feuilles, semblant éclater intérieurement d'une lumière, d'une vie, d'un été réfugié en eux, sensible à ce vert riche et solide, qui peut rire de la pluie, et qui promet que le nuage crevé, vont ressortir et recommencer la promenade, soleil dans le ciel bleu, et rayons sur les chemins, autour de l'ombre. Ce jour gris est presque plus beau que le jour d'or et bleu, puisque toute cette riche volupté de l'arbre en feuilles est encore là. L'oiseau n'en cesse pas moins de chanter, et son chant, moins permis dans ce jour pluvieux, moins innocent trouble davantage, comme ces fleurs qui envoient leur parfum plus insinuant encore et comme à la dérobée, [que][4] dans le grand jour du soleil qui les brûlait à mesure. Au milieu du bonheur la mélancolie, l'angoisse vague qui est un plaisir de plus a quelque chose de plus enivrant que le bonheur. Souvent quand la pluie tarde à venir les oiseaux ne cessent pas une minute de répéter un même cri, épuisant à la fin comme la prière brève, sans cesse répétée, d'un être qui s'offre, qui voudrait jouir; parfois dans une phrase étouffée on sent le gonflement de leur gosier oppressé d'un trouble vague. Chez quelques autres le cri est si aigu qu'on ne sait pas si on n'est pas en train de leur faire mal. Les journées sont déjà chaudes. Après déjeuner une petite marche suffit. S'il y a un peu d'air on essaye de gagner malgré le soleil le petit bois distant de plus d'une lieue qui est déjà sur l'autre canton. Quand vous étiez petit vous ne pouviez jamais aller jusque là. Et vous rêviez à la vie des hommes de cet autre pays qui venaient quelquefois le dimanche dans votre petite ville, avec vos[5] grands chapeaux, des coiffes, des airs inconnus, et qui vivaient dans une contrée gracieuse, dans la fraîcheur promise de petits bois pleins de sources et de violettes que vous n'aviez jamais vus. Pour atteindre à leurs premières maisons il aurait fallu plus de deux heures. Et quand on partait, l'après-midi étant déjà moins chaude, si l'on arrivait chez eux, chez eux c'était déjà le soir,

et comme pays, plus beau, plus mystérieux et plus frais. Je me
rappelle que tout enfant, on me mena ainsi un jour jusqu'aux
sources du Loir. C'était une sorte de petit lavoir rectangulaire où
mille petits poissons se concentraient comme une cristallisation
frémissante et noire autour de la moindre mie de pain qu'on jetait.
Autour du lavoir la route solide et dure et plus l'ombre d'eau ni de
Loir.[6] Pourtant c'étaient là les Sources du Loir qui, invisible tout
le long de la route, était rejoint deux lieues après en arrivant à Illiers,
large et gracieuse rivière. Aussi je ne comprenais pas comment ce
petit lavoir au fond duquel on voyait s'élever et s'arboriser au-dessus
les unes [des] autres des petites gouttes d'eau, comme celles qu'on
voit dans les aquariums où l'eau est sans cesse renouvelée, pouvait
être les sources du Loir. Mais l'absence de tout rapport entre [le
Loir et] ce petit lavoir au bord duquel traînaient tout le temps des
linges auxquels on me défendait de toucher ne me rendait ce lieu
que plus mystérieux et lui donnait mieux ce caractère incompréhensible qui devait être attaché à l'origine d'une vie naturelle. Aussi
cette eau qui sourdait en gouttes distinctes au fond du lavoir plein
de têtards, c'était pour moi les Sources du Loir d'une façon aussi
abstraite, presque aussi sacrée que certaine figure pouvait être pour
le Romain le Fleuve.[7] Et je me figurais vaguement que les femmes
qui venaient sans cesse y laver leur linge avaient choisi cet endroit
de préférence à tout autre à cause de son caractère illustre et sacré.

[1] Le titre manque. Nous établissons le texte d'après une photocopie de l'original,
lequel appartient à M. Claude Mauriac. Cf. Biblio, n° 323.
[2] Fin de phrase, barrée: *et elles passent de paresseuses journées à se laisser
pendre à la branche qui les soutient très haut quelquefois au-dessus du sol.*
[3] Ms: *Ainsi quand. . .* ; Proust néglige de supprimer *quand.*
[4] Ms: *plus,* par lapsus, semble-t-il.
[5] Ms: Proust corrige *des* en *vos,* en interligne, oubliant de barrer *des.*
[6] *Sic.* Proust veut insister sur l'impression d'aridité du paysage autour de ce
lavoir, qu'on lui avait indiqué comme étant la source d'une rivière. Cf. *A la
recherche du temps perdu,* III, 693.
[7] En interligne: *certaine figure.*

John Ruskin, sein Leben und sein Wirken, von MARIE VON BUNSEN.[1]
Leipzig, Hermann Seemann, 1903. In-8°, 123 p.[2]

(1903)

La littérature ruskinienne vient de s'enrichir, non d'une pièce sans prix, inestimable, «insurpassable» (Ruskin), comme le *Ruskin* de M. de la Sizeranne, pas même d'un «trésor» (dans le sens religieux du mot) de bien moindre importance, mais précieux[3] cependant, comme le *Ruskin et la Bible* de M. Brunhes, ni d'un morceau capital, de dimension exceptionnelle et de forme magnifique, comme le *John Ruskin* de M. Bardoux. Le *John Ruskin, sa vie et son œuvre,* de Mlle Marie de Bunsen,[4] n'en est pas moins pourtant un très élégant et utile album que consulteront avec beaucoup de fruit ceux qui ne connaissent pas Ruskin, et que feuilleteront avec beaucoup de plaisir ceux qui n'ont plus rien à apprendre sur lui—que de lui-même. Mme de Bunsen n'analyse pas l'un après l'autre les différents ouvrages du maître de Coniston. Son livre suit un plan plus intéressant et vraiment[5] rationnel. Et, comme si elle avait tous les livres (n'exagérons pas, beaucoup des livres) de Ruskin présents à sa mémoire ou ouverts sur sa table, quand elle a à parler de l'opinion de Ruskin sur un peintre, par exemple, elle cite à la fois des passages de plusieurs ouvrages[6] qui concordent, ou, s'ils diffèrent, se complètent et[7] marquent une évolution dans la pensée de Ruskin. Je ne dirai pas que telle soit exactement la méthode de travail de Mlle [8] M. de Bunsen; mais telle est la méthode idéale qu'elle semble appliquer la plupart du temps, d'une manière, il faut le dire, assez[9] incomplète, et même, quand c'était une nécessité d'être incomplet, un peu[10] arbitraire. Bien souvent elle passe à côté de la citation saisissante que ceux qui ont lu Ruskin attendaient, et ne la donne pas. A un tout autre point de vue, Mlle M. de Bunsen mériterait les critiques adressées par Ruskin, et qui n'enlèveraient rien à la valeur de son livre,[11] à «la lectrice protestante qui croit porter sur ce qu'elle lit un jugement indépendant et qu'elle s'est formé elle-même». Peut-être même pourrait-elle être[12] rangée parmi «les pires enfants de désobéissance, ceux qui prennent de la parole ce qu'ils aiment et en rejettent ce qu'ils haïssent». Mais elle y aurait pour compagnon M. Bardoux, qui n'en a pas moins écrit sur Ruskin un livre infiniment important et fort beau. Nous n'en dirons pas tout à fait autant du travail de Mlle M. de Bunsen, qui n'a d'ailleurs aucune prétention (elle avoue avec beaucoup de bonne grâce qu'elle a lu attentivement 27 volumes de Ruskin, et il en a écrit plus de 80). Plutôt nourri que complet, il est fort instructif en restant très agréable, toujours écrit sur le ton de la plus sincère et de la plus irrévérencieuse admiration. Les citations de Ruskin y sont fort abondantes, et ainsi à chaque page un rayon[13] du génie vient illuminer le texte du critique. Seulement, ce rayon ne nous vient pas directement, et c'est une sensation bizarre, pour un lecteur français, de trouver dans un livre allemand les jugements d'un philosophe anglais sur les peintres italiens. Cela fait une série de réfractions, une suite de reflets et comme un jeu de glaces un peu fatigant à la longue. Mais ce serait naturellement un reproche puéril à faire à Mlle M. de Bunsen, puisque toute personne qui écrit sur Ruskin dans une langue qui n'est pas l'anglais est obligée[14] de traduire les passages qu'elle[15] cite. Un Allemand pourrait aussi bien objecter cela à M. de la Sizeranne. Et si, un[16] jour, quelque jeune Français présomptueux et bien loin d'avoir l'admirable talent de l'auteur de[17] la *Religion de la Beauté* s'aventurait à traduire en français un ouvrage de Ruskin, Mlle de Bunsen aurait beau jeu à lui retourner une aussi vaine et dérisoire critique.

[1] Fonds Proust, University of Illinois. Le manuscrit commence:
Bibliographie
John Ruskin Sa vie et son œuvre étude critique par Marie de Bunsen.
[2] Biblio, n° 69.
[3] Ms: *assez* précieux.
[4] Ms: *Mme*.
[5] Ms: et *plus* rationnel.
[6] Ms: passages *d'ouvrages différents*.
[7] Ms: *ou* remplacé par *et*.
[8] Ms: Proust a écrit ici, et chaque fois qu'il a répété le nom de l'auteur: *Madame* de Bunsen.
[9] Ms: dire *bien* incomplète.
[10] Ms: incomplet, *bien bizarrement* arbitraire.
[11] *et qui n'enlèveraient rien à la valeur de son livre* ne fait pas partie du texte dans le manuscrit.
[12] Ms: pourrait-elle rangée.
[13] Le manuscrit est incomplet, manquant la feuille où Proust a écrit le passage qui commence «enfants de désobéissance . . .» et qui se termine avec «. . . à chaque page un rayon».
[14] Ms: *bien* obligé [*sic*].
[15] Ms: qu'*il*.
[16] Ms: si *quelque* jour.
[17] Ms: par lapsus Proust a écrit *de* deux fois.

DISCOURS DE M. PROUST
Délégué de l'Académie de Médecine[1]

(1903)

Messieurs,

Dans cette ville de Chartres où toutes les époques sont en quelque sorte superposées, depuis la crypte dite de la Vierge-Noire qui n'est autre que l'antique sanctuaire des Carnutes où venaient prier les druides, jusqu'à sa cathédrale qui dresse au milieu des plaines de la Beauce l'encyclopédie sculptée du moyen âge, vous avez voulu que notre âge lui aussi, laissât, si modeste fût-elle, une trace de son œuvre, et comme un témoignage de sa foi. Vous n'avez pas voulu prétendre au monument à quelques pas d'un monument dont la beauté n'avait pas été atteinte avant lui et ne le sera vraisemblablement jamais, mais vous avez pourtant voulu accomplir une juste commémoration.

Vous n'y pouviez mieux réussir que par cette composition charmante, émue et profonde et deux fois savante, pourrait-on dire, par l'art du savant qui l'a conçue, par la science de l'artiste qui l'a réalisée.

Le souvenir qu'elle doit fixer, l'événement qu'elle relate, il en est peu d'aussi grands. Car si vous voulez bien y songer, c'est ici sur ces champs mêmes de Chartres, que fut remportée l'une des plus grandes victoires de la science moderne, une des plus grandes victoires sans larmes, qui assurent pacifiquement à l'humanité des conquêtes définitives.

C'est ici même que Pasteur fit une découverte dont la vérité plus grande en quelque sorte que l'objet auquel elle s'applique, s'étendit immédiatement des animaux dont les affections charbonneuses préoccupaient seulement les agriculteurs à toute l'humanité souffrante, qui n'est pas, hélas! devenue l'humanité guérie, mais l'humanité au moins chaque jour de plus en plus épargnée.

Et plus qu'une autre devait s'y associer notre Académie à laquelle Pasteur ne manquait jamais de venir apporter le bulletin de ses travaux, ses bulletins de victoire. Il communiquait ces notes mémorables qui marquaient en traits ineffaçables tous les progrès accomplis dans l'étude du charbon.

A l'heure actuelle, nous ne voyons plus que les résultats acquis. C'est à peine si nous avons conservé le souvenir des obstacles franchis, des combats acharnés que Pasteur a dû livrer à chaque pas fait en avant dans la voie nouvelle. Il y a lieu d'insister sur la révolution accomplie en médecine à la suite de ses travaux sur le charbon où l'on trouve en germe tous les progrès réalisés depuis dans toutes les branches des sciences médicales.

Pasteur nous a appris qu'il n'y a point de maladie infectieuse naissante par génération spontanée. Voilà le point fondamental. Sans doute, de tout temps, on a eu une tendance marquée à attribuer l'origine des maladies infectieuses à un contage animé, à des organismes inférieurs, vivant en parasites chez les sujets infectés.

La découverte des infusoires par Leuwenhock parut donner une base sérieuse à ces simples vues de l'esprit, et la doctrine parasitaire fut acceptée sans restriction par Kircher, Lancisé, Réaumur et Linné. Cette doctrine était presque totalement tombée dans le discrédit quand les belles recherches de Pasteur sur les fermentations vinrent introduire dans le problème un élément nouveau et décisif. Il démontra que l'air atmosphérique est le réceptacle d'une infinité de germes vivants qui, par leur prolifération et leur multiplication si actives déterminent des phénomènes de fermentation et de putréfaction.

De là à l'idée que les maladies infectieuses et contagieuses de l'homme ne sont elles-mêmes que des zymoses, il n'y avait qu'un pas. Nous savons que le choléra ne peut dériver que d'un germe cholérique, que la peste ne provient jamais que de la peste, que la fièvre jaune demande toujours l'importation de la fièvre jaune. Maintenant que nous n'acceptons plus l'origine banale de toutes ces maladies, maintenant que nous nous appuyons sur ces notions précises de spécificité, nous savons mieux prévenir ces maladies et nous opposer à leur propagation.

D'autre part, sans la détermination des microbes pathogènes, le sérothérapie n'aurait pas vu le jour. La découverte des virus atténués et de leur utilisation pour la vaccination de la rage, du charbon, etc., montrent la part initiatrice de Pasteur dans cette thérapeutique nouvelle qu'ont enfantée ses doctrines.

Nous avons tous lu, messieurs, les récits de la peste du moyen âge, qui, en six ou sept ans, enleva à l'Europe vingt-quatre millions d'individus, le quart ou le tiers de sa population probable.

En Italie et particulièrement à Florence où les soupçons de la peste propagée par maléfice prirent une si grande extension, des comités se formèrent pour dénoncer les coupables imaginaires auxquels des juges eurent la cruauté d'infliger des tortures.

Or, nous avons pu voir, en 1898, la peste importée à Vienne, au centre de l'Europe, dans un hôpital renfermant plus de mille malades, immédiatement localisée ne faire que deux ou trois victimes.

Ce brusque arrêt d'une épidémie naissante est la conséquence directe des travaux de Pasteur.

Et le bienfait de cette découverte est partout à la base de chaque partie de la médecine, depuis le diagnostic même du clinicien pour qui aujourd'hui un échantillon des produits d'expectoration du malade suffit à affirmer la tuberculose, ou quelques particules de matières, à reconnaître qu'il est atteint de choléra; jusqu'à l'hygiène sanitaire qui a pu substituer, grâce à lui, aux prescriptions draconiennes d'autrefois, des mesures à la fois plus efficaces et plus clémentes.

Mais j'évoquais tout à l'heure devant vous le souvenir de cette encyclopédie peinte et sculptée du moyen âge qui est la cathédrale de la belle ville qui nous reçoit aujourd'hui. Je ne puis m'empêcher de songer, messieurs, qu'au XIIe siècle et même au commencement du XIIIe, parmi les sept arts libéraux, autrement dit les sciences, ne figure pas la médecine.[2] Aux portails, dans les vitraux de nos plus anciennes cathédrales vous pouvez bien voir la géométrie, l'astronomie, la musique, la grammaire, la philologie, mais de médecine, point.

Et ce n'est qu'un peu plus tard, au milieu du XIIIe siècle, que vous la verrez apparaître au portail de la cathédrale de Reims, portant à la hauteur de son œil une fiole où elle examine attentivement l'urine d'un malade.

En revanche, au portail de Chartres, vous verrez un personnage nommé Magus, le magicien qui symbolise l'alchimie, les recherches hermétiques, vainqueur du mal qui rampe à ses pieds et à qui cette petite statue fut élevée par la reconnaissance des hommes qu'il avait préservés ou sauvés.

Ce n'est pas dans un sentiment de moins filiale ni de moins religieuse gratitude que nous donnons aujourd'hui sa statue au bon magicien qui a délivré l'humanité de fléaux qu'on croyait invincibles et qui a rendu aux malades découragés l'espérance d'être guéris un jour, la certitude qu'un jour la cause, le microbe de leur mal serait découvert.

Messieurs, je vous parlais tout à l'heure de cette peste si meurtrière de Florence, à ce moment vous avez vu qu'on croyait que la peste se propageait par des semeurs qui prenaient dans de vastes laboratoires des onguents pesteux qu'ils allaient répandre un peu partout. Eh bien! les progrès de la science qui ont fait sortir du domaine du merveilleux pour les faire entrer dans celui de la réalité tant de rêves singuliers des vieux âges, semblent avoir réalisé aussi cette superstition d'une époque naïve, mais en changeant en bienfait le caractère de maléfice, comme ces poisons dont la médecine a fait des remèdes.

Sans doute ce n'était que dans l'imagination des hommes du moyen âge qu'il y avait des laboratoires où le germe de la peste était cultivé; ils existent aujourd'hui en réalité; on y cultive bien le principe mystérieux, il n'est plus destiné à combattre les hommes, mais à les guérir et même à prévenir l'apparition de la maladie. Pasteur, messieurs, fut le créateur génial de ces laboratoires bienfaisants dont l'Humanité et la Science lui garderont une éternelle reconnaissance.

[1] Biblio, n° 76. Ce discours fut prononcé à Chartres le dimanche 7 juin 1903. Il n'est pas invraisemblable que Marcel Proust en ait retouché le texte, notamment les passages concernant la cathédrale de Chartres. C'était le moment où il s'occupait de ses traductions de Ruskin.

[2] Rappelons qu'au moyen âge les sept arts libéraux comprenaient le trivium (la grammaire, la rhétorique et la dialectique), suivi du quadrivium, comprenant les arts mathématiques (l'arithmétique, la musique, la géométrie et l'astronomie). Il est curieux de noter que le Dr Proust, ou son fils, omet la rhétorique, la dialectique et l'arithmétique. Par contre, il nomme la philologie, qui n'y figurait pas.

DISTRIBUTION DE PRIX
A L'ÉCOLE PRIMAIRE SUPÉRIEURE D'ILLIERS [1]

(1903)

Le lundi 27 juillet a eu lieu, dans la vaste salle du gymnase de l'école, trop petite pour contenir la nombreuse affluence, la distribution des prix aux élèves de l'École primaire supérieure de garçons de la ville d'Illiers.

La cérémonie était présidée par un enfant de la ville, M. le professeur Proust, membre de l'Académie de Médecine, commandeur de la Légion d'honneur, professeur d'hygiène à la Faculté de médecine de Paris, inspecteur général des services sanitaires.

Remarqué sur l'estrade: MM. Chapet, maire; D[s] Denlau et Chapron, adjoints; Lamirault, Legrand, Manceau, Martin, D[s] Rondeau, Tresaunay, conseillers municipaux, et la plupart des fonctionnaires de la ville.

La Fanfare, sous l'habile direction de M. Durrieu, prêtait, comme toujours, son gracieux concours.

Après la présentation faite en excellents termes par M. Chapet, maire, M. le professeur Proust a pris la parole en ces termes:

Mes jeunes amis
    et chers compatriotes,

Ce n'est pas sans émotion que j'ai suivi hier le chemin qu'il y a plus de soixante ans je parcourais chaque jour pour me rendre à l'ancienne école, portant mon petit panier qui renfermait la collation du matin et mon petit bagage d'écolier comme les élèves dont parle Horace:

La[e]vo suspensi loculos tabulamque lacerto
Aut octonis referentes Idibus aera.

A ce moment j'avais six ans: tout ce qui est aujourd'hui mon passé et ma vie qui a ouvert sans doute mon esprit à bien des choses mais qui a aussi bien blanchi mes cheveux, était, au lieu d'être derrière moi, encore devant moi, comme un avenir qui me semblait infini parce qu'il était encore indéterminé.

Cette émotion que j'éprouve en venant ici après soixante ans, vous ne pouvez peut-être pas bien la comprendre, non que je croie qu'on est moins intelligent à quinze ans qu'à soixante, et qu'on soit apte à comprendre moins de choses. Je crois au contraire qu'on est apte à en comprendre bien davantage. Mais il y a une chose à laquelle la jeunesse est fermée, ou à laquelle elle ne peut s'ouvrir

125

que par une sorte de pressentiment, c'est la poésie, c'est la mélancolie du souvenir. C'est bien naturel. L'état d'esprit qu'a décrit le poète et qui était le mien en arrivant à Illiers:

> Il voulut tout revoir, l'étang près de la source,
> Il chercha le jardin, la maison isolée,
> La grille d'où l'œil plonge dans une oblique allée,
>   Les vergers en talus.
> Pâle il marchait, au bruit de son pas grave et sombre,
> Il voyait à chaque pas, hélas! se dresser l'ombre
>   Des jours qui ne sont plus.

Il est bien rare qu'un très jeune homme l'ait souvent éprouvé. C'est une poésie qui a pour rançon une vie ordinairement assez longue que je vous souhaite d'avoir à vivre, au lieu d'avoir déjà à faire un retour sur elle.

Je ne vous cacherai pas que ce chemin de la maison à l'école, je l'ai trouvé quelque peu changé. C'est encore le poète qui l'a dit:

> La forme d'une ville
> Change plus vite, hélas! que le cœur d'un mortel.

Je ne peux pas d'ailleurs me plaindre des changements survenus dans votre jolie ville. Les nécessités de l'industrie, de la civilisation moderne, la création d'une usine électrique, les nécessités surtout de l'hygiène les commandèrent.

Je ne dois pas oublier que si je n'étais pas professeur à la Faculté de médecine où j'enseigne précisément l'hygiène, vous n'auriez pas eu l'idée de me demander de venir présider cette distribution de prix. C'est un grand plaisir que je dois à l'hygiène et dont je la remercie. Aussi l'enseignant pendant toute l'année scolaire, je ne viendrai pas le jour des prix parler contre elle.

Pourtant j'ai rarement senti avec autant de vivacité que si elle doit aujourd'hui transformer les villes sous peine de mort pour les habitants, le charme esthétique, la beauté des rues et des maisons en souffre bien souvent.

> Je n'aime pas les maisons neuves,
> Elles ont l'air indifférentes.

Vous connaissez tous ces vers de Sully-Prudhomme; l'hygiéniste ne doit pas hésiter à lui répondre que les vieilles maisons sont généralement malsaines et que si les maisons neuves ont l'air indifférent, cet air est mensonger, car elles sont généralement pleines de sollicitude pour la santé de celui qui les habite, et lui versent à flots l'air et la lumière qui sont les deux plus puissants toniques et antiseptiques connus. Mais si l'hygiéniste doit demander qu'on démolisse les vieilles maisons, il lui est bien permis de les regretter aussi. C'est un problème difficile, vous vous en rendrez tous compte un jour ou l'autre, que vous soyez plus tard artiste, savant, commerçant, rentier ou conseiller municipal, que de concilier dans les villes la beauté qui représente le passé et le souvenir, et la santé, le progrès, qui représentent l'avenir. Bien souvent ce qui est le plus sain, il faut bien que je l'avoue, n'est pas ce qui est le plus beau. Je ne vous cache pas que hier, en allant voir votre délicieux Loir qui est une des plus jolies rivières françaises, l'hygiéniste que je suis par métier était très choqué de voir de temps à autre son cours arrêté par les végétations, rendu stagnant, marécageux. Il me semble qu'il y aurait là quelque chose à faire, bien qu'un barrage ait déjà modifié heureusement la situation. Mais aussi y a-t-il rien de plus beau que ce tapis merveilleux et diapré, que les larges feuilles des plantes aquatiques, les fleurs éclatantes des nénuphars, les iris couleur d'améthyste, les ajoncs et les glaïeuls tendent au-dessus de l'eau pour joindre d'un bord à l'autre de la rivière ainsi parée les boutons d'or et les herbages de l'une et l'autre rive. Quelle merveilleuse tapisserie naturelle on détruira le jour où on assainira notre exquise rivière.

En voulant vous parler d'hygiène, je veux donc vous parler d'une divinité austère qui exige des sacrifices, la déesse Hygie, fille d'Esculape à laquelle les anciens avaient élevé des temples. Mais elle n'était alors qu'une divinité de second ordre. Et notre âge qui a vu tomber tant de dieux lui rend, ou plutôt lui donne une place d'honneur qu'elle n'avait pas autrefois. Humble desservant que je suis de la déesse, c'est mon devoir de vous la célébrer. Je ne veux pas imiter le prêtre antique qui, ayant seul le privilège de voir la statue de la déesse prétendait aussi dit-on, être seul en droit de demander aux dieux la santé des particuliers et de tout l'État. Aujourd'hui, l'hygiène signifie, non le culte d'une divinité, mais un ensemble de règles, de préceptes précieux à tous et accessibles à tous. La connaissance des règles de l'hygiène est devenue une des branches les plus indispensables à l'éducation. L'avenir de la patrie en dépend. Les notions d'hygiène sont utiles aux jeunes garçons, non seulement pour la période scolaire, mais pour toute leur existence et dans quelque situation qu'ils soient placés. Car c'est par l'hygiène qu'ils pourront rendre le plus de services à eux-mêmes et à leurs concitoyens. Le nombre des maladies évitables s'accroît avec les progrès de la science et de la civilisation et les moyens de préservation ne cessent aussi d'augmenter en nombre et en puissance. Le pouvoir n'appartient pas seulement aux peuples instruits, mais aux peuples robustes et aux peuples forts.

Il y a certains principes et certaines règles hygiéniques qu'aucun enfant ne doit ignorer: les avantages de la propreté d'abord; les méfaits de l'alcoolisme, les dangers que peuvent présenter les poussières, lorsqu'elles transportent les germes des maladies contagieuses, comme la tuberculose.

L'hygiène doit faire partie du programme de l'enseignement primaire, surtout à un moment où l'on engage la lutte contre l'alcoolisme et la tuberculose. Les ligues antialcooliques emploient leurs efforts, et ce sont peut-être les meilleurs, à agir sur l'enseignement à l'école. C'est dès ce moment qu'il faut tâcher de réformer les mœurs et les coutumes. Il ne faut pas se lasser de dire que sans la tempérance, nul ne peut répondre de soi, parce qu'elle seule mesure à l'homme la pleine possession de ses facultés et que c'est cette pleine possession, qui le fait maître de son sort.

L'enseignement de l'hygiène à l'école est d'autant plus important que l'éducation et l'hygiène peuvent modifier sur certains points l'hérédité, et lutter contre ses tendances funestes.

Sans doute, l'éducation et l'hygiène ne sont pas toutes puissantes, mais elles peuvent souvent atténuer, enrayer, arrêter les conséquences de l'hérédité. Grâce à l'hygiène, grâce à l'application inspirée par elle des règles pour la vie journalière et l'habitation, revêtu de la blouse ou du sarrau,[2] logé sous le plus modeste toit, l'artisan est assuré d'une santé meilleure, offre à la mort des chances de résistance plus grandes, trouve dans toutes les circonstances de la vie plus de confort que le grand roi lui-même avec sa perruque et ses hauts de chausse renfermant des poussières infectieuses, ou sous ses lambris dorés qui n'étaient pas garantis d'exhalaisons méphitiques. Si bien que quand on compare les deux époques il ne faut pas se contenter de dire avec Horace:

> *Mors aequo pede pulsat*
> *Pauperum tabernas regumque turres.*[3]

Il ne faut pas se contenter de répéter avec Malherbe: «Et la garde qui veille aux barrières du Louvre n'en défend pas nos rois.»

Il faut dire qu'aujourd'hui, si le pauvre tout sobre et tempérant qu'il peut être n'échappe pas aux misères physiques et à la mort anticipée, qui ont frappé ses devanciers de sang royal, ce n'est pas qu'il aura été moins bien armé qu'eux pour la lutte. C'est au contraire en dépit de conditions de résistance bien meilleures, d'un

arsenal de défense bien mieux fourni et uniquement parce que pour
[une] partie les maux de l'humanité seront toujours irréductibles.
En résumé, mes enfants, propreté et sobriété. Vous serez des
hommes vigoureux et sains, à l'aspect allègre, qui est l'apanage d'une
bonne santé.

Il y a au musée du Louvre, où quelques-uns de vous sont sans
doute allés, un tableau célèbre de Léopold Robert représentant le
retour des moissonneurs. On y voit couché sur la carriole, entouré
d'une belle femme et de beaux enfants un laboureur superbe représentant la force et la vie, qui rentre heureux au logis après les
travaux du jour. Je vois en lui l'image de chacun de vous.

Messieurs, vous habitez un pays qui vous semble peut-être moins
beau qu'à un étranger qui le visiterait, simplement parce que vous
le connaissez trop, mais à cause de cela même un jour vous l'aimerez
mieux que ceux qui n'y ont pas passé leur enfance, parce que entre
lui et vous se seront tissés à votre insu ces fils mystérieux dont parle
le poète et qui lient indissolublement notre cœur aux lieux où nous
avons vécu. On a cru longtemps que les pays de plaine étaient moins
beaux que les pays accidentés. Aujourd'hui les plaines sont à la
mode, si l'on peut ainsi dire. Et de fait, il n'est pas absurde que certains aspects de la nature soient à de certains moments à la mode. Cela
arrive quand un grand artiste ou une grande école d'artistes, nous a
révélé certains aspects nouveaux de la nature auxquels notre cœur
était resté jusque là fermé. Au temps du Romantisme, on n'aimait
que les fleuves torrentueux, coulant irrégulièrement entre de hautes
montagnes, bizarrement couronné[e]s de castels en ruine. Aujourd'hui, c'est dans ces grands espaces dont la monotonie fait la
puissance que le paysagiste ira plus volontiers chercher une émotion
plus secrète mais aussi plus profonde dans ces interminables champs
de blé, qui changent comme la mer, selon les caprices des rayons
et des ombres, de la brise et de la houle:

> Seuls, les grands blés mûris, tels qu'une mer dorée
> Se déroulent au loin, dédaigneux du sommeil
> Pacifiques enfants de la terre sacrée
> Ils épuisent sans peur la coupe du soleil.

Cette terre, propice aux moissons, messieurs, n'est pas non plus
rebelle au génie.

Vous n'avez pas besoin d'aller bien loin d'Illiers pour apercevoir,
dominant dans le ciel, nuageux ou pur, les champs infinis de la
Beauce, les deux clochers de la cathédrale de Chartres, qui est un

des plus grands chefs-d'œuvre de l'art humain, de la pensée humaine, de l'émotion humaine, [de] [4] tout ce que la civilisation grecque avait produit de plus parfait en architecture et en sculpture.

Et non loin de ces lieux, à jamais consacrés par le génie de l'art, le génie scientifique, qui est comme l'autre phare de notre pays et qui éclaire au loin le monde et lui montre la voie, a fait une [de ses] [5] plus belles découvertes. C'est sur ces champs même de la Beauce que Pasteur fit une découverte dont la vérité, plus grande en quelque sorte que l'objet auquel elle s'applique s'étendit immédiatement des animaux, dont les affections charbonneuses préoccupaient surtout les agriculteurs, à toute l'humanité souffrante qui n'est pas, hélas! l'humanité guérie, mais l'humanité au moins, chaque jour de plus en plus épargnée. Si la doctrine qui était si en faveur vers le milieu du 19e siècle et selon laquelle les habitants d'un pays étaient ce que son soi, son passé et son histoire les faisaient presque nécessairement, vous voyez que vous n'avez qu'à puiser dans un double héritage de science et d'art, que plus d'un de ceux qui m'écoutent, et qui s'ignore encore, est peut-être destiné à enrichir.

A cela l'intelligence ne suffit pas sans doute, il y faut le cœur, la volonté, le don entier de soi-même aux idées désintéressées et, autant que l'amour de la science, le culte de la patrie; c'est un culte que les fils d'Eure-et-Loir connaissent aussi bien que le culte du vrai et du beau. On n'a pas fait seulement dans votre département d'incomparables statues, d'éternelles découvertes. On y a fait aussi, vous le savez, contre l'envahisseur la résistance héroïque. Aussi grand que l'artiste beauceron a été un jour le soldat beauceron. Vous n'avez pas besoin d'en chercher dans des livres une froide tradition, la mémoire de vos pères en garde encore le frémissant souvenir. Chez plus d'un d'entre vous, aux murs de la maison paternelle décorée de photographies qui vous montrent les villes célèbres du département, à côté de la cathédrale de Chartres, à côté de ces murs sculptés, fouillés, ciselés, de la cathédrale de Chartres qui, dans leur innombrable beauté, semblent tout en fleurs, apparaissent souvent plus touchants peut-être, plus éloquents encore à leur manière, plus beaux dans leur héroïque laideur, les murs de Châteaudun tout en flammes.

M. Poulais, le très dévoué directeur de l'école, remercie en quelques mots et commence la lecture du palmarès qui constate les habituels succès de l'école, tant aux examens du certificat d'études qu'aux examens du brevet de capacité et du certificat d'études primaires supérieures.

[1] Biblio, n° 72. Ce discours, émaillé de citations et d'observations poétiques, porte, beaucoup plus que le précédent, l'empreinte du fils plutôt que du père. Les citations d'Horace pourraient bien être du Dr Proust, mais celles des poètes français du XIXe siècle, cités apparemment de mémoire, comme d'habitude, conviennent admirablement à la matière du discours, et semblent exprimer le choix de Marcel: *Tristesse d'Olympio* d'Hugo; *Le Cygne* (*Tableaux parisiens*, LXXXIX) de Baudelaire; *Les vieilles maisons* (*Poésies, 1866–1872*) de Sully Prudhomme; *Midi* de Leconte de Lisle. Du reste, les vues divergentes du père et du fils se confrontent au sujet des plantes aquatiques du Loir: Marcel s'émerveille de la beauté du lieu, alors que le Dr Proust, en bon hygiéniste, voudrait l'assainir. Pour nous, c'est déjà la Vivonne: cf. *Du côté de chez Swann*, I, 167–170.

[2] *sarreau*, dans le texte imprimé.

[3] *pere* et *Pouperum*, dans le texte imprimé.

[4] *que*, dans le texte imprimé.

[5] *des*, dans le texte imprimé.

DANTE GABRIEL ROSSETTI ET ELIZABETH SIDDAL[1]

(1903)

Sous ce titre, une étude vient de paraître dans le *Burlington Magazine* (numéro de mai), qui mérite, par son intérêt tout particulier, mieux qu'une brève mention dans notre «Revue des Revues».

Le *Burlington Magazine* ayant fait reproduire cinq dessins inédits de Rossetti, qui sont en la possession de M. Harold Hartley, a demandé au frère du célèbre artiste, M. W.-M. Rossetti, de les accompagner d'un commentaire. Celui-ci «a saisi cette occasion, nous dit-il, de donner une courte monographie d'une femme qui a joué un si grand rôle dans la vie de son frère», qui a été étroitement mêlée au mouvement préraphaélite et qui, d'ailleurs, en elle-même, par la qualité exquise d'une sensibilité que développèrent chaque jour l'amour et la douleur, méritait d'être ainsi honorée.

Elizabeth Siddal était la fille d'un coutelier de Sheffield. Elle était née en 1834, Rossetti en 1828. Elle était donc de six ans plus jeune que lui. Sa famille était venue s'établir à Londres; elle y reçut, naturellement, une éducation des plus ordinaires, puis entra comme apprentie chez une modiste. On a dit plus tard que sa maladie véritable n'était qu'une sorte de surmenage du corps par un esprit trop actif, quelque chose comme ce que M. Boutroux a appelé «le corps ployant sous le poids de l'esprit». En réalité, elle avait déjà alors les germes de cette maladie de consomption qui devait rendre si douloureuses ses années d'amour et faire si longues ses années de mort.

Elle était alors une jeune fille ravissante aux larges yeux bleu vert; sans aucune culture, elle n'avait lu Tennyson que parce qu'elle en avait un jour découvert par hasard une poésie imprimée sur le papier qui enveloppait le beurre qu'elle rapportait à la maison. Bien qu'elle dût devenir plus tard, sous l'influence de Rossetti, la plus «inconventionnelle» des femmes, elle était alors extrêmement «distante», éloignant, par un air de réserve d'une extrême noblesse, tous ceux qui auraient pu être tentés de s'approcher d'elle. «Elle aurait pu être née comtesse», dit plus tard le père de Ruskin, quand il la vit pour la première fois. Elle parlait peu, d'une façon intermittente, avec des traits amusants, ne parlait jamais de religion, mais ses poésies laissent croire qu'elle avait pourtant une vie intérieure empreinte d'une grande religiosité.

C'est en 1848 que Hunt, Millais et Rossetti fondirent l'Association des Frères Préraphaélites, P.B.R., dont l'histoire a été contée avec beaucoup de charme et un peu de sévérité par M. de la Sizeranne dans *La Peinture anglaise contemporaine*. Un des principes de la nouvelle école était qu'un peintre, s'il veut traiter un sujet idéal ou poétique, ne doit pas se servir des modèles habituels des ateliers, mais doit chercher à trouver dans la vie des êtres qui, par leur raffinement de caractère et d'aspect, puissent être supposés avoir des affinités de nature avec le personnage idéal destiné à être représenté. Or, Walter Howell Deverell, jeune peintre d'avenir et non pas affilié à l'Association des P.R.B., mais très lié avec eux, surtout avec Rossetti, étant allé accompagner sa mère chez une modiste et ayant aperçu, par la porte ouverte sur une pièce du fond, une jeune fille qui travaillait à l'aiguille, sentit qu'il avait trouvé le modèle idéal dont il avait besoin pour la *Viola* (il faisait à ce moment un tableau d'après Shakespeare). Je n'ai pas besoin de vous dire que cette jeune fille était Elizabeth Siddal. Deverell finit par obtenir de sa mère qu'elle posât pour lui et elle posa en effet Viola pour son grand tableau et aussi pour une étude envoyée au journal *Le Germe*.

Pour le tableau à l'huile Rossetti posa à côté d'elle. Ils commencèrent à se lier alors, et Rossetti lui demanda de poser pour sa petite aquarelle *Rossovestita* (1850). Rossetti sentait qu'elle n'était pas seulement l'idéale Viola de Deverell, mais qu'elle pourrait être aussi pour lui la véritable Béatrice et réaliser bien d'autres rêves de son imagination poétique. C'est à ce moment qu'elle commença à poser pour lui et ne devait plus cesser de le faire. Cependant elle posa aussi pour Hunt, notamment pour son grand tableau *Les Missionnaires chrétiens persécutés par les Druides* (1850) et pour l'*Ophélie* de Millais (1852). Nous ne pouvons malheureusement pas suivre M. W.-M. Rossetti dans la description fort détaillée qu'il nous donne de la vie qui commença alors dans cet atelier où Elizabeth Siddal tantôt posait, tantôt dessinait pour son compte. La place nous manque pour traduire les témoignages éloquents que Swinburne a laissés de la noblesse infinie, de l'internissable pureté du caractère d'Elizabeth.

*
* *

Une partie de l'étude de M. Rossetti qui nous a paru plus intéressante encore, et que nous sommes obligés de passer sous silence, est celle des rapports augustes et charmants des deux fiancés avec Ruskin. On sait que Ruskin, défenseur acharné des P.R.B. devant l'opinion publique anglaise, avait, moyennant une somme très élevée relativement au jeune âge et l'obscurité du peintre débutant, acheté d'avance à Rossetti *tout ce qu'il ferait*. Seuls les grands artistes ont jamais su être des «amateurs» aussi intelligents et surtout aussi généreux, et Ruskin en donnait là une preuve décisive et charmante. Bien entendu, Rossetti n'avait pas de désir plus vif que de faire connaître à son protecteur, à son maître, à son ami, au prodigieux théoricien de l'école nouvelle, Elizabeth Siddal. Et, comme il la sentait génialement douée, ce fut avec une émotion confiante qu'il montra à Ruskin les dessins de son amie.

Ruskin ne se montra pas moins ravi des dessins que de la jeune femme elle-même. Il conclut avec elle le même «marché» qu'avec Rossetti, si l'on peut donner ce mot à un acte dicté seulement par l'admiration de l'esprit et la générosité du cœur. Plus tard, quand Rossetti et elle vécurent plus en dehors de lui, Ruskin avait des paroles exquises de reproche pour demander que Lizzie «passât une robe» et qu'ils vinssent tous deux le voir. Car il avait plus confiance dans la fidélité de Lizzie que dans celle de Dante-Gabriel, à cause du profond baiser qu'elle lui avait donné le jour de son mariage (la lettre à laquelle je fais allusion est, en effet, postérieure au mariage des deux artistes). Avant d'arriver à ce mariage, M. Rossetti raconte bien des épisodes intéressants de la vie artistique d'Elizabeth Siddal, ses relations avec le ménage Tennyson, etc. Quant au mariage, indéfiniment retardé, ce fut l'état de santé précaire, pour ne pas dire déjà désespéré, d'Elizabeth Siddal qui en décida la célébration. Alors, la vie d'agonie qui, depuis plusieurs années déjà, était la sienne, reprit. Et Rossetti souffrait le martyre en songeant au génie que la maladie paralysait, alors que chez tant d'autres êtres une robuste santé ne sert à rien de noble. Et puis, la douceur infinie, la sublime résignation de la martyre inspirée rendait plus atroce le spectacle de son agonie. Il n'est pas douteux que Rossetti ait alors cruellement souffert. Nous est-il permis pourtant de trouver que le ton de certaines de ses lettres d'alors, si douloureux qu'il soit, est néanmoins singulier? Enfin, vint le jour de la délivrance, de la délivrance amenée par la nature, et non pas hâtée volontairement comme on l'a dit, et comme le flacon de laudanum trouvé près du lit d'Elizabeth en avait accrédité la légende.

Quant au drame intérieur qui suivit, drame qui symbolise à jamais de la façon la plus saisissante la prééminence (peut-être en un certain sens—trop obscur pour l'expliquer ici—légitime) de l'amour-propre sur l'amour chez un homme de lettres, on le connaît et M. Rossetti ne songe pas à le dissimuler. Tout au plus, pourrait-on dire qu'il ne cherche pas assez à l'excuser ou à l'expliquer. Rossetti, dans l'excès de sa douleur à la mort d'Elizabeth, croyant de bonne foi que sa vie à lui était terminée, enterra avec elle dans un coffret tous

ses poèmes dont la publication venait d'être annoncée. Puis, l'oubli
de l'amour humain vint, ou tout au moins l'apaisement de la douleur.
Et, d'autant plus, le désir d'un amour immortel reprit de la force.
Nous croirions inintelligent de dire seulement le désir de la gloire.
Toujours est-il qu'après sept années qui durent être remplies de bien
pénibles combats dont l'issue, quoi qu'on puisse en penser, est sans
noblesse, même si, en un certain sens, elle n'est pas sans grandeur,
Rossetti fit rouvrir la tombe, déterrer le coffret et reprit ses poèmes.
Et pourtant Elizabeth avait été tendrement aimée, aimée par l'homme
et par le peintre, ce qui est être deux fois aimée, car les peintres ont
une tendresse pour la créature qui réalise soudain devant eux en une
matière exquise et vivante, un rêve longtemps caressé, et portent sur
elle des regards plus pleins de pensée, plus intuitifs et, pour tout
dire, plus chargés d'amour que ne peuvent faire les autres hommes.[2]
«Je pense qu'Elizabeth doit être bien heureuse, écrivait Ruskin à
Rossetti, de voir que jamais vous ne dessinez aussi merveilleusement,
avec autant de perfection et de tendresse que quand vous dessinez
d'après elle. Il semble que[3] vous soyez guéri même de vos pires
défauts quand vous travaillez d'après elle.» —«Je pense qu'-
Elizabeth doit être bien heureuse . . .» Ruskin emploie ici les mêmes
mots qu'employait une personne à qui je reconnais la plus fine per-
ception des sentiments de l'amour quand elle me disait que sa plus
grande joie, Mme Michelet (alors Mlle Mialaret) dut l'éprouver le
jour où, dans la péroraison de la plus belle leçon de Michelet au
collège de France, elle reconnut, appliquée aux diverses nations de
l'Europe, mais restée intacte dans sa forme, la phrase par laquelle elle
avait commencé, en lui écrivant sa première lettre d'amour . . . Et
nous aussi nous aimons à penser que de cela Elizabeth Siddal, à qui
la vie devait être inexorable, si douloureuse et si brève, fut du moins
«bien heureuse».

[1] Biblio, n°s 74 et 75.
[2] Cf. ci-dessus, pp. 35–37.
[3] Dans la *Chronique des Arts*: «Il semble que même vous soyez guéri
même . . .», Proust ayant oublié de barrer le premier *même*.

CHARLOTTE BROICHER: *John Ruskin und sein Werk. Puritaner, Künstler, Kritiker.* I. Reihe: *Essays.* Leipzig, Diederichs, 1902. In-8°, xxxvi–298 p. avec 1 planche.

JOHN RUSKIN: *Moderne Maler* (vol. I et II). Im Auszug übersetzt und zusammengefasst von CHARLOTTE BROICHER. Leipzig, Diederichs, 1902. In-8°, xii–312 p.[1]

(1904)

Renan a remarqué le rôle efficace et charmant que jouent les femmes à l'origine de toutes les religions. Nous avons plaisir à constater, parmi le zèle religieux qui s'exerce autour du nom de Ruskin, la mission évangélique, la mission d'annonciatrices de la bonne nouvelle que les femmes, et plus particulièrement les femmes d'Allemagne, semblent avoir assumée. Tout récemment, nous rendions compte ici même de l'élégante plaquette de Mme de Bunsen, consacrée à Ruskin. Cette fois-ci, c'est Mme Charlotte Broicher qui vient d'écrire sur le maître de Coniston un très noble essai, qu'elle fait suivre d'une traduction abrégée des deux premiers volumes des *Modern Painters.* Mme Charlotte Broicher est un esprit naturellement philosophique, mais c'est aussi un esprit longtemps cultivé. Son goût porte, il semble, l'empreinte de modes intellectuelles, si je puis ainsi parler, postérieures à Ruskin. Et il semble qu'elle l'aperçoive un peu à travers d'autres écrivains, et cela inévitablement peut-être, s'ils occupent le premier plan de son esprit. C'est d'ailleurs le sort des plus grands génies, quand la postérité commence pour eux, de ne plus pouvoir être goûtés que grossis de leurs affluents. Ruskin a commencé, et ne cessera plus d'évoquer dans l'imagination de ses plus purs disciples tous les esprits, plus grands ou plus petits que lui, qui ont été, après lui, les maîtres d'une génération. Tel qu'il est dans sa forme heureuse et fervente, le livre de Mme Broicher se laisse lire avec beaucoup de plaisir et de profit. Je signale comme particulièrement intéressant le premier chapitre où se découvre et se circonscrit le point de vue général du livre et le quatorzième chapitre, dont nous dirons un mot tout à l'heure.

Dans son premier chapitre, Mme Broicher remarque qu'il y a peu de temps on connaissait à peine le nom de Ruskin en Allemagne. Maintenant on commence à le citer. On a peine à le bien saisir. Et, sans le savoir, tous vivent sous son influence. C'est cette influence, et d'abord la personnalité qui l'explique, que Mme Broicher prétend analyser. Pour elle, Ruskin est à la fois un artiste et un prophète. Ou plutôt, dit-elle, il commence sa carrière en artiste et la finit en prophète. «C'est un trait de sa physionomie que le grand apôtre de la beauté soit resté toujours au fond un puritain.» C'est, en somme, l'idée qui a été exposée dans la *Gazette des Beaux-Arts*;* mais à notre avis, d'ailleurs entaché de partialité, Mme Broicher le traite d'une façon un peu plus superficielle. Mais Ruskin n'est pas seulement un puritain, c'est aussi un artiste. De là, selon Mme Broicher (et c'est en effet trop évident), le caractère et les lacunes de son enseignement à Oxford. «L'historien de l'art, dit la commentatrice allemande, est obligé de passer en revue toute[s] les manifestations géniales qui se sont produites au cours d'une période historique. L'artiste agit tout autrement. La moitié des maîtres le laisse indifférent ou le trouve antipathique. Tel est Ruskin.»

Ainsi, il écrit les *Modern² Painters* tout entiers pour faire comprendre Turner, etc. Suit une analyse assez exacte des *Modern Painters* (dont Mme Broicher, dans son second volume, traduit de nombreux fragments en les rattachant l'un à l'autre avec un soin méthodique et intelligent). Puis, parlant des *Stones of Venice*, qu'elle appelle «une histoire à la Carlyle», Mme Broicher fait une remarque intéressante sur les rapports qui existent entre les idées de Ruskin et celles de Gœthe au sujet du gothique: «C'est dans l'essai de Gœthe sur l'architecture allemande que vous trouverez, dit-elle, le germe des idées que Ruskin développera, quatre-vingt ans plus tard, dans les *Stones*.» Notons encore au passage l'idée suivante pour terminer l'analyse de ce 1er chapitre: «L'altruisme de Ruskin a une base encore plus profonde que celui de Tolstoï.» Tolstoï dit: «Aime ton prochain plus que toi-même; moins tu t'aimeras toi-même, plus tu aimeras ton prochain.» Ruskin disait: «Aime ton prochain comme toi-même. Et plus tu t'aimeras toi-même d'un amour élevé et grand, plus grand et plus élevé sera l'amour dont tu aimeras ton prochain.»

Après ce chapitre d'introduction, nous signalons pour finir le 14e, «un *persœnlich, persœnliches*», comme un de ceux qui nous a paru le plus intéressant. Ce chapitre est le commentaire d'une page de Ruskin qui n'est elle-même que la discussion d'une parole de Gœthe, citée par Carlyle à Emerson: «Le monde est bien vide quand on ne s'y représente que des montagnes, des fleuves et des villes; mais, ici et là, nous savons que vit un ami dont la pensée est unie à la nôtre; et cela fait pour nous de ce globe un jardin habité.» «Mon éducation, répond Ruskin, avait développé en moi un sentiment tout opposé.» «Jamais je n'étais plus heureu[x] que lorsque personne ne pensait à moi. Mon plus grand bonheur était d'observer sans être moi-

* N^os des 1er avril et 1er juillet 1900.

même observé. Je m'intéressais aux hommes et à leur caractère, exactement comme aux marmottes, aux chamois, aux truites et aux mésanges, etc., etc. Mon amour pour la nature fut la racine de ce que j'ai fait d'utile, la lumière qui m'a nourri.» Mme Broicher a bien fait d'instituer dans son livre ce grand débat: il a trait selon nous à un des litiges essentiels qui diviseront éternellement les sectes et les écoles. «Le monde est si vide quand on ne s'y représente que des montagnes et des fleuves; mais ici et là nous savons que vit un ami dont la pensée est unie à la nôtre, et cela fait pour nous de ce globe désert un jardin habité.» Il nous paraît, quant à nous, tout à fait significatif que ces paroles soient de Gœthe. En elles se reflète le caractère de son œuvre, et, avec une précision inflexible et fidèle, ses limites. Car enfin elle en a, et *Wilhelm Meister* n'est tout de même pas comme ont trop eu l'air de le dire Emerson (*Les Hommes représentatifs de l'humanité*) et Carlyle (*Les Héros*) toute la nature; ce serait tout au plus toute l'humanité. «Humain trop humain», serions-nous tentés de redire devant ce livre admirable sans nous soucier d'ailleurs de donner à ces mots insolents et sublimes le sens qu'ils gardent dans le livre qui les a rendus fameux.

En regard de ce XVIIIe siècle trop humain, qui dépoétise le monde en le peuplant, lui retire son mystère parce qu'il l'anthropomorphise, il nous semble bien que Ruskin a raison. Et, pour n'avoir pas eu partout «un ami dont la pensée était unie à la sienne», il a trouvé l'inspiration que donne seule la solitude et que, dans *Wilhelm Meister*, dans les *Affinités électives*, la plus grande intelligence qui fût jamais, la plus apte à jouer tous les rôles, même celui de l'imagination, n'arrive pas à remplacer. Un de mes amis, suivant d'un esprit fervent mais libre ce grand débat institué entre Gœthe et Ruskin et qui départagerait, à vrai dire, s'il était tranché, les deux seules grandes familles d'esprits qu'une classification, si synthétique soit-elle, doit reconnaître, me disait à ce propos il y a quelque temps: «J'avais à Constantinople un de ces amis dont parle Gœthe, *der mit uns übereinstimmt*. Constantinople m'en était plus proche, plus sympathique, plus spiritualisée, plus humaine. Ce philosophe—c'était un esprit charmant—cessa peu à peu de vivre à Constantinople ou de m'être ami, comme vous le voudrez: Constantinople reprenait au fur et à mesure, dans mon imagination, la place qu'elle perdait dans mon cœur. Des circonstances inattendues et contraires s'étant produites, elle reperdit de nouveau peu à peu sa poésie et son mystère et redevint, selon le mot de Gœthe, un coin sympathique du grand jardin habité. Ce philosophe est actuellement mort pour moi. Jamais

Sainte-Sophie ne m'a paru plus belle. Si, d'aventure, nos relations recommençaient, la Turquie perdrait ce mystère poétique au fond duquel il nous faut chercher les individualités profondes que l'art a pour mission de dégager, car ce mystère, il n'y a que les lieux éloignés ou solitaires qui le possèdent. Ils le perdent si un ami, en les habitant, peuple pour nous leur solitude et diminue leur éloignement en les rapprochant de notre cœur.» Rien ne prouve mieux l'intérêt du livre de Mme Broicher, que cette contribution personnelle de souvenirs et d'exemples où il incite et décide les plus hésitants. Et c'est son honneur de nous mener sans fatigue, par des sentiers aimables et comme en pente douce, à ces hauteurs d'où se découvre tant d'horizon. Elle n'y a, d'ailleurs, pas de mérite propre, car elle n'a, sur ces chemins, qu'à se laisser guider par le Maître; mais encore fallait-il le suivre. «Suis ses chemins, dit Salomon dans ses *Proverbes*, car ses chemins sont agréables et ses sentiers sont la paix.»

M.P.

[1] Biblio, n° 77.
[2] *moderne*, deux fois dans le texte imprimé.

Peu de jours après, Montesquiou me pria à sa maison de Neuilly, proche de celle de M. le duc d'Orléans, qu'il me voulait faire voir. J'y fus avec les ducs de Luynes, de Noailles, de Lorges, de Gramont, les duchesses de la Rochefoucauld et de Rohan. Il était fils de T. de Montesquiou qui était fort dans la connaissance de mon père et dont j'ai parlé en son lieu, et l'homme le plus d'esprit que j'aie connu, avec un air de prince comme à pas un, la figure la plus noble, tantôt fort souriante et tantôt fort grave, à quarante ans la tournure d'un homme de vingt, le corps élancé, ce n'est pas assez dire, cambré et comme renversé en arrière, qui se penchait à vrai dire quand il lui en prenait fantaisie en grande affabilité et révérences de toutes sortes, mais revenait assez vite à sa position naturelle qui était toute de fierté, de hauteur, d'intransigeance à ne plier devant personne et à ne céder sur rien, jusqu'à marcher droit devant soi sans s'occuper du passage, bousculant sans paraître le voir, ou s'il voulait fâcher, montrant qu'il le voyait, qui était sur le chemin, avec un grand empressement toujours entour de lui des gens des plus de qualité et d'esprit à qui parfois il faisait sa révérence de droite et de gauche, mais le plus souvent leur laissait, comme on dit, leurs frais pour compte, sans les voir, les deux yeux devant soi, parlant fort haut et fort bien à ceux de sa familiarité qui riaient fort de toutes les drôleries qu'il disait, et avec grande raison, comme j'ai dit, car il était spirituel au delà de ce qui se peut imaginer. Il joignait à cela l'esprit le plus grave, le plus singulier, le plus brillant, avec des grâces qui n'étaient qu'à lui et que tous ceux qui l'ont approché ont essayé, souvent sans le vouloir et parfois même sans s'en douter, de copier et de prendre, mais pas un jusqu'à y réussir, ou à autre chose qu'à laisser paraître en leurs pensées, en leurs discours et presque dans l'air de l'écriture et le bruit de la voix qu'il avait toutes deux fort singulières et fort belles, comme un vernis de lui qui se reconnaissait tout de suite et montrait par sa légère et indélébile surface, qu'il était aussi difficile de ne pas chercher à l'imiter que d'y parvenir. Nous parlerons en son temps de ses vers, qu'il n'y a presque aucun divertissement à Versailles, à Sceaux et ailleurs, qui ne s'en pare. Et depuis quelques années, comme les duchesses ont accoutumé de s'y rendre, les femmes de la ville les imitent par une mécanique connue, en faisant venir des comédiens qui les récitent, dans le dessein d'en attirer quelqu'une, dont beaucoup iraient chez le Grand Seigneur, plutôt que de ne pas les applaudir. Il n'y avait ce jour-là nulle récitation en sa maison de Neuilly, mais le concours, comme il n'y avait que chez lui, tant des poètes les plus fameux que des plus honnêtes gens et de la meilleure compagnie, et, de sa part, à chacun, et devant tous les objets de sa maison, une foule de propos qu'il avait admirables, dans ce langage si particulier à lui que j'ai dit, avec des traits fort nombreux et fort singuliers comme un seul eût suffi à créer une comédie, dont chacun restait émerveillé.

Il avait souvent auprès de lui un Espagnol dont le nom était Yturri et que j'avais connu lors de mon ambassade à Madrid, comme il a été rapporté. En un temps où chacun ne pousse guère ses vues plus loin qu'à faire distinguer son mérite, il avait celui, à la vérité fort rare, de mettre tout le sien à faire mieux éclater celui de ce comte, à l'aider dans ses recherches, dans ses rapports avec les libraires, jusque dans les soins de sa table, ne trouvant nulle tâche fastidieuse si seulement elle lui en épargnait quelqu'une, la sienne n'étant, si l'on peut dire, rien qu'écouter et faire retentir au loin les propos de Montesquiou, comme faisaient ces disciples qu'avaient accoutumé d'avoir toujours avec eux les anciens sophistes, ainsi qu'il appert des écrits d'Aristote et des discours de Platon. Cet Yturri avait gardé la manière bouillante de ceux de son pays, lesquels à propos de tout ne vont pas sans tumulte, dont Montesquiou le reprenait fort souvent et fort plaisamment, à la gaîté de tous et tout le premier d'Yturri même, qui s'excusait en riant sur la chaleur de la race et avait garde d'y rien changer, car cela plaisait ainsi. Il se connaissait comme pas un, en objets d'autrefois, dont beaucoup profitaient pour l'aller voir et consulter là-dessus, jusque dans la retraite que s'étaient ajustée nos deux ermites et qui était sise, comme j'ai dit, à Neuilly, proche la maison de M. le duc d'Orléans.

Montesquiou invitait fort peu et fort bien, tout le meilleur et le plus grand, mais pas toujours les mêmes, et à dessein, car il jouait fort au Roi, avec des faveurs et des disgrâces jusqu'à l'injustice à en crier, mais tout cela soutenu par un mérite si hors du pair et si reconnu, qu'on lui passait tout,—mais quelques-uns pourtant fort fidèlement et fort régulièrement, qu'on était presque toujours sûr de trouver chez lui, quand il donnait un divertissement, comme la duchesse de Rohan, ainsi que j'ai dit plus haut, Mme de Clermont-

Tonnerre, qui était fille de Gramont, petite-fille du célèbre ministre
d'État, sœur du duc de Guiche, qui était fort tourné, comme on
l'a vu, vers la mathématique et la peinture, et Mme Greffulhe, qui était
Chimay, de la célèbre maison princière des comtes de Bossut. Leur
nom est Hennin-Liétard [2] et j'en ai déjà parlé à propos du prince
de Chimay, à qui l'Électeur de Bavière fit donner la Toison d'Or par
Charles II et qui devint mon gendre grâce à la duchesse Sforze, après
la mort de sa première femme, fille du duc de Nevers. Il n'était pas
moins attaché à Mme de Brantes, fille de Cessac, dont il a déjà été parlé
fort souvent et fort bien, et de sa figure fine comme un portrait, qui
reviendra maintes fois dans le cours de ces mémoires, et toujours avec
force éloges et fort mérités, et aux duchesses de La Roche-Guyon et
de Fezensac, celle-ci qui ne l'était pas encore et qui était de la maison
de Montesquiou. J'en ai suffisamment parlé à propos de leur plaisante
chimère de descendre de Pharamond, comme si leur antiquité n'était
pas assez grande et assez reconnue pour ne pas avoir besoin de la
barbouiller de fables, et de l'autre à propos du duc de La Roche-
Guyon, fils aîné du duc de La Rochefoucauld et survivancier de ses
deux charges, de l'étrange présent qu'il reçut de M. le duc d'Orléans,
de sa noblesse à éviter le piège que lui tendit l'astucieuse scélératesse
du premier président de Mesmes et du mariage de son fils avec Mlle
de Toiras. On y voyait fort aussi Mme de Noailles, femme du
dernier frère du duc d'Ayen, aujourd'hui duc de Noailles, et dont
la mère est La Ferté. Mais j'aurai l'occasion de parler d'elle plus
longuement comme de la femme du plus beau génie poétique qu'ait
vu son siècle et probablement tous les autres, et qui a renouvelé et
l'on peut dire agrandi le miracle de la célèbre Sévigné. On sait que
ce que j'en dis est équité pure, étant assez au su de chacun en quels
termes j'en suis venu avec le duc de Noailles, neveu du cardinal et
mari de Mlle d'Aubigné, nièce de Mme de Maintenon, et je me suis
assez étendu en son lieu sur ses sourdes menées contre moi jusqu'à
se faire avec Canillac avocat des conseillers d'État contre les gens de
qualité, son adresse à tromper son oncle le cardinal à bombarder
Daguesseau chancelier, à courtiser Effiat et les Rohan, à prodiguer
les grâces énormes de M. le duc d'Orléans au comte d'Armagnac
pour lui faire épouser sa fille, après avoir manqué pour elle le fils
aîné du duc d'Albret. Mais j'ai trop parlé de tout cela pour y revenir
et de ses noirs manèges à l'égard de Law et lors de la conspiration du
duc et de la duchesse du Maine. Bien différent, et à tant de générations d'ailleurs, était Mathieu de Noailles, qui avait épousé celle dont
il est question ici et que son talent a rendu fameuse. Elle était la fille

de Brancovan, prince régnant de Valachie, qu'ils nomment là-bas hospodar, et avait autant de beauté que de génie. Sa mère était Musurus qui est le nom d'une famille très noble et très des premières de la Grèce, fort illustrée par diverses ambassades nombreuses et distinguées et par l'amitié d'un de ces Musurus avec le célèbre Érasme. Elle était l'orgueil d'un mari qui trouvait le moyen, malgré l'éclat aveuglant d'une telle femme à éteindre, bien contre son gré, tout mérite autour d'elle, de laisser paraître le sien qu'il avait, à vrai dire, fort rare et fort distingué, et le plus honnête homme que j'aie vu de ma vie. Mais il en sera parlé en son temps.

Pour copie conforme:

HORATIO

[1] Biblio, n° 79.
[2] *Hénin-Liétard*, dans l'édition Boislisle.

UNE MINIATURISTE DU SECOND EMPIRE
MADAME HERBELIN [1]
(1904)

Les jeunes gens de ma génération qui n'ont connu de Mme [2] Herbelin que sa vieillesse retirée, charmante et discrète, n'auraient jamais pu deviner, tant elle aimait à jeter un voile mélancolique sur un passé éclatant, que cette vieille dame si vive, si douce et si simple avait été mêlée à la vie la plus fastueuse, à la société la plus brillante de la monarchie de Juillet et du second Empire. Ils auraient encore moins appris d'elle-même qu'elle avait été un des peintres les plus parfaits et les plus originaux de cette époque—car elle était modeste profondément. Cette modestie avait même fini par prendre chez elle comme un caractère de tristesse, presque d'inquiétude: elle semblait douter dans ses dernières années de la valeur de ces miniatures qui, pourtant, ne resteront pas seulement comme des documents de premier ordre sur un temps déjà si [3] lointain, mais aussi parmi les spécimens les plus séduisants et les plus achevés d'un art difficile et délicieux. Un portrait comme celui de Mme Andryane, que possède le musée du Luxembourg, ne le cède en rien aux plus belles miniatures de Mme de Mirbel et d'Isabey; et nous avouons, pour notre part, y [4] goûter une facture plus savoureuse, dans sa vigueur comme resserrée, [5] dans son coloris inattendu et charmant.

Ceux de nos lecteurs qui n'ont pas visité la collection de M. le prince d'Essling connaissent au moins, par les reproductions qu'on en a données (notamment celles qui ornent le livre de M. Armand Dayot sur le second Empire), les fameuses miniatures de Mme Herbelin qui représentent l'impératrice Eugénie et le Prince impérial. Nous citerons encore les portraits d'Isabey, d'Eugène Delacroix, de Rossini, de Guizot, de Rosa Bonheur, de Dumas père, de Dumas fils. Avant de devenir ses modèles, tous ces personnages marquants de l'époque avaient été les habitués de son salon. A côté d'eux, on y rencontrait encore Mérimée, Guizot, Thiers, Émile Augier, Eugène Lami, Hébert, Gounod, Baudry. Quand on parvenait à faire parler Mme Herbelin de tous ces hommes géniaux ou distingués, qui aimaient à se retrouver chez elle, sa conversation devenait instructive et piquante comme la lecture d'authentiques mémoires, des mémoires qui auraient eu cette particularité remarquable que l'auteur y parlait beaucoup des autres, et jamais de lui-même. Ses souvenirs remontaient d'ailleurs plus haut que la génération dont elle restera le peintre fidèle et charmant. Fille du baron

Habert, qui avait été volontaire en 1792, général de division en 1811 et gouverneur de Barcelone pendant la campagne d'Espagne, elle avait puisé à la source même les récits encore tout vivants de cette épopée impériale dont son père n'avait pas été l'un des moindres acteurs. Elle-même était née, en 1818,[6] à Brunoy. Ses débuts avaient été brillants et rapides. A trente ans elle avait la grande médaille de l'Exposition Universelle, elle était décorée avec Rosa Bonheur. Elle avait conservé un charmant souvenir du «Dîner des Décorés» qui fut donné ce jour-là à Saint-Cloud [7] par l'Empereur, le 2 août 1853. Pendant de longues années elle exposa régulièrement au Salon, toujours avec succès.[8]

Puis l'heure de la retraite sonna pour elle, et elle aimait à passer de longues heures derrière les vitres[9] de sa croisée qui donnait sur les lilas de son jardin, immobile, silencieuse et parlante, comme une de ces vieilles et charmantes miniatures qu'elle a signées et que nous «aimons à voir dans leurs cadres ovales». Mais elle eut, pour embellir sa longue vieillesse, un sujet de juste fierté: ses deux nièces, auprès de qui elle s'était retirée et qui l'ont jusqu'à la dernière heure, chérie et soignée comme si elles avaient été ses filles, n'étaient autres, en effet, que Mme Madeleine Lemaire et Mlle Suzette Lemaire.

Elle pouvait voir ainsi, dans des mains plus jeunes, le flambeau de l'art transmis et gardé avec un incomparable éclat.

La gloire de Mme Madeleine Lemaire, la rare et l'exquise réputation de Mlle Suzette Lemaire remplirent ses dernières années de douceur et d'orgueil. Elle avait pour elles une admiration profonde, que le public et les connaisseurs ont dès longtemps ratifiée.

[1] Biblio, n° 80. Ms. Fonds Proust, University of Illinois.
[2] *Madame* et *Mademoiselle* au lieu de *Mme* et *Mlle* partout dans le manuscrit.
[3] Ms: déjà lointain.
[4] Ms: par lapsus Proust a écrit *y* deux fois.
[5] Ms: *resserée*.
[6] Ms: *1820*.
[7] Ms: *S^t* Cloud.
[8] Ms: avec *le même* succès.
[9] Ms: *le vitre*.

L'Ile et l'Empire de Grande-Bretagne: Angleterre, Égypte, Inde, par
ROBERT D'HUMIÈRES. Paris, Société du *Mercure de France.* Un vol.
in-16, 304 p.[1]

(1904)

Les lecteurs de la *Gazette* savent quel écrivain original et délicieux
est M. Robert d'Humières. Sa grâce est si essentielle qu'il ne peut
en quelque sorte rien écrire qui n'en soit empreint. Et, en ce sens, on
peut dire que n'importe quelle page de son nouveau volume (dont
une partie avait précisément paru d'abord dans la *Gazette*) l'île et
l'empire de Grande-Bretagne, pris absolument au hasard, pourrait,
aussi bien que toute autre, en donner une parfaite idée. Partout, la
transparence absolue de la pensée et du style, une sorte de chaleur
jaillissante et secrète, font deviner à quelle profondeur a pris naissance la source enchantée. Ce que nous préférons peut-être à tout
dans ce livre, ce sont certaines pages d'observation humaine, très
spirituelle et profonde, et aussi de merveilleux paysages. De nombreuses pages de critique d'art: «Notes d'art», «les Monuments de
la Basse-Égypte», «Bénarès», «Jeypore», «le Vieux Delhi», «la
Mosquée de Kutab-ul-Islam», «les Ruines de Tughlakabad», «les
Vieilles pagodes», je ne veux pas dire intéresseront davantage, mais
concerneront plus directement les lecteurs de la *Chronique* et de la
Gazette. Une interview de Rudyard Kipling est un petit chef-
d'œuvre. Avec cette discrétion, cette distinction, qui sont la haute
et caractéristique élégance de M. Robert d'Humières, la seule chose
dont M. Kipling ne parle pas [dans] [2] cette conversation, c'est des
traductions de Kipling par Robert d'Humières. Nous nous permet-
tons de penser que, sur ce point, l'interview telle qu'elle nous est
citée est passablement infidèle. Mais la partie capitale du livre, celle
qui par «un fraternel et mystique chaînon» le rattache à «Du Désir
aux Destinées», c'est la préface. Même quand M. Robert d'Humières
parle d'art, sa pensée secrète, son ambition constante, sa philosophie,
c'est la Science. Restés personnellement trop captifs des vieilles
distinctions de l'École, nous avons peine à croire que la science, dont
l'objet est phénoménal, puisse jamais remplacer la métaphysique,
science des noumènes,[3] ni que la science, puisqu'il n'y a de science
que du général, puisse jamais se confondre avec l'art qui a pour mission justement de recueillir ce particulier, cet individuel, que les
synthèses de la science laissent échapper. Il n'en est pas moins vrai
que c'est en prêtant l'oreille à ces accents si nouveaux que les
savants nous font entendre que la philosophie pourra renouveler

sa morale et l'art son inspiration. Et, le premier, M. Robert
d'Humières l'a proclamé avec un éclat et avec une force qui n'ont
pas été dépassés.

M.P.

[1] Biblio, n° 82.
[2] *de*, dans le texte imprimé.
[3] *nomnènes*, dans le texte imprimé.

ENQUÊTE SUR LA SÉPARATION
DES BEAUX-ARTS ET DE L'ÉTAT [1]

[1904]

*Etes-vous partisan du dogmatisme académique? Acceptez-vous
la tyrannie séculaire de Rome sur notre art populaire et national?
Croyez-vous que l'État ait le droit d'asservir les tempéraments et
d'imposer aux individus une foi artistique quelconque?*

J'ai reçu le questionnaire que vous m'avez fait l'honneur de
m'adresser. Sous prétexte de bien préciser le sens des questions que
vous posez, vous vous empressez de nous indiquer dans quel esprit
vous souhaitez que soient conçues les réponses. Et après deux pages
d'explications fort intéressantes et, comme vous le dites très bien,
indispensables, vous estimez avec raison le lecteur suffisamment
«préparé» et que vous n'avez plus besoin de prendre tant de ménage-
ments pour dire votre pensée et démasquer votre but, qui n'est
nullement, n'est-ce pas, de «procéder à une enquête» mais de faire
plébisciter une opinion. Aussi après les «explications indispensables»
donnez-vous à votre questionnaire une forme nouvelle et entièrement franche: «Acceptez-vous la *tyrannie séculaire* de Rome, etc?
Croyez-vous que l'État [ait] le droit d'*asservir* les tempéraments?»
La question ainsi posée, quelqu'un oserait-il donc répondre qu'il
est partisan de la tyrannie de Rome et de l'asservissement des
tempéraments? Naturellement vous ne le pensez pas, néanmoins
avec quelle ironie vous flétrissez à tout hasard cet improbable
audacieux: «Si oui l'état des choses actuel est excellent.»

Et pourtant Monsieur! Que l'État ait ou non «le *droit*» d'asservir
les tempéraments, pensez-vous que cela ait tant d'importance puisque
en aucun cas il n'en aura jamais le *pouvoir*. Ce qui *peut* asservir un
tempérament d'un artiste c'est d'abord la force bienfaisante d'un
tempérament plus puissant que le sien. Et c'est là une servitude qui
n'est pas loin d'être le commencement de la liberté. C'est ensuite
le pouvoir malfaisant de la paresse, de la maladie, du snobisme. Mais
«l'État», Monsieur, comment voulez-vous qu'il puisse asservir un
tempérament? Prenez n'importe lequel des peintres officiels dont
vous n'aimez pas plus que moi la peinture. Croyez-vous vraiment
qu'une utopie mentale savamment dirigée trouverait en lui un
Claude Monet ou même un Vuillard qui n'aurait demandé qu'à
vivre et que l'État aurait étouffés. Pensez-vous que M. Claude Monet
«asservi par l'État» aurait fait la peinture de M. Z.? Je crois que

nous mourons en effet mais faute non pas de liberté mais de discipline. Je ne crois pas que la liberté soit très utile à l'artiste et je crois que surtout pour l'artiste d'aujourd'hui la discipline serait comme au névropathe entièrement bienfaisante. Et la discipline est une chose féconde en soi-même quelle que soit la valeur de ce qu'elle prescrit. Au choix il vaudrait peut-être tout de même un peu mieux que ceux qui sont chargés d'enseigner soient effectivement des «maîtres». Et ceci m'amène à vous suggérer une solution pas très radicale mais peut-être assez sage au problème que vous posez.

Pourquoi au lieu de demander la suppression de l'École des Beaux-Arts, ne demandez-vous pas que M. Claude Monet, M. Fantin-Latour, M. Degas, M. Rodin y [soient] chargés de cours. Voilà qui serait intéressant. D'ailleurs je ne sais pas les noms de professeurs actuels mais enfin il ne faut pas oublier [que] Gustave Moreau et Puvis de Chavannes ont enseigné rue Bonaparte. D'ailleurs il y a, je suppose, beaucoup de cours «à côté» où ce ne sont pas les plus grands qui seraient les plus instructifs. M. Gaston Boissier est évidemment un beaucoup moins grand écrivain que M. Pierre Loti. Pourtant il y aurait probablement plus à apprendre aux cours de l'un que de l'autre. Je reconnais cependant que la peinture officielle, de même que la musique officielle, est beaucoup plus que la littérature et la philosophie officielle[s] éloignée de la peinture véritable. En somme la plupart de nos meilleurs écrivains sont ou seront (s'ils le veulent) de l'Académie française. M. Lachelier, M. Darlu, M. Boutroux, M. Bergson, M. Brunschvicg appartiennent à l'Université. Au contraire beaucoup de nos plus grands peintres et de nos plus grands musiciens n'appartiennent pas à l'Institut et ne paraissent pas avoir des chances d'y entrer un jour.

Enfin, Monsieur, sur ce premier point tout en vous déclarant comme vous n'avez pu que trop vous en apercevoir que je suis terriblement incompétent dans la question, je m'en tiens à une solution mixte. Relèvement de l'enseignement par un choix plus libre des professeurs, notamment charger de cours des hommes tels que MM. Claude Monet, Degas, Fantin-Latour, Rodin (et d'autres que vous connaissez aussi bien que moi). J'ai cité ces noms comme particulièrement significatifs et aussi comme étant ceux d'artistes arrivés à un degré de maîtrise que personne en somme ne conteste plus aujourd'hui.

Quant à la deuxième question, je ne vous fournirai aucune solution parce que l'état de choses actuel me paraît excellent. Bien que je ne pense pas que certains lieux de la terre aient le privilège exclusif de la beauté, Rome, à en croire les pages toutes récentes de M. Maeterlinck par exemple,[2] Rome semble tout de même devoir être un de ceux qui peuvent exercer sur l'imagination d'un artiste l'action la plus stimulante et la plus durable. Du reste je connais nombre de jeunes gens sans l'ombre d'attaches officielles qui sont allés passer plusieurs années à Rome après avoir longtemps cherché à travailler. Naturellement je crois qu'on pourrait trouver de la beauté ailleurs, de la beauté partout. Mais comme il faut bien choisir, je ne vois pas de raison pourquoi tout autre beau lieu que ce soit, Honfleur, Vollendam, Quimperlé, ou tout autre, devrait être préféré à Rome.

Quant à la «tyrannie» que l'idéal «romain» exerce sur nous, ne pensez-vous pas que c'est en nous efforçant d'obéir aux autres que peu à peu nous prenons conscience de nous-même. Jamais pouvoir ne fut aussi tyrannique que celui qu'exerçait le hiératisme byzantin sur les artistes romains. Et cependant est-il rien de plus délicieux que leur sculpture? Les œuvres plus libres qui suivirent se plient encore sous ce joug avec une soumission que je trouve pour ma part d'un charme incomparable. «La plus belle sculpture du monde», a dit Huysmans,—«la plus belle sculpture du moyen âge», a dit Ruskin—est au porche occidental de la cathédrale de Chartres. Il n'est pas de chef-d'œuvre plus original, plus spontané, plus français que ces admirables statues de Reims. Et pourtant combien l'artiste est encore esclave des préceptes et du style byzantins. Nous ne voyons pas pourtant que cette influence «tyrannique» ait à l'excès asservi son tempérament. Il y a là un mélange de liberté et d'obéissance qui est exquis. Ne croyez-vous pas que l'influence des impressionnistes ait été infiniment plus tyrannique que celle de Rome? C'est une grande erreur de croire qu'une influence artistique ait besoin pour s'exercer de la contrainte officielle.[3] Le grand tyran c'est l'amour, et l'on imite servilement ce qu'on aime quand on n'est pas original. La vérité c'est qu'il n'y a qu'une seule liberté véritable pour l'artiste, c'est l'originalité. Sont esclaves, que l'État s'occupe ou non d'eux, ceux qui ne sont pas originaux. N'essayez pas de briser leurs chaînes, ils s'en forgeraient d'autres immédiatement. Au lieu d'imiter M. Jean-Paul Laurens ils imiteraient M. Valloton. Autant les laisser dans leur premier état.

[1] Cf. *Lettres retrouvées*, pp. 50–55 (Biblio, n° 358). Ms. Fonds Proust, University of Illinois.
[2] *Le double jardin*, paru chez Fasquelle en juin 1904. Il s'agit du chapitre intitulé *La Vue de Rome*.

[8] Proust semble se contredire ici. Il avait d'abord écrit après «s'exercer» les mots «d'un secours», qu'il a barrés. Le sens exigerait un raccord, semble-t-il: peut-être voulait-il dire: «C'est une grande erreur de croire qu'une influence artistique ait besoin pour s'exercer d'un secours *qui l'affranchisse* de la contrainte officielle.» C'était là le but de l'enquête.

UN DÉBUT AU THÉÂTRE [1]

(1904)

Le spectacle que, pour sa réouverture, nous offre ce soir «l'Œuvre», transportée par les soins de M. Lugné-Poë dans l'aimable cadre de Marigny, comprend trois pièces intéressantes,—dont l'une, *le Jaloux*, est, nous dit le programme, de M. Antoine Bibesco.

L'auteur de *le Jaloux* est, en réalité, le prince Antoine Bibesco, secrétaire de la légation de Roumanie. Il fait pour la première fois acte d'écrivain, et il n'ambitionne pour l'instant que la gloire d'être un des citoyens réputés de la République des lettres.

L'ouvrage que, pour ses débuts, il va donner au public de «l'Œuvre»—si difficile, parce que, plus littéraire et mieux informé—comprend trois actes, «d'une observation mordante», nous disait, hier, M. Lugné-Poë.

—Je sais telles scènes de cette pièce, continuait le fondateur de l'Œuvre, qui *doivent* révéler au public un auteur dramatique, un de la bonne école. Il me semble, en mettant en scène *le Jaloux*, que je revis les heures déjà anciennes où «l'Œuvre» monta les pièces de psychologie sentimentale de Sée et de Coolus. Et pourtant, elle ne les rappelle pas. Il y aurait plutôt en elle un peu de cette humanité vibrante et douloureuse que l'on rencontre dans le théâtre de Porto-Riche. Et puis, il y a chez Bibesco une très grande simplicité de moyens: trois actes et guère plus de trois personnages . . . C'est là un petit tour de force . . .

Un tour de force. Peste! C'était là de quoi piquer la curiosité d'un reporter. Il y a toujours, certes, quelque prétention à vouloir essayer de «faire la psychologie» d'un écrivain—voire de son voisin, et je me souviens du mot de Pouchkine: «L'âme d'autrui, vois-tu, c'est une forêt obscure.» Mais bavarder avec l'inconnu d'il y a une minute—surtout si l'on pressent en lui un écrivain, un artiste, une originalité—quel plaisir savoureux! . . . Comment M. Antoine Bibesco a-t-il été amené à faire du théâtre; quelles sont ses idées en matière de littérature dramatique; à quels maîtres se rattache-t-il et quel art est le sien? Autant de questions intéressantes; autant de réponses qui valaient d'être obtenues et que le débutant d'aujourd'hui m'a faites, hier, fort aimablement. Comme je lui demandais la raison de sa préférence, entre toutes les formes de littérature, pour le théâtre:

—Je crois, me répondit-il avec simplicité, que cela tient à mon amour de la vie. Je ne discute pas le bien ou le mal fondé des dédains que beaucoup de littérateurs professent aujourd'hui pour l'art du théâtre—dédains que Gœthe—le plus grand auteur dramatique du dix-neuvième siècle, soit dit en passant pour votre questionnaire, et Dickens ne partageaient pas. Mais enfin, il reste que tout de même c'est encore au théâtre que l'illusion de la vie est la plus parfaite. Un roman a beau être émouvant, on ne pleure jamais en le lisant comme on pleurerait au théâtre. J'ai la plus vive admiration pour les romans si originaux de Tristan Bernard. Je ne ris pas autant en les lisant qu'en écoutant quelqu'un de ces chefs-d'œuvre en un acte où il a su mettre tout son délicieux esprit.

Les auteurs dramatiques favoris de M. Antoine Bibesco sont MM. Paul Hervieu et de Porto-Riche. Il est enchanté du «talent vigoureux, du tragique sophocléen de l'un; du talent passionné de l'autre et de son tragique racinien».

—Je n'oserais pas, certes, conclue-t-il, dire que je me suis montré leur disciple; mais, qu'ils y consentent ou non, ce sont mes maîtres! On en pourrait trouver de pires! . . . Sur sa pièce, et sur ses représentations à l'Œuvre, le jeune auteur nous fournit d'intéressants renseignements:

—Pourquoi mon *Jaloux* va être joué à l'Œuvre? Pour une raison très simple—et qui a sa psychologie. Voici: Sans connaître Lugné, je lui ai envoyé ma pièce; deux jours après elle était reçue. En attendant six mois, j'étais sûr d'être joué dans un théâtre du boulevard. Mais il n'est de bonheur délicieux que le bonheur immédiat. A désirer trop longtemps la réalisation d'un désir, on risque de se trouver en présence de la réalisation d'une chose qu'on a cessé de désirer. Et les œuvres elles-mêmes n'aiment pas attendre. Elles ne sont pas assez sûres de vivre longtemps pour n'être pas impatientes de naître.

«Quant au *Jaloux*, ce que c'est? Mais vous le saurez ce soir. Vous verrez les scènes dominées par un sentiment qui est très profond chez moi, la peur de l'erreur judiciaire. Là, c'est d'une erreur judiciaire amoureuse qu'il s'agit, les moins réparables de toutes . . . «Rien n'est assommant au théâtre comme un jaloux», me déclarait naguère M. Guitry à qui j'avais dit un mot de ma pièce. J'avoue que l'arrêt rendu par l'éminent directeur de la Renaissance ne m'a pas découragé; je me suis souvenu de *l'École des Femmes* et je me suis rappelé *Othello* . . . On me dira ce soir si j'ai eu tort ou non! En tous cas, que j'aie ou non un succès de première, j'ai eu des succès de répétition dont j'ai été ravi; et que je n'oublierai pas. Je ne sais si je saurai toucher le public, mais j'ai fait pleurer mes interprètes . . . J'en demeure très touché.

De ses interprètes, l'auteur du *Jaloux* est, au reste, fort satisfait:

Mlle Devoyod, MM. Burguet et Georges Saillard ont compris les intentions profondes de son œuvre et la défendront comme il l'entend. Dès lors, pourquoi être inquiet? Et, fort de sa conscience d'écrivain, M. Antoine Bibesco s'en va à la bataille, le sourire aux lèvres, avec une tranquillité parfaite. «La victoire, disait Marbot, finit toujours par se pendre au cou des beaux garçons qui rient sous les balles.»

SERGE BASSET

[1] Biblio, n° 85. Nous reproduisons d'après le manuscrit, pp. 243-245, le portrait de Bibesco que Proust écrit à la même occasion. Du portrait publié dans le *Figaro*, les cinq premiers paragraphes et le dernier semblent être de Serge Basset.

UN PROFESSEUR DE BEAUTÉ [1]

(1905)

«L'histoire des petits souverains de Fezensac ne serait bonne que pour leurs héritiers, s'ils en avaient», a dit Voltaire dans *L'Ingénu*. Quelque opinion qu'on ait soi-même sur cette opinion de Voltaire, on peut penser que si le comte Robert de Montesquiou-Fezensac, réussissant par un artifice qui n'eût certes pas été louable, à dissimuler sa personnalité spirituelle et à réserver son style, à faire vivre en quelque sorte sa merveilleuse intelligence à part et comme incognito, s'était contenté de compulser et de publier—cela ne signifie pas forcément d'*écrire*—une histoire de sa famille, il y a bien une dizaine d'années qu'il aurait son fauteuil à l'Académie française, et tout le monde, excepté lui, peut-être, aurait lieu de s'en féliciter. Les académiciens d'abord, même et surtout aux petits jours, aux jours du dictionnaire, si, comme je le crois, personne aujourd'hui n'est presque au point de M. de Montesquiou sensible au visage, à l'allure, à la gesticulation, aux traditions, aux ridicules, aux préjugés, aux vertus de chaque mot, et n'en connaît mieux l'histoire, ne peut plus sûrement le suivre et le retrouver chez les classiques et chez les modernes, et cela jusqu'à dérouter et essouffler parfois son lecteur moins agile, et qu'il feint, avec une politesse où il entre peut-être un peu d'impertinence, de croire aussi savant que lui, tandis que l'autre, qui n'en peut mais, voudrait bien comme M. Jourdain lui dire: «De grâce, Monsieur, faites comme si je ne savais pas.»—«L'écrivain véritable, a dit Ruskin, doit connaître à fond la généalogie et l'armorial des mots, savoir au juste les fonctions qu'ils ont été appelés à remplir dans la noblesse nationale du vocabulaire, quelles alliances ils ont contractées entre eux, dans quelle mesure ils sont *reçus*, etc.»* Personne ne répond mieux que M. de Montesquiou à cette définition. Tous ceux qui l'ont vu s'arrêter et comme se cabrer au moment de prononcer un mot (et de ceux qui jusque-là nous avaient le moins frappé), comme dans l'effarement** d'avoir vu tout d'un coup béant l'abîme du passé qui s'entr'ouvre sous ce mot dont l'accoutumance seule nous

---

* Je ne puis naturellement, dans cet éloge si rapide et dans cet espace si resserré d'un article, discuter et approfondir cette opinion de Ruskin, que je ne cite qu'au passage et pour faire honneur au maître et à l'ami à qui elle me semble s'appliquer. Mais dans l'édition que je donnerai prochainement de *Sésame et les Lys*, je dirai toute ma pensée sur cette maxime et sur d'autres analogues. [Voir *op. cit.*, pp. 53–58.]

** Dans le beau sens qui s'applique aux chevaux de race: «Maîtrisant son cheval qui s'effare» (Heredia); «Un cheval effaré qui hennit dans les cieux» (Hugo) et qu'Hugo a étendu aux poètes: «J'irai, mage effaré.»

dissimule les profondeurs, dans le vertige d'y avoir aperçu la grâce native de ce mot, penchée là comme une fleur au bord d'un précipice, tous ceux qui l'ont vu saisir un mot, en montrer toutes les beautés, le goûter, faire presque la grimace à sa saveur spécifique et trop forte, le faire valoir, le répéter, le crier, le psalmodier, le chanter, le faire servir comme un thème à mille étincelantes variations, improvisées, avec une richesse qui étonne l'imagination et déconcerte les efforts de la mémoire pour les retenir, celui-là peut s'imaginer quels jours merveilleux seraient, avec lui, à l'Académie, les jours de dictionnaire.* Mais que dire de ce que ce seraient, les grands jours, les séances de réception, si, comme il est de tradition, ce qu'il y faut et ce qui y charme c'est de la courtoisie, de l'éloquence, de la méchanceté, du goût et de l'esprit. On sait que «recevoir» est —quand il n'est pas occupé à mieux, à réaliser son idéal, à combattre pour lui—une des choses où notre poète excelle, et qu'à accueillir l'arrivant—toujours un peu un «élu»—dans sa demeure qui est fort justement (et, pour parler comme lui, «préventivement») dénommée celle des Muses, il prodigue des ressources d'esprit et d'éloquence que bien des académiciens seraient fort empêchés de mettre dans leurs discours. Sans doute saurait-il *«recevoir»* l'élu» à l'Académie, celui qui a donné de l'hospitalité—comme de tant d'autres choses d'ailleurs—une formule pour ainsi dire nouvelle, faite de grâce majestueuse et d'infatigable esprit. «Et pour ce qui est de goût», qui donc pourrait-on citer qui l'eût meilleur pour juger de la valeur d'une œuvre et pénétrer ses secrets jusqu'à en étonner l'auteur? Et sa compétence s'étend assez loin pour que ce ne soit pas les seuls littérateurs qu'on aimerait l'écouter accueillir dans une Académie, mais les peintres et les musiciens. Je ne pense pas que M. Helleu ni M. Fauré me contrediront. Sans doute, comme, par convenance au

---

* Ne pourrait-on pas voir comme un définitif article pour un dictionnaire idéal (et je plaindrais ceux qui verraient dans cet éloge une épigramme) dans la récente étude consacrée au ravissant coffret exposé par Mlle Lemaire. Cette étonnante litanie de citations de Montaigne, de Lesage, de Balzac, de Victor Hugo, de Flaubert, où reviennent comme un refrain les deux mots qu'il s'agit de définir et d'illustrer, «boîte» et «coffret», ces exemples à la fois fameux et oubliés destinés à préciser chacun d'eux: «le coffret de Cypsillus déposé dans le temple de Junon à Olympie», «le coffret où Néron offrit sa première barbe à Vénus Génitrix», «le coffret renfermant les archives de France que laissa prendre[2] Philippe VI à Crécy», «le coffret contenant les bijoux de Charles le Téméraire dont s'emparèrent les Suisses à Morat»[3] (j'en passe et des plus significatifs), tout cela n'apporte-t-il pas une contribution bien précieuse à l'article Boîte et à l'article Coffret? Ce savoir est d'ailleurs prodigué avec une absence de pédantisme qu'affirme suffisamment le genre du recueil dans lequel il a paru: *Les Modes* (N° de juin 1905).

genre, Sarah-Bernhardt jouant Assuérus à Saint-Cyr sait oublier les
fureurs d'Hermione, M. de Montesquiou, aux discours d'Académie,
voilerait d'une décente douceur ses orageuses justices et injustices.
Mais enfin «sous la coupole» on aime aussi à ce que le récipiendaire
soit parfois houspillé. Et sans aller jusqu'à demander à M. de Montesquiou de s'y servir de sa foudre (peut-être n'y aurait-il pas
d'ailleurs tellement besoin de le lui demander pour qu'il le fît), ses
confrères s'arrangeraient à ce que ce fût lui qui le plus souvent fût
chargé du rôle, traditionnel dans cette arène, de picador, qu'il com-
prendrait d'ailleurs sans doute d'une façon assez neuve. Certes on
voit d'ici avec quelle incomparable et majestueuse légèreté, quelle
alerte et noble et cruelle désinvolture, de quelle piaffante, trépidante,
trépignante et caracolante allure, il saurait développer, puis resserrer
autour de la victime élue ou couronnée ses savantes évolutions,
l'irritant, la piquant de mille traits variés et sûrs, aux applaudissements
d'un public avide, sinon de sang, du moins d'amour-propre, répandu.
Mais tous ceux qui le connaissent sous cet aspect et dans ce rôle,
soit pour lui avoir entendu prononcer, soit pour avoir lu des morceaux de ce genre, où sa plume électrisée s'escrime et fait feu de
tous côtés, ceux-là savent que toutes les figures de la joute et du
tournoi sont réglées par une logique supérieure et minutieuse et,
comme une sorte de moralité, comportent souvent une haute leçon
de sagesse et d'art. Je n'en veux pour exemple, particulièrement
accessible et appréciable aux lecteurs des *Arts de la Vie,* que les pages
merveilleuses, militantes, mais au fond surtout prédicantes, qu'il y
publiait récemment, sur un sujet à vrai dire où (sauf pour des opinions
incidentes dont je suis bien fondé à dénoncer l'injustice) je ne saurais
me prononcer, ne connaissant pas, pour des raisons de fait et très
regrettables, l'œuvre de l'artiste dont il s'agit. Les lecteurs des *Arts
de la Vie,* j'en suis sûr, «ne sont pas encore revenus» du spectacle
qu'ils ont eu ce jour-là et d'avoir vu M. de Montesquiou, avec une
dépense de verve qui laissait supposer, et fort exactement, qu'il en
gardait le centuple en réserve, de l'avoir vu—avec une maestria et
une furia à étourdir sa victime et jusqu'aux spectateurs trop rapprochés—porter ses coups, couvrir dans le même temps d'une éclatante
peinture tout le grand espace qu'il s'était réservé, corriger vingt portraits, repeindre dix tableaux, ici redessiner un bras, là allonger une
main, plus loin changer un fauteuil de place, et finalement jeter tout
le mobilier par la croisée, partout mettre sa couleur sur celle du
maître peintre devenu, sans avoir eu le temps de protester, son
écolier;—et prodiguer avec une éloquence, une intelligence, une

logique, un esprit qui ne sont qu'à lui, des conseils et des leçons
que certes l'artiste ne lui demandait pas, qui sont peut-être injustes
ou inexacts adressés[4] à lui, mais qui resteront malgré cela justes
et vrais, d'une vérité plus haute et d'une éternelle justice, en ce
qu'ils prêchent, à propos d'un nom qui n'était peut-être pas celui qu'il
fallait, je n'en puis rien dire, le bon, le nécessaire sermon sur le faux
beau et sur le faux grand art, avec cet air—et ce grand air—d'extraordinaire dignité évangélique de qui a conscience de séparer le bon
grain de l'ivraie—et qui à vrai dire est plus que distinctif, est unique
en ce vrai fils des croisés, qui sur le cimier doré du gentilhomme,
à côté de la plume de fer dont vous savez la beauté, a mis la coquille du pèlerin du vrai, du missionnaire et du pur religieux de la
Beauté. Dieu sait qu'on ne peut dire de lui comme Louis XIV du
Bernin: «Il ne trouve pas beaucoup de choses à admirer.» Personne
n'admire plus que lui, parce que personne ne discerne la beauté d'un
œil plus sûr et plus ravi. Et je crois bien, pour revenir à l'Académie
—et la quitter—que le public spécial de ses jours de «réceptions»
serait déçu dans sa malveillance en l'entendant plus souvent prononcer d'enthousiastes «éloges», que pulvériser tel ou tel, au cours
des péripéties et des «incidents» de ces séances passionnées, pour
la plus grande gloire de la poésie et des lettres. Tout cela pourtant
n'est pas à regretter. D'abord parce que tout cela viendra. Ensuite
parce que l'Académie, dont on aurait grand tort de médire, et qui
en somme réunit aujourd'hui ou achèvera de réunir demain la plupart de nos plus grands écrivains* et compte, peut-être, plus
d'hommes supérieurs qu'aucune autre assemblée humaine, ne doit

---

* On sait que l'élection immédiate (et nécessaire) de Barrès est assurée. Une
jeune revue fort intéressante qui vient de se fonder sous l'ingénieuse direction
de M. Paul Fort et qu'on ne saurait trop priser et trop recommander: *Vers
et Prose*, nous cause une grande joie en annonçant que l'élection de notre cher
et grand Henri de Régnier, cet écrivain puissant et délicieux, est prochaine.
Notre plaisir sera plus complet encore si un troisième fauteuil est réservé à
un philosophe, à un artiste auquel nous avons déjà eu et aurons prochainement
l'occasion d'exprimer notre admiration profonde, M. Maurice Maeterlinck.
Quant à savoir si un grand écrivain doit ou non désirer entrer à l'Académie,
la question doit être tranchée par chacun en particulier suivant ses préférences
et décisions personnelles. Il ne peut y avoir de règle. Le fait que Flaubert n'ait
pas voulu être de l'Académie ne suffit pas à sacrer grand écrivain tout con-
tempteur de l'Académie, pas plus que, malgré l'exemple inverse de Victor
Hugo, un poète n'est grandi d'être académicien. Les «commandements» spirituels les plus absolus et les plus minutieux doivent, sur ce point, rester muets
et s'en remettre à la volonté et à la complexion de chacun. C'est affaire
d'hygiène individuelle. [Barrès devait, en effet, être élu à l'Académie, comme
Proust le prédisait, le 25 janvier 1906. Régnier eut cependant à attendre jusqu'au
9 février 1911, la même année où Maeterlinck eut le prix Nobel.]

pas venir trop tôt à ces talents militants qui alimentent tout leur feu et jettent toute leur flamme dans la prédication et dans la lutte, qui ont besoin de se battre, fût-ce contre des moulins à vent, de battre en tous sens le pays, de ces natures effrénées et belliqueuses, excellentes aux avant-postes et à qui il faut souhaiter que la position d'«inactivité», tant de grâce qu'ils y puissent déployer, soit offerte le plus tard possible, pour qu'ils restent plus longtemps chefs d'un détachement qui est une élite, hors cadres, plus libres de leur procédé et de leur mouvement.

*
* *

Ces réflexions me venaient à l'esprit en lisant le dernier livre de M. de Montesquiou, que selon un goût et un talent d'intituler qu'il a en propre il appelle d'un nom singulier dont il force aussitôt et étend l'image à un genre d'objets qui n'y ressortissaient pas, de façon qu'en les désignant elle reste, si agrandie que soit son application, excessivement frappante et précise. Hier, c'était les «Autels privilégiés», mot qui signifie, au propre, autel où on peut célébrer la messe des morts en un temps où cela est défendu de le faire aux autres autels. Aujourd'hui, c'est «Professionnelles Beautés». *Autels privilégiés*, *Professionnelles Beautés* et *Roseaux pensants*, voilà trois livres de critique d'art comme il n'y en a pas d'équivalents, et l'on peut dire bien peu d'égaux, en France. Certes, la grande œuvre de Ruskin, par le génie moral, par la grande puissance d'inspiration du cœur et de poésie, par l'unité du plan en quelque façon divin de cette sorte de discours sur la Beauté Universelle, est une bien plus grande œuvre et bien supérieure à ces trois livres de M. de Montesquiou. Mais peut-on demander à cette suite de courts essais de ressembler à un ouvrage immense qui poursuit à travers cinquante volumes un même et transcendant dessein? Encore faut-il avouer qu'il y a peut-être plus de vérité de jugement artistique, de justesse de goût, dans chacun de ces courts essais que dans les grands livres de Ruskin. Or, au strict point de vue de la critique d'art, un juste sentiment des œuvres, une exacte appréciation des valeurs, importe peut-être plus que les plus belles considérations. A peu près aucun des jugements artistiques de Ruskin, au moins sur ses contemporains, ne paraît devoir subsister. Enthousiasme pour les Préraphaélites, pour Meissonier,[5] mépris pour Whistler. Et pourtant c'est le jugement sur les contemporains qui importe chez un critique. «Tout le monde est fort, a dit Sainte-Beuve, à prononcer sur Racine et Bossuet. Mais la sagacité du juge, la perspicacité du critique, se prouve surtout

sur des œuvres neuves, non encore essayées du public. Juger à
première vue, deviner, devancer, voilà le don critique. Combien peu
le possèdent.»

Or, ce ne sera certainement pas un des moindres titres de M. de
Montesquiou d'avoir singulièrement devancé le goût de sa génération
et de celle qui l'a précédée, de l'avoir averti, formé et excité, de
l'avoir mis sur la piste de beautés nouvelles, *qui furent toujours
des beautés réelles.* Jamais les plus séduisantes couleurs de la nouveauté qui ressemble au vrai beau ne l'abusèrent. Jamais il ne fut
dupe de cette illusion d'optique qui colore à nos yeux des reflets
d'un talent nouveau les simples efforts qui l'avoisinent et sont par
eux-mêmes assez incolores. Les vrais talents sont comme les étoiles.
Leur lumière met si longtemps à venir jusqu'à nous que, quand nous
pouvons enfin la distinguer, l'astre est déjà depuis longtemps éteint.
Grâce à ses merveilleux télescopes spirituels, M. de Montesquiou
distingua toujours, à leur naissance, les talents-étoiles. Et la lointaine
portée de sa vue n'en diminue pas la précision: il ne salua jamais
étoiles les planètes qui les avoisinent et tirent des étoiles et non
d'elles-mêmes leur lumière. Mais ces étoiles, avec quelle joie, quelle
vénération de roi-mage et quelle ferveur d'apôtre, il marcha vers
elles, les adora, les fit voir de leurs yeux à ceux qui en possèdent, et
les fit voir aux autres avec cet œil de la foi qu'est le snobisme. La
beauté encore incomprise qu'il aima avant les autres, il l'a enseignée,
l'a prêchée infatigablement et souvent dans le désert.*

Tous ces essais que nous lisons aujourd'hui prennent, en dehors
de leur valeur littéraire intrinsèque, dont nous allons parler tout
à l'heure, une valeur en quelque sorte humaine qui sera pour eux,
plus tard, une grande garantie de durée, et qui leur vient d'avoir
été vraiment vécus, réchauffés d'un amour qui leur a donné la vie,
et infatigablement professés. Ce ne sont pas pourtant comme les
leçons d'un Villemain infiniment supérieur. D'abord le public était
supérieur aussi, c'était une petite élite catéchisée avec une ferveur,
une dépense de force spirituelle, nerveuse, sensible, physique vraiment uniques, élite qui pourra témoigner hautement pour ce maître,

---

* On sait que ce discernement, cette prévision de la beauté nouvelle, M. de
Montesquiou l'a étendu jusqu'aux diverses industries d'art. Son nom est in-
séparable, par exemple, des noms de Gallé, de Lalique. Et toujours avec un
éclectisme qui lui fit admirer et honorer les talents les plus opposés à ce qu'il
semble qu'en apparence il aurait dû uniquement aimer (par exemple, qui ne se
souvient de la statue, et de l'autel privilégié qu'il dressa à Mme Valmore? La
servante de Mme Valmore a confié à M. de Montesquiou le soin d'entretenir
sa tombe. Mais il avait déjà relevé et rajeuni, sur cette tombe, «l'arbre de
grandeur»).

car elle est composée des hommes supérieurs de demain. Mais M. de Montesquiou ne s'est pas contenté de conserver des allocutions refroidies et de publier des cours. Chacun de ses essais écrits est une création originale, entièrement différente de son enseignement oral, longuement méditée, qui est loin de n'avoir qu'une valeur de transcription, qui a été pensée, «écrite», et avec quelle merveilleuse richesse, quelle force et quelle originalité. Quels dons particuliers, infiniment rares et précieux, ont été nécessaires pour cela, c'est ce que nous allons, pour finir, examiner brièvement.

*
* *

Un de ces dons, qui est merveilleux pour un critique d'art et qui pourtant peut devenir dangereux,* est un don que Ruskin a possédé au plus haut degré, et je serais bien embarrassé d'avoir à citer plusieurs autres noms que le sien et celui de M. de Montesquiou. Ce don consiste d'abord à voir distinctement là où les autres ne voient qu'indistinctement. Voir et savoir. M. de Montesquiou entre avec nous dans une cour plantée d'arbres. «Voilà de beaux arbres, dites-vous.»—«Ce sont, dit M. de Montesquiou, des arbres de Zachée, ceux-là même sur lesquels monta ce petit homme avisé pour voir passer de plus près le Sauveur» (*Professionnelles Beautés*, page 17). Vous entrez au salon. Belles fleurs dans les jardinières. «Ces amarantes, dit M. de Montesquiou (*Ibidem*, 228), signifient en langage floral, etc.», et il cite gracieusement Molière et Boulay-Paty.** On apporte des poires. «Ce sont des poires bon chrétien, dit M. de Montesquiou, celles que M. Thibaudier envoie à Mme d'Escarbagnas et qu'elle prend en disant: «Voilà du bon chrétien qui est fort beau.»[7] Le maître de la maison entre, en un pantalon gris que M. de Montesquiou déclare balzacien. Vous hasardez: «Celui de Lucien de Rubempré?»—«En aucune façon, proteste M. de Montesquiou, celui de Pierre Grassou, qui était «avantageux», ou plutôt encore celui de Sixte du Châtelet, qui était prétentieusement provincial» (*Roseaux pensants*, page 40***). Une invitée avance la pointe de son soulier et M. de Montesquiou remarque que c'est le geste même de Mme Hulot auprès de Crevel, avance si pudique qu'il ne la comprit pas. Vous allez au Louvre et,

---

* Il m'est impossible d'expliquer ici pourquoi. J'ai d'ailleurs trop longuement insisté sur ses dangers dans la préface de la *Bible d'Amiens*, pour ne pas ici parler plutôt de ses vertus qui, en somme, l'emportent sur eux.[6]
** J'avoue que Boulay-Paty est ici ajouté par moi, après avoir lu, dans Sainte-Beuve, ses beaux vers sur l'amarante.
*** Çà et là, sur Balzac, voir plus curieusement encore, *Professionnelles Beautés*, pages 298, 299 et 300 (*César Birotteau*) et 300 (*La Vieille Fille*).

devant un Pisanello, M. de Montesquiou vous montre, dans le fond du portrait, des fleurs que vous n'eussiez peut-être pas remarquées. Que dis-je, des fleurs? C'est là une généralité dont nos perceptions confuses sont bien obligées de se contenter. M. de Montesquiou vous a déjà nommé l'ancolie et fait remarquer avec quelle vérité elle est peinte. C'est ainsi que Ruskin, dans la représentation florale la plus vague, la plus simplifiée d'une enluminure de manuscrit du XIIIe siècle, nomme immédiatement l'épine rose et la *Polygala alpina*, qu'il pouvait distinguer dans un des tableaux de Collins, un superbe *Alisma plantago*, et, dans le *Berger mercenaire* de Hunt, un non moins exact géranium que M. de la Sizeranne (*La Peinture anglaise contemporaine*, page 262) nous dit, d'après M. Chesneau, être un géranium *Robertianum* et qui ne pouvait en effet être plus heureusement surnommé. Devant un admirable Benozzo Gozzoli, *les Anges quittant Abraham*, Ruskin fait remarquer que ce qui est bien joli c'est qu'il y ait un ange d'un côté et deux anges de l'autre, car, en effet, dit-il, «rappelez-vous que l'écriture dit qu'il y eut trois anges auprès d'Abraham, mais deux seulement s'en allèrent vers Loth et le troisième s'en alla d'un autre côté». Et sans doute c'est Ruskin qui écrit cela, mais sans s'en douter il écrivait à ce moment-là comme devait parler cinquante ans plus tard (sans se douter davantage de la ressemblance) M. de Montesquiou. Mais revenons auprès de ce dernier, que nous avons laissé devant le portrait de la princesse d'Este. Nous le retrouvons devant un portrait de Bruyas et il remarque (*Professionnelles Beautés*, page 209): «le transfert à l'index de la main gauche d'une bague chevalière apparemment trop large pour l'annulaire». Quand on sait ainsi tout voir, tout distinguer et tout nommer, on possède déjà un privilège inappréciable, pour tout décrire. Partout on notera la nuance juste: «un insaisissable ton d'*althae*» (*Prof. Beautés*, page 130), «les œillets rouges d'un Porbus n'y sont [pas] fanés par le velours capucine de Mme de Senones» (*Ibid.*, page 205), «le rouge et le noir d'un Méphisto, le rouge et le noir d'un vase étrusque, la tache vermillon d'un bouchon de ligne, ou de ce haillon rouge dont Corot a piqueté le vert gris d'un beau paysage»* (toute cette dernière phrase rien que pour préciser la

---

* Comparez encore (*Autels privilégiés*, pp. 265 et 266): «Les deux écharpes de cachemire des Indes rouge, de ce rouge de géranium foncé qu'affectionnait Moreau, sont aussi celles qu'aimait Ingres, qui en drapa Mesdames Rivière et Devançay, et que Prudhon a enroulées autour de sa Joséphine. Les robes sont d'une souple gaze rayée (peut-être un barège) de coton chaud que le siècle de Louis XIV appelait «couleur cheveux», et que la chevelure de Marie-Antoinette fit ensuite, en s'éclaircissant, qualifier cheveux de la Reine. C'est

qualité du rouge dans l'aile d'un papillon, le *Pyraméis atalanta*). Quand on est avec cela un étonnant écrivain, on arrive à égaler l'œuvre qu'on décrit: «Peintures et pastels, je possède sept panneaux d'hortensias jardinés par Helleu, et dont les corymbes glauques ou *blondissants mirent en des plateaux d'argent comme des bouquets de turquoises mortes.*» Ce qu'il y a de plus délicieux, de plus insaisissable, et de plus indescriptible, semble-t-il, dans l'art du peintre, est ici égalé. M. de Montesquiou ne nous dit pas si ces panneaux lui furent offerts en présent par Helleu. Si oui, nous leur appliquerions volontiers, en la changeant légèrement et en l'exaltant un peu, la phrase de Sainte-Beuve sur Goncourt: «Heureux qui voit payer sa magnificence d'une louange sans prix.» Et quel sentiment des reflets dans cette phrase: «Le modèle dont la rose chevelure a fait se dorer de son reflet tant de miroirs de cuivre.» Mais il n'y a pas une phrase qui ne serait à citer. Chacune contient des curiosités—naturelles et factices—des beautés—une intuition—[une] expérience. Il n'y a peut-être pas dans ce livre de 313 pages une seule phrase insignifiante et de remplissage. L'auteur a tant à dire qu'il ne perdrait pas deux mots pour ne rien dire, et dans sa hâte féconde, pressé de déposer son germe, il n'a pas la patience ou la frivolité de s'attarder aux détails biographiques.* Il brûle la première étape et la laisse à remplir à ceux qui n'iront pas plus loin.

Sans doute une vision si extraordinairement minutieuse du détail caractéristique et précis exigeait—et a trouvé—un vocabulaire infiniment varié, fournissant à toute minute le mot technique, le terme juste qui est souvent le terme rare. En réalité, quand nous relisons aujourd'hui attentivement certaines des pièces qui nous paraissent les plus classiques, nous voyons, à les regarder de près, de combien de précision de détails parfois gênants à notre ignorance est faite leur beauté de loin si vague et si générale. Nous ouvrons la célèbre pièce: *A l'Arc de Triomphe*, et nous sommes arrêtés pour un abaque, par un[8] attique, un chevet, un claveau, etc. Nous ouvrons le *Capitaine Fracasse*, de Théophile Gautier, et dès les premières pages plus de vingt termes, inconnus de nous, nous surprennent. Et on peut peut-être soutenir que pour certains livres ces mots exacts sont comme les clous précieux qui fixent immuablement la trame du style et lui in-

---

une sorte d'amadou diaphane. Un douloureux bracelet est tressé d'une natte pareille à celle qui couronne la pleureuse d'*Orphée* de Gustave Moreau.»
* «Certains esprits s'accommodent de ces faits . . . Je les abandonne à leur aptitude. Je n'exprime que ce qui me passionne. La sécheresse que m'offre la biographie, je la repousse», etc. (*Professionnelles Beautés*, page 89).

terdisent ce flottement qui ne résiste pas à l'outrage du temps. Ce qui parut singulier à son époque, ne paraît plus aujourd'hui que singulièrement approprié. Notre auteur exige le même genre d'effort. Il est certain que, parfois, un terme peu usité aussi nous arrête. L'érudition de l'auteur fait que toute chose évoque pour lui des souvenirs que nous n'avons pas tous aussi soigneusement rangés dans nos mémoires. «Un seul rosier, aux roses de face, de revers, de profil (il s'agit d'une broderie) qui fait penser au rosier d'Hildesheim, planté par saint Bernard, au miracle de sainte Élisabeth, au rosaire de saint Dominique.»—«Elle voulut (il s'agit d'une hôtesse littéraire) associer Pétrone à Hugo, Quasimodo à Trimalcion, Borlunt à Apicius, réconcilier les maîtres queux avec les maîtres sonneurs. Elle rêva d'être un bas-bleu qui serait un cordon bleu, de marier le bouquet de persil et le bouquet à Chloris, d'assembler le laurier d'Apollon avec le laurier-sauce. Et elle fut la Julie d'Étanges du pot-au-feu, la Sablière du fritot et du fricot, la Geoffrin et la du Deffand des fricassées . . . faisant jaillir une Hippocrène, un Raphidim de bons mots.» On est emporté dans ce tourbillon où parfois l'on n'aurait voulu s'aventurer qu'avec son dictionnaire. Mais, je le répète, on est souvent plus déconcerté encore par les mots qu'emploie Théophile Gautier. Chez M. de Montesquiou, d'ailleurs, comme chez lui, le terme rare est toujours un terme excellent, choisi dans les meilleurs «milieux» littéraires du XVIe, du XVIIe ou du XVIIIe siècle, et dans ce livre de *Professionnelles Beautés* où il y [a] pourtant tant de choses difficiles à désigner et à différencier, je ne crois pas qu'il y ait moitié autant de mots rares que dans le premier volume du *Capitaine Fracasse*.

Il est d'ailleurs à noter que si M. de Montesquiou sait tout de la peinture, en revanche, dès qu'il écrit, il n'est plus qu'un écrivain. Vous ne trouverez jamais chez lui le moindre de ces «glacis», de ces «empâtements», de tous ces termes d'atelier qui restent comme une petite tache sur les plus merveilleuses descriptions de nature des Goncourt. Et pourtant M. de Montesquiou n'est jamais abstrait, ce qui arrive trop souvent à un autre critique d'art, et en cela inférieur à notre avis, Fromentin. Sans doute, Fromentin restera au fond de ses livres de critique d'art une des plus charmantes figures qu'on puisse aimer, qu'on doit aimer, puisque l'admirer on ne le peut toujours entièrement, et que sa faiblesse, ses défauts charmants, l'insuccès de son noble et mélancolique effort, du fond de l'ombre que l'indécision de sa facture épaissit sur ses traits peu distincts, semblent implorer et éveillent si naturellement la sympathie des générations. Mais est-ce le méconnaître et cela empêche-t-il de lui rendre toute son avance sur d'autres terrains que de confesser qu'il sut rarement dans ses livres, malgré tout son luxe d'explications fines, de raisonnements profonds, de touches techniques, nous faire voir un tableau comme tout à l'heure nous[9] «voyions» ce pastel d'Helleu, comme ailleurs nous sont magnifiquement montrées les *Deux sœurs* de Chassériau.

Cet esprit qui excelle à fixer le reflet d'une nuance et la singularité d'un contour ne se plaît pourtant à cela que de passage et dans la mesure où cela est utile à ce qu'il prétend prouver. Car il est avant tout philosophique et il n'a pas écrit une page qui ne soit mouvementée et émouvante, d'être en marche vers une démonstration. Les conclusions toujours neuves et souvent profondes où il arrive, si elles ne paraissent pas plus considérables aux esprits superficiels, c'est qu'au lieu de les exprimer sous une forme abstraite, il veut leur donner une apparence plastique et piquante. Mais qu'on ne s'y trompe pas, et ce dernier trait l'achève et lui décerne la couronne. Ce n'est pas seulement comme l'appelait plaisamment un grand peintre «le seul critique d'art qui s'y soit jamais connu en peinture», c'est encore un vrai philosophe de l'art, celui qui terminait son étude sur Ingres par cette page superbe, nouvelle et définitive:

Ingres-Œdipe, le voilà, faible et fort, doux et irrité, savant et inculte.[10] Il crée autour de lui[11] l'atmosphère d'altitude et l'irrespirable milieu où le modèle et le spectateur sentent qu'ils se pétrifient. Entendez-le s'écrier: «Il est beau de noircir les paupières des vieillards . . . il est beau de décolorer les paupières des femmes . . .» Traduisez son propre visage d'Olympien au front bas, habité et intérieurement heurté par l'emprisonnement, là, de son aigle. Sur ses lèvres un *quos ego*, à l'adresse de ceux qu'il se retient de nommer, mais qu'il désigne ainsi: les grands *machinistes*. Un artifice des poèmes orientaux consiste à employer le pluriel lorsqu'on parle de l'amoureux, comme pour l'amplifier, le grandir. Ingres fait de même, parlant de l'ennemi: «Ils veulent, ils nous opposent . . .» Mais ce n'est ni Rubens, ni Van Dyck, ni Rembrandt, ni Murillo, ni même Géricault . . . c'est un seul, l'innommable! Le bien nommé selon la loi de Balzac, n'est-ce pas lui, désigné de ce nom à la sonorité nasillarde et griffue, pincée et rapace, et dont la rime est avaricieuse. Ingres en[12] prophète encore: Moïse de l'art contemplant de loin la Terre promise des couleurs et des reflets; Jonas plein d'imprécations et de prédictions ruineuses,[13] un autocrate inouï non content de la magnifique[14] vérité qu'il lui fut donné de formuler et qui exige impérieusement de régir tout l'art. Et pourtant tel est le secret de sa force et de sa beauté. C'est la forme stricte du sonnet infligeant au rêve contraint une attitude plus rare. C'est la culture japonaise étirant, repliant ses rameaux selon des courbes plus exquises. C'est l'eau transformée en gerbes et en jets par une puissante hydraulique, et qui fournira cette belle similitude au grand Dominique: «La lumière est comme l'eau, elle se fait bon gré mal gré sa place, et prend à l'instant son niveau.» [15]

Ingres s'est égalé au créateur,[16] non comme un Pygmalion s'en remettant à l'amour du soin de vivifier sa Galathée,[17] mais [comme][18] un Deucalion qui se fie à son orgueil du vouloir d'humaniser les pierres. Mais les pierres attendent en vain, en leurs attitudes rigides; en leurs frigides veines, le sang des cornalines circule, seul, et la violette de la mort bleuit sur leurs lèvres d'améthystes. Punition d'avoir voulu exister sans la vie. Biblique châtiment pour un crime mythologique. L'autre,[19] l'ennemi, le rival [innomé a,] lui,[20] vraiment dérobé la flamme, afin d'en vivifier sa création toute brillante[21] de feu et de pourpre, d'étoffes d'or, de bijoux ardents, de crinières de lions et de chevelures de femmes. Le bûcher de Sardanapale en flamboie, Ingres le voit et en rougit, et l'*Incendie du Bourg* qu'il admirait ne lui cause pas[22] d'envie. Or, sa muse,[23] pour l'avoir contemplé, se change en sel—que dis-je?—en ivoire. Et lui-même, autre Prométhée, expie un étrange forfait, éternellement enchaîné au rocher de son Angélique, et pour avoir volé—le *froid*.*

* *Roseaux pensants*, pages 49, 50 et 51.
[1] Biblio, n° 95.
[2] L'article imprimé donne *prendra*.
[3] *Moret*, dans l'article imprimé.
[4] *inexactes adressées*, dans le texte imprimé.
[5] *Meissonnier*, dans l'article imprimé.
[6] Cf. la IVᵉ partie de la préface à la *Bible d'Amiens*, où Proust attribue à Ruskin une forme d'«idolâtrie»—un manque de sincérité intellectuelle—qu'il impute également à Montesquiou, mais sans le nommer expressément (édition de 1924, pp. 86–90).
[7] Cf. le Baron de Charlus, dans *Sodome et Gomorrhe*, II, 1010.
[8] *une*, dans l'article imprimé.
[9] *nos*, dans l'article imprimé.
[10] La longue citation qui commence ici est tirée de *Roseaux pensants* (1897) de Montesquiou. Nous suivons le texte de Proust tel qu'il paraît dans les *Arts de la Vie*, indiquant par le sigle [RP] les endroits où il s'écarte du texte de Montesquiou.
[11] Proust omet *l'air rarifié* [RP].
[12] *un* [RP].
[13] Fin de la phrase dans [RP].
[14] Proust omet *part de* [RP].
[15] Proust supprime une phrase de [RP]: *Un même amour de la Grèce l'assimile parfois à Chénier, une pareille volonté à Leconte de Lisle; à Vigny, un dédain puissant qui fait rejaillir sur sa création la pâleur de sa* Tour d'Ivoire.
[16] *Créateur* [RP].
[17] Fin de la phrase dans [RP].
[18] *à*, dans l'article de Proust.
[19] *D'autres*, dans l'article de Proust. Montesquiou fait évidemment allusion à Delacroix.
[20] *innommable lui*, dans l'article de Proust.
[21] *brûlante* [RP].
[22] Proust omet *tant* [RP].
[23] *Muse* [RP].

John Ruskin. *Les Pierres de Venise*. Trad. par Mme Mathilde P.
Crémieux. Préface de M. Robert de la Sizeranne. Paris, Laurens.
In-8⁰, 322 p. avec 24 planches.[1]

(1906)

Une traduction des *Stones of Venice* conquérant à l'intelligence
française une part nouvelle et notable de l'âme de Ruskin et de
l'âme de Venise, aurait été à toute époque et en dehors de toute
contingence un événement intéressant de notre histoire littéraire.
Mais celle (la première en langue française) que nous devons à
l'admirable effort de Mme Crémieux vient aussi, comme on dit, bien
à son heure. L'heure de Venise, peut-être aussi, peut-on penser à certains signes, l'heure de Ruskin en France, l'heure de Venise en tous
cas. Jamais Venise n'a joui auprès des intelligences d'élite d'une
faveur aussi spéciale et aussi haute qu'aujourd'hui. Pour reprendre
cette place éminente Venise n'a pas eu, comme Versailles, à remonter toute une pente de dédains («l'ennuyeux parc de Versailles»
de Musset[2] devenu par Barrès, par Montesquiou, par Henri de
Régnier,[3] Helleu, Nolhac,[4] Lobre, Boldini, le séjour de prédilection
des poètes et des sages); la vogue un peu populaire et confuse qui
était la sienne (et ne le distinguait guère de Naples ou de Sorrente
que par les légendes tragiques qui faisaient fond romantique dans
ce décor d'amour quelconque) s'est changée en une prédilection
sans cesse affinée et approfondie des plus rares esprits de ce temps.
La Venise agonisante de Barrès, la Venise carnavalesque et posthume de Régnier,[5] la Venise insatiable d'amour de Mme de Noailles,
la Venise de Léon Daudet, de Jacques Vontade,[6] exercent sur toute
imagination bien née une fascination unique. Et, maintenant, de cette
contemplation un peu passive de Venise, Ruskin va nous faire sortir.

Il nous permettra bien de glisser parfois en gondole. Il a avoué
lui-même dans *Praeterita* la molle volupté qu'il y avait trouvée. Mais
il va falloir, les *Pierres de Venise* à la main, aborder à toutes les
églises et à ces demeures, à demi dressées, délicieuses et roses, hors
des eaux où elles plongent, étudier chaque chapiteau, demander une
échelle pour distinguer un relief dont Ruskin nous signale l'importance et que, sans lui, nous n'aurions jamais aperçu; ne pas se contenter de regarder Venise comme le décor qui inspira jadis à Daniel
Halévy des pages exquises et dédaigneuses,[7] mais comme une cité qui
fut vivante, qui fut, entre toutes les cités vivantes, noble et sage, et
dont la noblesse, la sagesse et la vie sont encore visibles et admirables
dans ces pierres qu'elles ordonnèrent selon leurs lois. Sorte de

musée intact et complet de l'architecture domestique pendant le Moyen âge et la Renaissance—le sublime Moyen âge et la fatale Renaissance,—que d'enseignements inépuisables et merveilleux Venise va nous donner, maintenant que Ruskin va faire parler ses pierres, et, grâce à la superbe traduction de Mme Crémieux, va s'adresser à nous dans notre langue, comme un de ces apôtres doués de glossolalie qui sont figurés au baptistère de Saint-Marc! Il en est de la beauté comme du bonheur (dont un poète a, d'ailleurs, dit qu'elle était la promesse), et elle s'évanouit, comme lui, en un ennui morne si on le poursuit uniquement. Nous aurions pu nous fatiguer de la langueur de Venise et répéter froidement, à sa louange, les litanies du génie. Mais maintenant, au retour de nos pèlerinages ruskiniens, actifs et laborieux ceux-là, où nous chercherons la vérité et non la jouissance, la jouissance sera plus profonde, et Venise nous versera plus d'enchantements d'avoir été pour nous un lieu d'études et de nous donner la volupté par surcroît. Pèlerins passionnés des pierres qui furent d'abord des pensées et qui les redeviennent pour nous, quelles admirables prédications au bord des eaux nous écoutons le Maître nous dire! Aux couleurs des ciels de Venise, des mosaïques de Saint-Marc, s'ajouteront des couleurs nouvelles, plus prestigieuses encore parce que ce sont les nuances mêmes d'une imagination merveilleuse, les couleurs de Ruskin, que sa prose, comme une nef enchantée, porte à travers le monde!

Les belles photographies, à la fois vivantes et artistiques, de M. Alinari, nous consolent un peu que l'éditeur ou les héritiers de Ruskin n'aient pas autorisé la reproduction des admirables gravures du maître. On peut, en voyant ces planches de M. Alinari, répondre que la photographie est bien un art à la question posée naguère par M. de la Sizeranne. La belle conférence que ce dernier prononça au Palais des Doges sur Ruskin et qui retentit si profondément en France et en Angleterre, sert de préface à ce livre. Dans ces *Pierres de Venise*, nécessairement écourtées, mais encore si pleines de beautés, on trouvera des pages sur l'arrivée à Venise, sur Torcello, sur Saint-Marc, qui dans l'anthologie de Venise pourront sans crainte supporter le voisinage des plus belles pages du livre de Barrès. Ruskin achèvera de faire en France pour Venise ce qu'avaient commencé Turner, Barrès, Mme de Noailles, Henri de Régnier et Whistler. Une seconde édition, au moment où nous écrivons, est déjà sous presse. La traduction de Mme Crémieux, sorte d'abrégé de la «Travellers Edition», étant conçue surtout comme un guide de Venise, nous réclamons pour la troisième un appendice qui contienne, si cela est possible, l'extrait sur les œuvres de Vittore Carpaccio. (Au moins faudra-t-il introduire dans l'Index vénitien la mention que Ruskin a ajoutée dans la revision de 1877. Sans cela on a simplement sur San Giorgio dei Schiavoni l'indication qui figure dans la traduction de Mme Crémieux: «passe pour contenir une belle série de Carpaccio», ce qui est par trop stupéfiant pour qui sait la prétention de Ruskin d'avoir découvert Carpaccio.) D'autres pages du livre ont de telles parentés avec des pages d'autres livres de Ruskin, certaines œuvres vénitiennes commentées ont joué un tel rôle dans l'évolution du goût de Ruskin, tiennent une telle place dans son œuvre—la place qu'elles ont tenue dans sa vie et lui ont inspiré dans d'autres livres de si admirables développements, qu'on regrette que la nécessité de se restreindre n'ait pas permis à Mme Crémieux tout un appareil de références. Mais elle avait à condenser tant de choses en un volume que c'est déjà miracle qu'elle ait pu réussir à ce point. L'éclatant succès de sa traduction est, comme on dit, d'un pronostic extrêmement favorable, au point de vue de l'influence que ces beautés de Grande-Bretagne, aperçues jusqu'ici à distance et comme dans la brume par ceux qui ne pouvaient lire qu'imparfaitement l'original, mais amenées pour eux par cette traduction en belle et pleine lumière, ne manqueront pas d'exercer sur la sensibilité française.

¹ Biblio, n° 96.
² *Sur trois marches de marbre rose*, dans les *Poésies nouvelles* (1850):
> Je ne crois pas que sur la terre
> Il soit un lieu d'arbres planté
> Plus célébré, plus visité,
> [. . . . .]
> Plus décrit, plus lu, plus chanté,
> Que l'ennuyeux parc de Versailles.

³ Henri de Régnier, *La Cité des Eaux: Poèmes*, Paris, Mercure de France, 1902.
⁴ Pierre de Nolhac, *Les Jardins de Versailles*, Paris, Manzi, Joyant, 1906.
⁵ Maurice Barrès, *Amori et dolori sacrum: La Mort de Venise*, Paris, F. Juven, 1902. Henri de Régnier, *Esquisses vénitiennes*, Paris, Floury, 1906.
⁶ Jacques Vontade, pseudonyme de Mme Bulteau, qui signait aussi «Fœmina», auteur de romans.
⁷ *Vénétie et Toscane*, Paris, 1898. (Extrait de la *Revue de Paris* des 1er août et 1er septembre 1898.)

Gainsborough, par G<small>ABRIEL</small> M<small>OUREY</small>. Paris, Laurens. In-8°, 128 grav.,
24 grav. hors texte. (Coll. des *Grands Artistes*).[1]

(1907)

M. Gabriel Mourey vient d'écrire sur Gainsborough un livre court,
substantiel et délicieux. Il paraît dans cette excellente collection
Laurens qui nous a valu, sous l'étiquette de simples mementos et
résumés, des travaux de véritable et puissante originalité, tels que
l'*Albert Dürer* de M. Auguste Marguillier et le *Nicolas Poussin* de
M. Paul Desjardins.

Tom Gainsborough arrive un jour à l'école avec un billet signé
de son père, demandant un congé pour son fils, et le voilà parti à
travers la campagne, dans les bois, ivre de liberté, observant, rêvant,
dessinant. Le soir venu, il rentre. Mais le subterfuge a été découvert:
Tom a falsifié l'écriture de John Gainsborough. «Tu finiras par la
potence!» s'écrie le brave homme. Mais Tom . . . ne répond mot,
montre simplement à son père le travail de sa journée, ses dessins;
la fureur paternelle s'apaise. Un autre jour, des maraudeurs dé-
vastent le verger des Gainsborough; Tom se cache, en surprend un
grimpé sur un poirier, en fait un croquis rapide, mais si ressemblant,
qu'il servira devant le tribunal de pièce à conviction. Ce fut l'esquisse
du portrait de Jacques Poirier. Les belles, les significatives anecdotes,
si éloquentes, si expressives! Que de choses: j'y vois, la grandeur du
penchant irrésistible, l'utilité documentaire de l'œuvre d'art («une
œuvre d'art, dit Ruskin, doit être un chapitre de géologie, ou de
botanique, ou d'ornithologie, un document judiciaire, etc.») et aussi la
curieuse hiérarchie des devoirs dans la morale innée de l'artiste, pour
qui le bien c'est ce qui seconde l'inspiration, le mal ce qui la paralyse,
—le bien, ici: la signature contrefaite et l'école buissonnière (le joli
mot pour un paysagiste!), le mal: la classe qui ne peut rien lui apprendre. Plus tard, ce brave et honnête Gainsborough, admirable et
généreux d'ailleurs, ne dédaigne pas l'argent, car l'argent n'est pas
chose fatale à l'artiste, mais, même dans son atelier, «centre des élé-
gances» de Bath, il se méfiera des gens du monde dont la fréquenta-
tion, si elle a le snobisme pour principe, énerve et tue les meilleurs
talents. «Vous gaspillez vos dons avec les gentlemen», écrit-il à son
ami Jackson, «et toute votre étude est de savoir comment vous de-
viendrez gentleman. Eh bien! damnés gentlemen, il n'y a pas d'espèce
d'ennemis plus à craindre pour un véritable artiste quand on ne les
tient pas convenablement à distance. Ils n'ont en eux qu'une partie
qui vaille la peine qu'on les regarde: c'est leur bourse. Quand des

gentlemen viennent chez moi, mon domestique leur demande ce qu'ils veulent; s'ils disent: «un tableau», «Monsieur, passez par ici s'il vous plaît et mon maître va venir vous parler», mais s'ils ne veulent que me saluer et me complimenter: «Monsieur, mon maître est sorti . . .»

A propos de Gainsborough et de la peinture anglaise, M. Gabriel Mourey évoque à plusieurs reprises le grand nom de Ruskin. C'est un fait senti aujourd'hui par toute une élite, qu'on ne peut pas honorer plus grandement la peinture anglaise des deux derniers siècles qu'en apportant le témoignage de Ruskin, et que, réciproquement, tout hommage rendu à ces peintres que célèbre M. Mourey, à Gainsborough, à Turner, est un hommage rendu à Ruskin. Je n'en sais pas pour ma part de preuve plus touchante que la petite anecdote suivante, que je conterai pour finir et qui s'ajoute, significative aussi, aux anecdotes que j'ai rapportées plus haut. M. Groult, dont la collection est le Louvre de la peinture anglaise (notre Louvre, hélas! en contient si peu!) en sera le sujet. Quand mourut Ruskin, cet éminent collectionneur songeait avec tristesse à la disparition du grand esthéticien dont la vie s'était dépensée dans la louange de Lawrence et de Gainsborough, dans la défense passionnée de Turner. Et incertain, se demandant comment il pourrait célébrer à sa manière l'illustre décès, il . . . acheta un Turner. J'imagine que cette offrande au mort, cette offrande un peu païenne de ce qu'il avait le mieux aimé sur la terre, eût été la plus douce au cœur de Ruskin. Et je me souviens qu'à l'époque j'avais cru voir là quelque chose comme un geste de poète.

M.P.

[1] Biblio, n° 100.

LE CHEMIN MORT [1]

(1908)

L'âme d'un grand écrivain lui survit dans ses œuvres. Parfois, mystérieusement captée en des conduits secrets, une part vient vivifier l'esprit d'un de ses descendants, s'y mêle à d'autres sources, alimente une œuvre nouvelle, toute différente, égale. C'est ainsi qu'après Alphonse Daudet, son fils Léon Daudet a été un autre génial écrivain, un autre merveilleux romancier, pendant que le nom de Daudet était encore porté d'une façon exquise et magistrale par Mme Alphonse Daudet, le poète délicieux de *Miroirs et Mirages*, d'*Au bord des Terrasses* et de l'*Enfance d'une Parisienne*. Et voici que ce nom florissant de Daudet, toujours rajeuni et varié d'un rameau, est, depuis hier, celui d'un quatrième écrivain, M. Lucien Daudet, digne de son père, de sa mère, de son frère, et cependant entièrement original. Dans le livre exquis et fort où il accomplit son éclatant début, sans doute on retrouve bien des qualités d'Alphonse Daudet, l'incessante intelligence, l'observation divinatrice, une sensibilité qui ajoute encore à la drôlerie des gens et à la tristesse des choses et qui électrise, qui «ozonise» certaines pages, jusqu'à les rendre irrespirables et anxieuses comme un soir d'orage. Mais bien en cela du fils d'Alphonse Daudet, ce livre, Lucien Daudet aurait pu l'écrire sans avoir jamais lu une ligne de son père, sans l'avoir même connu: il n'y a pas une trace, pas un moment de pastiche. L'originalité est entière.

C'est un livre qui n'est même pas fait comme un autre. Pas une description, mais pas un mot qui ne décrive. Tout ce qui semble s'exclure, la légèreté et la profondeur, tant de vivacité et de sérieux. Si je voulais absolument faire précéder ce livre du nom de deux maîtres, à qui il pût faire songer, j'inscrirais Dickens et Whistler.[2] Or, d'une langue à l'autre et, d'un art à l'autre, pas d'imitation à redouter.

*
* *

Bien des gens du monde qui n'ont pas lu Balzac et des journalistes qui ne l'ont pas compris, ont fait de l'épithète «balzacien» un si écœurant abus qu'on ose à peine en user encore. Mais, à tous ceux qui connaissent bien Balzac, elle viendra involontairement à l'esprit, cette épithète, en lisant le *Chemin Mort*, et dès tous ces premiers détails matériels d'une vérité criante, pareils à ceux dont Balzac a

172

caractérisé la vie de ses personnages et nous permet aujourd'hui de reconstituer le costume et le mobilier de leur époque.

La femme qui vient de perdre son mari, «enroulée et fière dans son magnifique deuil complet», la matinée «humiliante et désillusionnée où le bahut de bois noir orné d'une tête de Dante fut vendu quarante francs», le portemanteau «genre bambou», les «talons à la minute», les recommandations «futiles et disparates» de la mère: «Tu seras bien poli avec ton oncle, et ne porte pas ton melon en arrière, cela a l'air *Cascarin*», la «valise à soufflets, tant désirée», et combien d'autres qui rendent à chaque objet sa grâce industrielle et sa signification morale et déjà le démodent et le surannisent, en l'«artistisant». Que de traits délicieux: l'enfant «très fier de s'appeler Alain Malsort, sans savoir pourquoi», mais que sa mère, par «romanesque» appelle «Ali»; le petit camarade qui, parlant projets d'avenir, déclare fièrement aux autres qu'il a l'intention de «se faire mendiant»; l'oncle dont la figure est rouge, le nez épaté, les traits vulgaires, «mais cet air noceur et réjoui me semblait alors le comble du signe extérieur de la fortune»; la dame avare et gourmande qui a son bordeaux spécial pour elle, pendant que ses invités boivent de la piquette, mais qui le réclame au maître d'hôtel d'une voix douloureuse pour faire croire que c'est une sorte de médecine; le petit pauvre qui n'a pas de quoi s'acheter du pain et à qui un homme du monde, incapable de quitter les conceptions et la phraséologie de sa «caste», demande: «Etes-vous libre ce soir pour dîner?» et qui se contente de lui répondre en riant «d'un bon rire», tout cela et tant d'autres vues profondes, parfois comiques, le plus souvent douloureuses, sur ce qui, de la nature humaine, est le plus permanent et le moins aisément perceptible, atteste que l'auteur du *Chemin Mort* se montre digne de l'auteur de *Jack*, comme de ceux de *Journées de Femme* et du *Partage de l'Enfant*.

Marc Eodonte[3]

[1] Biblio, n° 110.
[2] *Wisthler*, dans le texte imprimé.
[3] Proust avait sans doute signé «Marc El Dante», pseudonyme où se cache son prénom conjoint à celui du grand poète italien du XIVe siècle.

Ruskin. *Pages choisies,* avec une introduction de M. Robert de
la Sizeranne. Paris, Hachette et Cⁱᵉ, 1908. Un vol. in-16°, 266 p.
av. portrait.
Ruskin. *Le Repos de Saint-Marc. Histoire de Venise pour les rares
voyageurs qui se soucient encore de ses monuments.* Traduit de
l'anglais par Mˡˡᵉ K. Johnston. Paris, Hachette et Cⁱᵉ, 1908. Un vol.
in-16°, x–272 p., av. fig, et 4 planches.[1]

(1908)

Populaire dans tous les pays de langue anglaise à un point où peu
d'écrivains l'ont été, Ruskin n'est encore connu chez nous que du
public spécialement attiré par l'esthétique. Mais, comme on peut en
juger par ces *Pages choisies,* il y a dans son œuvre immense de quoi
intéresser toutes les classes et presque tous les âges de lecteurs. Le ton,
comme les sujets, en est très varié: anecdotes, descriptions, railleries
humoristiques, lyriques envolées se succèdent, en des proportions
très diverses, et font de ce petit recueil un véritable choix de lectures
idéales, à la portée de tous.

Classique par sa composition et ses sujets, ce recueil l'est encore
par sa forme. M. Robert de la Sizeranne en a écrit l'introduction,
avec l'autorité que lui donnent chez les Anglais mêmes, ses études
sur la peinture anglaise et sur Ruskin.

Dans le second de ces ouvrages, c'est l'histoire de Venise presque
tout entière qui est évoquée aux pages de ce livre. L'auteur y
décrit, en les commentant avec l'éloquence et l'originalité qui lui
sont propres, les merveilles de la basilique de Saint-Marc. Les mosaïques fameuses où s'est inscrite la piété des siècles, les sculptures
qui synthétisent l'âme d'un grand peuple d'autrefois, les tableaux où
Carpaccio a tracé les splendeurs de son symbolisme minutieux, sont
expliqués par le maître avec sa simplicité, sa sûreté, sa sagesse
incomparables.

Pour ceux qui, partant en voyage, veulent emporter un guide qui
soit comme une paraphrase esthétique de l'antique et somptueuse
cité, le livre de Ruskin, excellemment traduit par Mˡˡᵉ K. Johnston,
sera le plus éloquent, le plus pénétrant des conseillers.[2]

[1] Biblio, n° 111.
[2] L'article n'est pas signé, et ne semble pas très caractéristique de Proust. On
sait seulement qu'il possédait un exemplaire du *Repos de Saint-Marc,* où il a
inscrit des remarques en marge de la préface.

UN DES PREMIERS ÉTATS DE *SWANN* [1]
[1908–1909]

C'est sur le côté de Méséglise que j'ai remarqué les rayons d'or du soleil couchant qui passaient entre moi et mon père et qu'il traversait avec sa canne, que j'ai remarqué l'ombre ronde que font les pommiers sur un champ ensoleillé, c'est du côté de Guermantes que j'ai vu dans les bois où nous nous reposions le soleil tourner lentement autour des arbres et la lune blanche comme une nuée passer en plein après-midi.[2] C'est du côté de Méséglise que j'ai appris qu'il suffit pour faire naître notre amour dans notre cœur qu'une femme ait fixé son regard sur nous et que nous ayons senti qu'elle pourrait nous appartenir; mais c'est sur le côté de Guermantes que j'ai appris qu'il suffit quelquefois pour faire naître notre amour qu'une femme ait détourné son regard de nous et que nous ayons senti qu'elle ne pourrait pas nous appartenir. Et de ce jour une femme comme dans un tableau primitif est toujours restée pour moi profilée sur le paysage de nature ou de ville où je l'avais d'abord désirée, ou bien sur celui où je savais qu'elle vivait. C'était plus qu'un souvenir du passé, une aspiration vers l'avenir où je pensais à elle comme commandant l'entrée de ce pays où elle vivait, les plaisirs particuliers des habitudes secrètes qu'on y goûte et auxquelles elle m'eût initié. Il n'y a pas une province française, pas un pays étranger que j'aie désiré, pas une condition féminine depuis la vie de cour d'une archiduchesse jusqu'à la vie d'atelier d'une couturière ou la vie de ferme d'une paysanne où j'aurais aimé être mêlé et au milieu de laquelle je ne vis s'élever la femme qui se tenait à la porte de la grange ou sur les degrés de l'église.[3] Mais surtout par elles, chaque année de ma vie a été placée dans un paysage habituellement inconnu et seulement désiré qui l'accompagne encore plus dans mon souvenir que celui où je l'ai vécue. Dans cette couleur que prend distinctement ainsi dans mon souvenir chaque année de ma vie, je ne saurais démêler si c'était le désir du pays qui me faisait y associer la femme ou si c'était l'amour de la femme qui me faisait désirer le pays. Il y avait flux et reflux, reflets qui ensuite se reflétaient eux-mêmes . . . , harmonie constante d'atmosphère. Pourtant l'un fut parfois le plus fort, parfois l'autre. Souvent le désir du pays l'emportait. Sans trop rien savoir du pays d'une femme, c'est en Bretagne que je voulais l'emmener. D'autres fois c'était la femme qui m'ouvrait le désir du pays. Une Hongroise me donna envie de voir le vaste cours du Dnieper, auquel je n'avais guère pensé jusque-là. Les écrivains contribuaient aussi à former ce pays idéal où je situais la femme que j'aimais et que je voulais retrouver comme une essence sacrée dans la terre que je foulais. Que de fois je me suis redit (du côté de Méséglise) les vers de la «Nuit d'Octobre»

Les morts dorment en paix dans le sein de la terre
Ces reliques du cœur ont aussi leur poussière

que j'identifiais je ne sais pourquoi avec les champs infinis de Méséglise. Ces reliques du cœur me paraissaient avoir une riche couleur, une harmonie profonde qui m'enchantait. Depuis, des vers qui ne me représentaient rien aux yeux alors m'ont ravi et les reliques du cœur ne me parlent plus tant. C'est ainsi que j'ai appris que la beauté artistique n'est pas perçue par nous matériellement en ouvrant seulement les yeux et les oreilles, et qu'il faut qu'elle rencontre au fond de nous un esprit parvenu au même degré de développement ou de décadence que se trouvait l'âme de celui qui les a écrits. Ceux qui doivent aller le plus loin dans ce développement ne peuvent cependant l'atteindre d'un bond. Il faut qu'ils passent par des degrés où ils aiment les œuvres qui correspondent à la phase où ils sont. A une époque où j'avais une sorte de passion pour le clair de lune et où je collectionnais toutes les pages qui parlaient de lui, certaines phrases de *Picciola* m'enchantaient, une phrase de *Colomba* me plaisait dans ses premiers mots parce qu'elle parlait de clair de lune, mais une plaisanterie qui y était mêlée m'empêchait aussitôt de voir l'astre brillant et y mêlait ce que je ne pouvais assimiler encore. Les vers les plus exquis de Baudelaire, les phrases de Flaubert m'auraient paru affreux. En peinture je ne voyais rien au-dessus des formes aux contours précis de Gleyre,[4] sur lesquelles une couleur unie était vivement et également répandue, où rien n'altérait la poésie du paysage où le fin croissant se détachait.[5] D'autre part, certains romans que je lisais alors, peut-être le *Lys dans la Vallée*, mais je n'en suis pas sûr, me donnaient un grand amour pour certaines fleurs en quenouille, dépassant verticalement de leur grappe aux sombres couleurs un chemin fleuri. Que de fois je les cherchai du côté de Guermantes, m'arrêtant devant quelque digitale, laissant mes parents me dépasser, disparaître à un coude de la Vivette pour que rien ne trouble ma pensée, me redisant la phrase aimée, me demandant si c'était bien cela qu'avait dépeint le romancier, cherchant à identifier au paysage lu le paysage contemplé pour lui donner la dignité que déjà la littérature conférait pour moi à la réalité en me manifestant son essence et m'enseignant sa beauté. Je ne finirais pas si je disais tout ce que j'ai appris du côté de Méséglise et du côté de Guermantes. Sans doute les divers enseignements que je reçus alors ne découlaient pas tous du caractère spécial et différent des deux «côtés». Mais comme la minute où la révélation se fit en moi reste gravée dans mon souvenir, comme je me rappelle l'arbre sous lequel j'étais, la fleur qui poussait à mes pieds, je ne puis m'empêcher de la situer dans celui des deux côtés où elle eut lieu. Je me rappelle mes angoisses en me promenant dans les champs du côté de Méséglise parce qu'on m'avait dit que pour Théophile Gautier le plus beau vers de Racine était

La fille de Minos et de Pasiphaë.[6]

Je ne pouvais alors laisser à l'art—bien au-dessous de la philosophie —quelque dignité qu'à condition qu'il contînt quelque grande idée. Que ce vers de Racine, que certains vers de Leconte de Lisle fussent plus beaux que des vers philosophiques de Sully Prudhomme, cela me troublait d'autant plus profondément que cette beauté que je ne pouvais légitimer je la ressentais. Moi qui aujourd'hui—pour de toutes autres raisons que Théophile Gautier—n'attache presque aucune importance au contenu intellectuel explicite d'une œuvre d'art. Mais le temps n'était pas encore venu où je devais rencontrer l'idée de l'art que je me faisais aujourd'hui et j'avais encore à passer par bien des chemins avant d'y arriver. Ce fut longtemps une règle à la maison que les soirs où nous avions été du côté de Guermantes, comme je rentrais très fatigué on m'envoyait coucher tout de suite aussitôt ma soupe prise et comme le dîner était à peine commencé quand je montais, Maman ne pouvait pas monter me dire bonsoir de sorte que les soirs de Guermantes furent aussi tristes que ceux où M. Swann dînait à la maison. Tout l'après-midi pendant la promenade je pensais à la Comtesse de Guermantes, aux nymphéas, au plaisir d'aller en barque sur la Vivette. Mais sur le retour, quand la nuit commençait à tomber, tout d'un coup mon cœur commençait à battre, l'angoisse de la nuit que je passerais sans que Maman fût venue me dire bonsoir venait d'entrer en moi et ne me quitterait plus. La Comtesse de Guermantes était bien loin, je ne voyais plus rien sur la route, elle avait perdu pour moi tout charme et je ne comprenais pas le plaisir qu'on pouvait y trouver, ma pensée fixait mon lit où il faudrait entrer, et sur lequel Maman ne se pencherait pas; et c'est ainsi que j'ai appris du côté de Guermantes à distinguer en moi ces états opposés qui se succédaient, alternaient dans ma vie —souvent à intervalles rapprochés, parfois au cours d'une même journée—l'un fait de tristesse par exemple revenant chasser l'autre tous les jours à la même heure, avec la ponctualité de la fièvre—et si parfaitement séparés quoique contigus, si incommunicables, que ce que j'ai désiré ou redouté ou accompli pendant la durée de l'un, me semble au cours de l'autre entièrement incompréhensible. Chose singulière, si c'est du côté de Méséglise que j'ai senti d'abord la douceur de la vie réglée sur le jour, de rentrer lire tous les soirs avant le dîner à l'heure où le ciel au-dessus des arbres du calvaire était une bande écarlate à laquelle j'associais l'idée du fourneau de cuisine où commençait à rôtir le poulet du dîner, c'est aussi du côté de Méséglise que j'ai appris bien des années plus tard, en villégiature chez des amis que je ne connaissais pas alors, la douceur de la vie déréglée, de sortir de chez soi à l'heure où du temps de Combray j'avais déjà fini de dîner.[7]

Bien avant cette époque, sur la fin des jours de Combray que je viens d'évoquer, quand j'étais encore un enfant, ma tante Léonie mourait; ceux qui trouvaient qu'elle aurait dû «se secouer» virent dans sa mort la preuve qu'ils avaient raison et dirent que son hygiène affaiblissante avait fini par la tuer. Ils admiraient seulement qu'elle eût pu y résister si longtemps. Ceux qui au contraire pensaient que son régime exceptionnel lui était nécessaire donnèrent de l'événement de sa mort une interprétation exactement contraire et déclarèrent qu'enfin on voyait bien que la pauvre femme était réellement malade et non pas malade imaginaire et qu'il fallait bien se rendre à l'évidence de la gravité de sa maladie maintenant qu'elle en était morte, qu'on pouvait voir, disaient-ils, que ce qu'on appelait «ses idées» n'était que la conscience d'un état morbide que les sceptiques s'étaient entêtés à nier et qui l'aurait enlevée plus tôt n'ayant été reconnu par personne si elle n'avait pas eu l'instinct d'y opposer une diète qui en avait retardé l'issue. Les deux illustrations médicales appelées de Paris à se prononcer sur la nature des accidents à marche rapide qui entraînèrent sa mort se trouvèrent d'ailleurs donner raison aux partisans de l'une et l'autre théorie. Car pour l'un il avait dû y avoir explosion d'un foyer ancien de tuberculose du cerveau et du rein, pour laquelle en effet une nourriture substantielle et une aération continue eussent été salutaires. Mais selon l'autre la mort avait été plutôt causée par la sclérose et le bouchage des artères de ces deux organes, état dont la diète et le repos absolu n'avaient certainement pu que retarder longtemps l'issue fatale.[8] Cette année-là, mes parents, à cause des formalités à remplir pour la succession de ma tante Léonie restèrent très tard à Combray. L'automne était venu; il faisait froid; pendant que mes parents avaient des conférences avec le notaire, M. Goupil, je lisais dans la «salle» au coin du feu la «Conquête de l'Angleterre par les Normands» d'Augustin Thierry;[9] puis quand j'étais fatigué du livre, quelque temps qu'il fît, je sortais: mon corps resté immobile pendant ces heures de lecture où le mouvement de mes idées l'agitait sur place pour ainsi dire, était comme une toupie qui soudain lâchée a besoin de dépenser dans tous les sens la vitesse accumulée. Ces promenades-là je les faisais seul et toujours du côté de Méséglise. J'étais enivré, les herbes poussées sur les murs de l'Image de Notre-Dame, le prunier qui avait perdu ses prunes et son pêcheur, les seringas de la haie du père Swann, les pommiers des champs recevaient de joyeux coups de parapluie qui n'étaient que des idées confuses qui n'ont jamais connu le repos dans la lumière pour avoir préféré le plaisir immédiat d'une dérivation active. Je dis coups de parapluie car il plut beaucoup cette année-là et les chapitres de la «Conquête de l'Angleterre par les Normands» avaient [avec] le temps des affinités si mystérieuses, que le temps resté hésitant d'habitude tant que je lisais, la pluie ne se décidait à tomber qu'au moment où je me décidais à sortir. Les premières gouttes me prenaient rue de l'Oiseau ou quand je traversais le Pont Vieux et une petite pluie ne cessait plus guère de tomber jusqu'au moment où j'étais sur le point de rentrer à Combray. Alors un faible rayon de soleil brillait sur le parc Swann, l'eau de la Vivette si sombre sous la pluie au moment où j'avais passé le petit pont était redevenue une matière lumineuse, réfléchissante et bleue. Et j'acheminais mon retour mouillé, las et joyeux dans une harmonie de toutes choses. Par les rues de Combray les marches des seuils comme les tuiles des toits répondaient par un sourire au sourire du ciel, un peu de brise seulement soufflait, les herbes sur les murs se laissaient filer au vent avec l'abandon des choses inertes et légères qui seraient emportées si elles n'étaient collées par en bas aux vieilles pierres, et les bonnes gens que je rencontrais me disaient: «Il fait bon marcher».[10] Plus tard j'ai connu à Paris les bienfaits d'une vie plus civilisée et confortable où on ne risque pas d'être mouillé, les avantages du club qui sur un coup de téléphone vous envoie en dix minutes un excellent coupé. Mais si je répétais comme tout le monde que c'était bien agréable et bien commode, j'avais à la glace du coupé le même visage ennuyé de tous les gens qui ont une voiture, qui se servent du téléphone et qui font partie d'un club, tandis que ces promenades à pied à Combray «par tous les temps» me rendaient si heureux et me faisaient tant de bien que quand les affaires de la succession de ma tante furent réglées et que mes parents se disposèrent à quitter Combray, ils étaient désolés de me remmener. On ne pouvait songer à laisser notre maison de Combray ouverte pour moi tout seul, mais dans le voisinage . . . «Veux-tu que je voie à Pinsonville, disait ma mère, Françoise connaît une bonne femme chez qui tu serais très bien, c'est là que tu pourrais aller te promener dans les champs.»

Je rentrai cependant à Paris avec Maman, mais je gardai de l'ivresse de ces promenades du côté de Méséglise, le souvenir d'une vie bienfaisante et d'intarissable énergie intellectuelle à laquelle vint s'opposer trop vite la vie du monde desséchante, sans pensée, sans exaltation, où au lieu de sentir mon moi s'épancher dans la solitude, je le sentais accepter mensongèrement comme joies d'ennuyeux plaisirs de société qui me laissaient si triste que j'étais obligé le soir pour me persuader que je n'avais pas perdu mon temps, de récapituler mon bilan et de me dire: j'ai connu aujourd'hui tel homme éminent, telle femme charmante, deux raisons d'être heureux. En rentrant de mes promenades du côté de Méséglise je n'aurais probablement trouvé aucune raison pouvant me prouver que je n'avais pas perdu ma journée, que j'étais heureux. Mais je n'avais pas besoin de me persuader de l'être, je l'étais. Je n'en finirais pas[11] si j'essayais de dénombrer tout ce que m'ont enseigné le côté de Méséglise et le côté de Guermantes. Sans doute bien souvent telle découverte que je fis en moi-même de l'un des «côtés» eût pu être faite de l'autre et ne tenait pas essentiellement à son caractère distinctif du côté où elle fut faite. Mais cela n'empêche pas que quand je me rappelle le moment où telle petite vérité me fut révélée, je sais que j'étais assis sous tel arbre du côté de Guermantes, que je tournais telle haie du côté de Méséglise. Même en se plaçant à un point de vue purement narratif, pourquoi puisqu'on décrit les lieux où l'on vit pour la première fois telle personne qui devait avoir de l'influence sur notre vie, ne décrirait-on pas de même les lieux où l'on fit la rencontre de telle vérité qui devait elle aussi avoir son influence sur notre vie. Quelquefois d'ailleurs il y avait entre le paysage et l'idée une sorte d'harmonie.

C'est de ces promenades solitaires que je fis à l'automne du côté de Méséglise que date une des lois vraiment immuables de ma vie spirituelle. Tout d'un coup tandis qu'une image passait sous mes yeux ou dans ma pensée, je sentais à un plaisir particulier, à une sorte de profondeur, qu'il y avait quelque chose sous elle, une réalité plus profonde. Je ne savais quoi. Je gardais précieusement l'image dans ma pensée, je marchais avec précautions comme de peur de la faire envoler. Quelquefois je me persuadais que ce n'était qu'à la maison devant mon papier que je pourrais l'ouvrir avec sécurité, et trouver son contenu intellectuel. C'était un clocher que j'avais vu filer dans le lointain, une fleur de sauge, une tête de jeune fille. Je sentais que là-dessous il y avait une impression, et je revenais à la maison rapportant mon impression vivante cachée sous cette image qui la signifiait comme on rapporte sous l'herbe qui la garde fraîche une carpe qu'on a pêchée. Arrivé à la maison, j'ouvrais mon panier, je tâchais de soulever l'herbe et de saisir le poisson, s'il ne s'était pas échappé en route. Jamais ce n'est la grandeur, la valeur rationnelle d'une idée, qui m'a donné la sensation de sa beauté, qui m'a dit: voilà, il y a du beau, du vrai là-dessous, il y a quelque chose à creuser. C'est quelque image qui était à priori sans valeur intellectuelle, quelque clocher filant dans la perspective, quelque fleur de sauge, quelque tête de jeune fille, quelque forme qui s'imposait à moi. J'ai su pour quelques-unes découvrir la beauté ou la pensée qu'elles contenaient et qui m'avait fait à leur passage dresser l'oreille intérieure. Pour d'autres dans ma paresse je me disais: il suffit de me rappeler l'image, un jour je la prendrai, j'essayerai de l'ouvrir; et c'est ainsi que les ateliers de mon passé se sont encombrés de clochers, de têtes de jeunes filles, de fleurs fanées, de mille autres formes en qui toute vie est morte et qui ne signifieront plus jamais rien pour moi, d'où j'eus peut-être tiré, si j'avais eu cette volonté que voulait me donner ma grand'mère, des pensées qui eussent servi aux autres d'aliment.[12] Et pour finir avec les deux côtés je parlerai d'une découverte différente bien qu'en apparence elle ressemble à celle-ci que je fis du côté de Guermantes. Il y avait déjà assez longtemps que nous étions arrivés à Combray cette année-là. Dans le train qui nous avait amenés par un jour extrêmement chaud, on s'était arrêté pendant assez longtemps en pleine campagne pendant que les ouvriers tapaient sur les rails pour je ne sais quel travail. Pendant l'arrêt je regardais par la portière, il y avait sur le chemin des fleurs de toute sorte; on disait autour de moi que c'était un endroit ravissant comme en décrivaient les poètes. J'essayais de le décrire, je cherchais une épithète dans ma pensée pour chaque fleur. Ce que je trouvais, si brillant ou ingénieux que cela fût, ne me causait aucun plaisir et me donnait une grande impression d'ennui et de médiocrité. Je me disais: oui cet endroit est ravissant, littéraire, mais quelle pauvre chose que la littérature, que la nature, que la vie. Ou bien c'est moi qui n'ai pas d'imagination. Comme j'avais tort de me croire poète, que je suis médiocre. Et je pensais à une page d'un philosophe que ma grand'mère m'avait lue, disant que les joies de l'intelligence sont plus vives que toutes les autres, que toutes les autres ne comptent pas pour l'artiste et qu'il n'est heureux que s'il arrive à faire consister toute sa vie dans les joies de l'intelligence. Que cela est faux, me disais-je, que les plaisirs de l'intelligence sont ennuyeux. Ce qui m'aide à supporter la vie c'est l'attente d'autres plaisirs où l'art ne sera pour rien et que tout le monde goûte de même, la gourmandise, le monde, l'amour, etc . . . Et je continuais avec ennui à essayer d'observer, d'approfondir, d'exprimer cet après-midi et ce paysage. Quelque temps après j'étais allé goûter et travailler dans les bois de Combray où j'apprenais avec mon institutrice le premier livre de la géométrie. Je me rappelle que je lui avais dit: je vois bien, de démonstration en démonstration, en faisant appel à des théorèmes différents qui n'ont aucun rapport que deux triangles semblables sont semblables, je vois «comment» vous le démontrez, mais «pourquoi» le sont-ils. «Pourquoi?» J'avais passé si longtemps à essayer en vain de faire comprendre mon idée à laquelle je n'ai d'ailleurs jamais repensé ne m'étant plus occupé de sciences, qu'épuisés tous les deux nous avions cessé là la leçon. Je regardais la lumière qui baignait les troncs jusqu'à demi-hauteur, j'essayais d'exprimer cela et éprouvais le même ennui et avais aussi profond le sentiment de ma médiocrité et de l'ennui de la littérature que dans le train qui me menait à Combray où je n'avais pu trouver l'ombre de poésie au beau chemin fleuri.[13] C'était l'heure du goûter, mon institutrice avait apporté des assiettes pour manger de la tarte, nous les sortîmes, je pris une fourchette, je voulus trancher la tarte mais j'avais mal placé ma fourchette qui frappa avec bruit sur l'assiette. Mon institutrice commençait à me gronder, mais je ne l'entendais plus. Le bruit du couteau frappant l'assiette m'avait donné soudain une impression de chaleur, de soif, d'été, de rivières où le soir descendait sans rafraîchir l'air, de voyage, qui m'enivrait. C'est que ma mémoire inconsciente du présent, ignorante au fond de moi des circonstances où je me trouvais, l'ayant trouvé exactement semblable au bruit que faisaient les marteaux des employés du train frappant sur les rails dans la halte que nous avions faite, envoyait à flots les souvenirs amis de celui-là le rejoindre et se réjouir avec lui. Le paysage observé avec l'intelligence, c'est-à-dire faussement, m'avait paru insipide. Revu plus tard par l'intelligence, c'est-à-dire toujours inexactement, il continuait à me paraître insipide. La nature, le passé me paraissaient ennuyeux et laids parce que ce n'étaient ni la nature, ni le passé. Recréée soudain et précisément à l'aide d'une de ces sensations à qui j'avais laissé toute sa vertu en n'y appliquant pas mon attention, le bruit du marteau des employés, elle m'apparaissait vivante, vécue, [pressée],[14] enivrante et belle. Non seulement je trouvais la nature belle, et que la vie valait la peine que l'on essayât d'en démêler la beauté, mais je sentais en moi une sorte de génie. Je demandai à mon institutrice de rentrer pour que je pusse essayer de décrire ce qui m'avait soudain envahi. Et une crainte me glaçait, la peur d'un accident, la peur de mourir avant de l'avoir décrit. Ce paysage du train qui m'avait paru si insipide et avait ôté pour moi du prix à ma vie, lui en donnait un si grand maintenant que je marchais effrayé, comme portant une chose précieuse, chargé d'une commission plus importante que moi et qu'il fallait que je fasse. Je pouvais mourir après. Résidant au-dessus de moi-même, dans une vérité poétique qui née de l'accord d'une minute présente et d'une minute passée était en quelque sorte hors du temps et de l'individu, ce qui pouvait m'arriver dans le temps, à moi, m'importait peu, pourvu que la vérité extra-temporelle dont j'étais depuis un moment le dépositaire enivré fut mise en lieu sûr en des pages durables. A ce moment-là la beauté de la vie et la certitude de mon talent me paraissaient des choses aussi indiscutables que l'insignifiance de la vie et ma médiocrité me l'avaient paru dans le train.[15] Depuis j'ai malheur[eus]ement passé plus souvent par les heures du train que par les heures [qui][16] ressuscitèrent dans le bruit d'un marteau ce paysage vu du chemin de fer, au milieu de ces bois de Combray, qui eux-mêmes sont renés d'une tasse de thé. Et comme les heures fréquentes du train sont si moroses, et celles que j'éprouvai ce jour-là du côté de Combray si enivrantes, c'est peut-être dans ce sens-là que sont vrais les mots qui m'avaient paru si faux jusque-là que les joies intellectuelles sont pour l'artiste les plus grandes de toutes et que sa vie est heureuse dans la mesure où il peut obtenir la continuité de ces joies.

Quand le premier matin de mon arrivée à Querqueville, ayant été averti que la cloche du déjeuner sonnerait dans une demi-heure, je m'étais levé après une grasse matinée, n'ayant qu'à être prêt pour le déjeuner, faisant vingt fois le chemin de ma malle, où étaient toutes mes affaires, à la toilette où on venait de mettre un savon neuf, je suivais ce chemin quand tout d'un coup dans l'odeur du savon nouveau, dans l'odeur que le soleil dégage des meubles inconnus, de la malle pleine de vêtements élégants, et du lit défait aux draps fins où notre chaleur s'est incorporée, nous respirons non pas cette première matinée à Querqueville, non pas d'autres matinées sem-

blables après une première nuit passée dans un château auprès de
la mer, mais une sorte d'existence commune à ces diverses matinées,
permanente, plus réelle qu'elles, extra-temporelle comme ces odeurs
qui sont à la fois du passé et du présent ou plutôt en dehors et au-
dessus du passé et du présent et qui suscitent en nous pour en jouir,
un être échappant au temps, existant au-dessus du présent et du
passé, un poète. Sur ce chemin que nous refaisons vingt fois du
lavabo où nous achevons notre toilette à la fenêtre où nous regardons
claquer les drapeaux et la mer ensoleillée qu'une ligne immense et
tremblée divise en un champ bleu paon et un champ vert paon, en
passant par la malle ouverte où nous comparons des pantalons et
hésitons entre des cravates, à tout moment l'odeur du savon, l'odeur
du lit défait, d'autres dont nous ne reconnaissons pas la provenance,
mais qui nous rendent des états disparus, nous font arrêter, respirer,
jouir, chanter, comme les odeurs d'un chemin fleuri. Chacune nous
apporte une pensée, nous relie à quelque année heureuse et oubliée;
nous ne pensons pas que la villégiature présente puisse nous apporter
dans les défectuosités du présent beaucoup de joie. Mais nous sentons
là près de nous un petit paradis que dessine en l'air de contours
flottants l'odeur du savon nouveau, des serviettes fraîches, du lit
défait, du soleil au chaud et de la malle, petite existence idéale
faite d'oisiveté et d'élégance, où l'on n'a qu'à être prêt pour le
déjeuner, à y paraître beau, propre et bien mis et après cela à aller
se promener, existence qui se tient là en dehors de nous, en dehors
du temps, réelle, où il nous est donné d'accéder dans une certaine
mesure, qu'il nous est donné de goûter imparfaitement, mais dont
nous avons senti tout d'un coup la réalité, l'idéalité dans les dedans.
Là nous l'avons perçue réelle, suscitant en nous aussitôt un moi réel.
Aussi nous avons été heureux, et c'est en chantant—comme chaque
fois que le monde se révèle à nous réel, extra-temporel, poétique,
fût-ce dans l'odeur d'un savon nouveau et d'un lit défait, chaque
fois que nous sentons qu'il y a des types d'existences possibles que
nous ne vivons peut-être pas, mais qui existent en dehors de nous,
heureuses, fût-ce une simple existence de paresse, de luxe et de
villégiature,—que nous avons refait vingt fois le chemin qui va de
la fenêtre au lavabo et du lit à l'armoire à glace et où serpentaient
comme ces courants différents qu'on distingue dans les estuaires,
tant d'odeurs assez nouvelles pour nous frapper, assez connues pour
nous émouvoir, odeurs qui sont autant de pensées, qui éveillent en
nous autant de notions de la permanence de plaisirs que nous avons

cru fugitifs et qui même dans leur apparence fugitive semblent à jamais perdus pour nous.[17]

Et dans ces heures où quelque malaise physique ou quelque chagrin nous opprime pour lesquels nous savons qu'il n'existe pas de remède immédiat, si par hasard nous percevons en ce moment près de nous l'une de ces odeurs, si par exemple dans un spasme de souffrance nous appuyons notre figure assez près de l'oreiller pour y percevoir une odeur oubliée de nuits anciennes, seules ces odeurs ont le pouvoir qu'avait autrefois la foi des martyrs, de nous soustraire dans une certaine mesure à la souffrance actuelle. Elles font même plus que la foi qui donnait l'espérance d'avoir une âme éternelle; et de la relativité du temps, elles nous en donnent la sensation, la certitude immédiate; essences permanentes elles suscitent aussitôt en nous une âme permanente qui puisse les goûter et qui s'en repaît délicieusement. Et ces moments où notre âme est supérieure au temps et à l'apparence des événements sont les seuls où nous soyons heureux.

[1] Biblio, n° 241. Fragment sacrifié d'*A la recherche du temps perdu.* C'est une sorte de résumé de certaines idées sur les deux «côtés» qui seront présentées dans *Du côté de chez Swann,* mais là elles seront développées avec plus de vie et d'art que dans cette ébauche. Aussi pourrait-on supposer avoir ici l'esquisse d'un des chapitres du tout premier état du roman, celui que Proust composa au cours du premier semestre de 1908. Notre texte semble correspondre au chapitre intitulé *Le Côté de Villebon et le côté de Méséglise,* selon la liste de chapitres écrits que Proust dressa, l'été de 1908, dans un de ses petits carnets. On sait que le côté de Guermantes s'appelait d'abord le côté de Villebon, Proust ayant pris ce nom d'un château qui existe dans la région d'Illiers. Cependant, si le nom de Guermantes se trouve déjà dans le manuscrit de notre fragment (ce que nous n'avons pas encore pu vérifier), le fragment en question ne peut guère être antérieur à 1909. Car c'est seulement le 23 mai 1909 que Proust écrira à Georges de Lauris (*A un ami,* pp. 173–174): «Savez-vous si Guermantes qui a dû être un nom de gens, était déjà alors dans la famille de Pâris, ou plutôt pour parler un langage plus décent, si le nom du Comte ou Marquis de Guermantes était un titre de parents des Pâris, et s'il est entièrement éteint et à prendre par un littérateur. Connaissez-vous d'autres jolis noms de châteaux et de gens?» Nous indiquons dans les notes ci-après quelques endroits du texte du roman où se trouve un état ultérieur de notre fragment.

[2] Cf. *Du côté de chez Swann,* I, 146.

[3] Cf. *ibid.,* I, 156–158.

[4] *Glayre,* dans le texte imprimé.

[5] Cf. *Du côté de chez Swann,* I, 146.

[6] Cf. *ibid.,* I, 90.

[7] Cf. *ibid.,* I, 7 et 133.

[8] Tout ce passage sur la mort de la tante Léonie se réduit à une seule phrase dans le texte définitif du roman (I, 153). C'est un bel exemple de la concision du style de Proust.

[9] Cf. *ibid.*, I, 154; et *Sodome et Gomorrhe*, II, 836.
[10] Cf. *Du côté de chez Swann*, I, 154–155.
[11] Ici Proust reprend, sous une forme légèrement modifiée, trois phrases qu'on lit dans le premier paragraphe du texte.
[12] Cf. *Du côté de chez Swann*, I, 178–179.
[13] Cf. le *Temps retrouvé*, III, 855 et 868.
[14] *passée*, dans le texte imprimé.
[15] Cf. le *Temps retrouvé*, III, 854–856 et 868; et *Du côté de chez Swann*, I, 179–182 et 717–719.
[16] *où*, dans le texte imprimé.
[17] Cf. *Sodome et Gomorrhe*, II, 764.

LES MYSTÈRES
DE LA PETITE PHRASE
DE VINTEUIL[1]

Une ravissante jeune femme qui dit bonjour à Swann avait dans les cheveux la parure de saphir qui fut donnée par l'empereur d'Autriche à la gouvernante du Roi de Rome en dédommagement de lui avoir retiré son élève (à vérifier) et la fortune de son mari, un majorat qui lui venait de l'empereur, consistait en actions du M...

Cependant l'ordre du programme annonce la suite d'orchestre pour laquelle Swann était venu. Rien dans cette suite, comme je l'ai su depuis, pas même la délicieuse petite phrase qui revient deux fois et à laquelle je l'attendais, ne lui rappelèrent rien de ses souffrances d'alors, de son amour pour celle dont il avait cessé depuis bien longtemps d'être amoureux. Mais tout ce que ces souffrances morales d'alors, le malaise physique d'alors de son corps dévoré d'angoisse et de fièvre, l'avaient empêché de ressentir alors, et qui était resté en quelque sorte matériellement gardé dans ses organes, attendant le moment où cela pourrait pénétrer dans son âme— comme ces mots dits dans une conversation qui ne viennent pas jusqu'à notre attention distraite mais dont si l'on nous dit: «Je suis sûr que vous n'avez pas écouté»—nous pouvons trouver le son exact dont s'est approvisionnée notre oreille—c'est tout cela, fraîcheur des bois, des feuillages nocturnes où, invité par les Verdurin, il avait passé des heures sans le sentir, inquiet seulement de savoir si son amie s'y rendait, si elle n'allait pas partir, si elle pensait à lui, où il ne pensait qu'au moment où il verrait son amie, maintenant que son amour, ses douleurs morts, repris par la nature, redevenus eux-mêmes frondaisons et n'y faisaient plus obstacle, c'est tout cela réveillé alors par la petite phrase qui devait se le garder attaché à jamais, qui, à peine eût-elle commencé—peupliers, hêtres du Japon (?), lac, groseilliers et roses—vint se ranger et se peindre avec une pureté délicieuse le long du déroulement de son motif. Mais le charme qu'ils dégageaient n'était pas qu'une impression de nature qui fut bientôt noyé sous un autre plus fort, mais plus trouble et factice. Ces bois, ces eaux, cette brise du soir entouraient la mélodie non pas comme si elle les avait seulement évoqués, mais comme si elle leur était intérieure, comme si habitant effectivement en eux la volupté imaginaire, irréelle comme ces sensations qu'on éprouve en rêve, qui était le charme même de la petite phrase et dont elle donnait la nostalgie—comme si en allant par une même nuit s'asseoir

sous les mêmes arbres on rencontrait le bonheur particulier qui
n'est pas de ce monde, dont la mélodie était comme la révélation.
(Avoir soin que cela se rapporte à ce bonheur indiqué dans l'analyse
du cantique de Fauré.) Comment après l'avoir entendue retourner
à un monde réel où rien ne parlait d'elle; fumeur d'opium, dormeur
réveillé d'un rêve[2] enchanteur, il voulait revoir ce qui, du moins,
avait en quelque façon assisté inconsciemment à son rêve, les arbres,
la nuit d'été, même les dîneurs d'un restaurant du bois. Et en même
temps il souriait de retrouver en lui-même non son amour d'autrefois
et ses tristesses, mais de particulières façons d'aimer et de sentir qu'il
avait alors, qu'il avait oublié avoir jamais eues, et que la petite phrase
comme une servante qui a mis de côté un objet d'autrefois qu'on
croyait perdu, rapportait et montrait à son âme étonnée, attendrie.

   «Voulez-vous venir dîner avec moi demain au bois, me dit-il,
ou déjeuner dans quelque jardin. Voulez-vous venir vingt-quatre
heures à Combray voir mes groseilles et mes roses?» Je lui dis
qu'hélas je n'étais pas libre. Il y eut une courte [pause][3] avant la
deuxième partie du programme, et, pour le laisser à sa rêverie, je
me retirai vers l'entrée, voulant donner encore un regard à ces
merveilleuses coupes d'or qu'étaient les casques et à la table de
mosaïque. On venait d'annoncer le prince de Guermantes.

[1] Biblio, n° 243. Fragment sacrifié d'*Un Amour de Swann*.
[2] *monde*, dans le texte publié. Nous corrigeons d'après la photocopie d'un
fragment du manuscrit.
[3] *pose*, dans le texte publié.

LA VIE MONDAINE [1]

Pensant à tant de femmes autrement belles, intelligentes, recherchées, qui avaient en vain cherché à fixer son cœur, il avait un mouvement de révolte et se disait: je vais aller chez elles et avoir pour elles la bonté que je voudrais qu'Odette eût pour moi. Mais tous leurs charmes étaient anéantis par un défaut qui était de n'être pas Odette, et il rentrait plus triste après les avoir quittées.

Et pourtant le monde où il retournait quelquefois les soirs où il ne pouvait voir Odette, même le simple train de sa maison chez lui, avaient pris pour lui une sorte de charme qu'ils n'avaient pas auparavant.

Et surtout depuis que chez lui ou dans le monde, partout où il était il se sentait loin de ce qui faisait l'intérêt de sa vie et comme en exil, depuis que chez lui le train de sa maison et le soin de ses affaires, et au dehors les plaisirs et la vie du monde, cela lui était devenu indifférent, étranger, il y trouvait un certain charme qu'il n'y trouvait pas autrefois quand il n'en était pas si détaché, depuis que ce n'étaient pour lui que des tableaux à regarder. Il prenait à penser à son train de maison, au menu des repas, au bon placement de sa fortune le plaisir qu'il avait eu autrefois dans ses lectures sur le XVIIᵉ siècle, à lire l'attention que Lulli portrait à la gestion de ses revenus, le déjeuner et l'emploi des heures de Fénelon ou de Madame de Maintenon, le train de maison de d'Antin dans Saint-Simon. Quand il partait pour aller en soirée, il éprouvait une sorte de charme à sentir qu'il n'y partait pas seul, ainsi qu'il semblait, mais que dans la voiture où il montait le souvenir d'elle montait avec lui, comme ces petites chiennes qu'une dame emporte avec soi et qu'elle peut dissimuler dans un dîner et caresser sans que personne s'aperçoive qu'elle l'a avec elle, ou comme une fleur cachée dont il se surprenait secrètement constamment à respirer pendant le trajet et même en soirée à l'insu des autres le parfum mêlé de larmes, avec une langueur qui lui donnait une sorte de spasme du cou, en inclinant la tête vers l'épaule, qu'il n'avait pas jusque-là. Et quand il arrivait pour dîner avec quelques personnes, ou à une petite réunion après le dîner chez quelques-unes des rares personnes qu'il revoyait, la Comtesse de Beauvais, la Princesse de Hainaut, la Marquise de Talbert, surtout chez cette dernière dont toute la famille polonaise Czartoriski, Jagellon, Radziwill, faisait que les soirs où il n'y avait personne à dîner, où on était en famille il y avait six dames à qui on disait «Princesse», cela lui faisait l'effet de quelque scène pleine de charme de la vie mondaine, telle qu'elle est peinte avec sympathie dans un roman de Tolstoï, venant du fond d'*Anna Karénine* ou de *la Guerre et la Paix*, et qu'il était mêlé pour quelques heures à sa gaieté, à ses conversations, à son bien-être, comme il avait souvent souhaité quand il la lisait.

C'était peut-être plus encore dans ces soirs d'entière intimité qu'il sentait plus la présence de la «vie mondaine» parce qu'aucun prétexte d'apparat, aucun sujet de représentation ne la masquait et qu'on la sentait là, présente, implacable, comme une présence toute-puissante dans chaque pièce, invisible mais ayant tout réglé, cause de tout. Quand la Princesse de Beauvais allait chez sa belle-sœur, la Vicomtesse de Hainaut, c'était dans l'antichambre cette puissance invisible qui maintenait le valet de pied immobile, sans aucune ex-pression du corps ni du visage, et bien qu'aucune des deux belles-sœurs n'attachât la moindre importance à la noblesse, avait exigé qu'il eût la livrée aux couleurs de Hainaut, que la Princesse lui dise «Madame la Vicomtesse» en parlant de sa belle-sœur et qu'il répondît de même. Elle le disait sans y penser, ayant obéi aux commande-ments de cette puissance depuis qu'elle existait, y ayant toujours vu obéir autour d'elle, avec l'air de jolie lassitude d'une personne qui a toujours été commandée. Cependant la vie mondaine ne lâchait pas prise, le valet de chambre était toujours immobile, la Princesse avait les épaules nues, des diamants dans les cheveux, parce que c'était le costume que doit revêtir la ballerine mondaine, pour l'entrée qui a lieu à cette heure-là. Et sa belle-sœur par ordre de la même vie mondaine s'était habillée de même. Après le dîner on restait à causer; elles n'avaient rien à se dire de particulier qui nécessitât cette réunion. Mais elles exécutaient leur figure, et quand la Princesse tirait sa montre pour regarder l'heure, on sentait que ce qu'elle regardait c'est s'il était l'heure que la Vie Mondaine avait marquée pour sa sortie; alors avait lieu un petit divertissement, la Vicomtesse faisait apporter de l'orangeade dans des verres armoriés,[2] selon l'ordre de la Vie Mondaine, bien qu'elles ne se souciassent pas d'armoiries. Et un de leurs vieux amis lui disait «Princesse» et était en habit et répondait avec une extrême amabilité à un jeune homme qui était là, parce qu'il le connaissait et que c'était un roturier, et qu'il avait l'amabilité aristocratique . . .

Au moment de partir, la Princesse partante devait rester un moment debout à demander à la Princesse restante ce qu'elle comptait faire le lendemain, et à lui dire à quelle heure elle serait chez elle, bien qu'elles n'eussent rien à dire, et à poser affectueusement sa main sur sa hanche d'un air de modeler sa taille comme pour un essayage et à distinguer sur sa toilette quelque bijou ou col nouveau dont elle lui demandât la provenance. Car bien qu'elles fussent belles-sœurs et amies l'importance du ballet qu'elles jouaient les obligeait l'une envers l'autre à des sortes d'égards particuliers. Puis la Princesse partait de sa jolie démarche lente, suivie de la Princesse invitante, et la partante jetait un regard sur le salon ou le vestibule, faisait une réflexion admirative, à laquelle l'autre répondait par un regard sur son propre domaine qui lui semblait aussi important, et répondait: «Mais non, il n'y a rien de changé». Et toutes deux regardaient avec attention le décor habituel de leurs mimiques réglées.

*
* *

Et de fait, comme chez lui il se plaisait à ne s'apercevoir que collé comme une ombre sur une haute valeur de bourgeoisie une réalité de luxe, de train de maison, de placements plus anciens que lui et de fortune qui lui survivrait, de même il se plaisait à n'apercevoir toutes ces personnes mondaines que comme de simples ombres réglées, obéissant à la Vie Mondaine. C'était surtout dans la vie d'intimité et de famille qu'il le sentait plus, parce qu'elle, cette Mondanité, ne se cache pas derrière les prétextes, l'apparat d'une fête mais qu'elle rôde et s'assied dans l'antichambre, dans le salon vide, dans la salle à manger . . .

Il y avait dans cette société deux personnes merveilleusement intelligentes, la Vicomtesse de Beauvais et le vieux Duc d'Ypres dont le Vicomte de Mantes, frère de Madame de Beauvais, venait d'épouser la sœur. Or la merveilleuse intelligence de la Vicomtesse, son souci unique des choses intellectuelles, son indifférence à la noblesse, au luxe, aux conventions faisait mieux sentir, permettait en quelque sorte dans sa douceur de mieux apercevoir la Mondanité que chez une personne mondaine, car n'étant pas dans son âme on sentait mieux—comme c'était tout de même la Mondanité qui réglait le train de maison de la Vicomtesse, lui choisissait ses costumes et les faisait changer pour telle entrée, lui indiquait chaque mimique etc.—que la Mondanité était quelque chose d'extérieur à elle, de toujours présent, invisible mais dominateur, et que les costumes, les poses, les entrées, les sorties de la Vicomtesse étaient quelque chose de peu réel, d'exécuté comme les pas d'un ballet, la chose réelle, antérieure, immanente étant la Mondanité. La Vicomtesse ne se souciait point de noblesse ni de luxe. Aussi Swann sentait-il même dans le vestibule que c'était la Loi Mondaine qui avait revêtu les valets de pied de la livrée aux couleurs de Beauvais et les maintenait immobiles comme des statues ou les faisait manœuvrer comme des machines sans avoir l'air de connaître les personnes qui entraient et à la question de Swann répondaient: «Madame la Vicomtesse reçoit». Si avant que la Vicomtesse en train de lire dans sa causeuse eût vu Swann il avait remarqué sa robe montante, c'est que la Mondanité lui avait fait quitter une des robes de chambre en crêpe de Chine de couleurs variées dans laquelle elle paraissait à l'acte du déjeuner. Et dans un moment, quand elle dirait: «voulez-vous dire à Monsieur le Vicomte que c'est Monsieur Swann», elle le dirait de sa jolie voix nonchalante, si indifférente à ce vicomté qu'elle n'avait l'air ni d'y tenir, ni de le dédaigner, ni de s'en moquer, ni de le prendre au sérieux, avec l'attitude indifférente qu'on a envers les choses matérielles qui sont autour de nous; parce que c'était dans le petit bout de texte que la Mondanité lui donnait à dire tel quel, laissant en revanche beaucoup de parties à la fantaisie de l'interprète. Et avec son charme qui tenait à son naturel, à sa sincérité, à sa beauté, petite figure dont la Vie Mondaine avait réglé toute la pantomime, à l'entrée de Swann elle avait levé sa tête au-dessus du livre et exécuté la jolie figure qui consiste à lui tendre la main en souriant, à secouer la tête pour dire qu'elle lirait aussi bien à un autre moment, à la lever de côté pour demander le temps qu'il faisait dehors et à regarder devant soi pour dire qu'elle ne croyait avoir personne, à s'excuser un peu vite auprès de Swann en rappelant le domestique pour lui dire de remettre une bûche dans le feu, d'apporter le thé et de faire fermer la porte aux autres figurants: mais trop tard, car trois coups de timbre retentissaient, et au bout d'une seconde la porte s'ouvrait devant une personne en manteau de velours et en chapeau, la Comtesse de Beauvais, que la Mondanité faisait entrer et accueillir, asseoir dans un canapé de travers et causer avec Swann et avec elle. Et Madame de Beauvais ayant demandé s'il n'était pas trop tard, Madame de Mantes se reportant aux ordres que la Mondanité lui avait donnés, les seuls ordres auxquels elle obéit, répondait: non, je n'ai absolument rien à faire avant d'aller dîner chez mon beau-frère d'Arnaud (le duc d'Ypres). Car bien que le Duc d'Ypres fût son proche parent et un métaphysicien qui ne croyait pas au monde extérieur, la Mondanité lui ordonnait de se mettre en habit pour recevoir . . .

[1] Biblio, n° 331. Fragment sacrifié d'*Un Amour de Swann*.
[2] *armoriées*, dans le texte imprimé.

LA BÉNÉDICTION DU SANGLIER

ÉTUDE DES FRESQUES DE GIOTTO
REPRÉSENTANT L'AFFAIRE LEMOINE
A L'USAGE
DES JEUNES ÉTUDIANTS ET ÉTUDIANTES
DU CORPUS CHRISTI
QUI SE SOUCIENT ENCORE D'ELLE

par John Ruskin[1]

[1909][2]

(La traduction que nous suivons ici est celle de l'Édition des Voyageurs, due à M. Marcel Proust. La grande édition commence, en effet, par deux chapitres: le «Libellé de l'Églantine» et «l'Abjuration du faquin» formant tout le premier volume, mais qui ont été supprimés de l'Édition des Voyageurs, parce qu'ils ne se rapportent pas à l'Affaire Lemoine. L'Édition des Voyageurs commence au IIIe chapitre (premier du IIe volume de la grande édition): TU IMPERIUM REGERE, que nous donnons ici, en le faisant précéder toutefois du célèbre début du «Libellé de l'Églantine» cette description de Paris, à vol d'aéroplane, qui est à bon droit connue comme un des plus parfaits morceaux du maître. Pour tout le reste, nous avons suivi la traduction que M. Marcel Proust a donnée de l'Édition des Voyageurs, traduction où d'adroits contresens ne font qu'ajouter un charme d'obscurité à la pénombre et au mystère du texte. M. Proust toutefois ne paraît pas avoir eu conscience de ces contresens, car à plusieurs reprises, dans des notes extrêmement fréquentes, il remercie avec effusion un directeur de théâtre, une demoiselle du téléphone et deux membres du comité de la Société des Steeple-Chase, d'avoir bien voulu lui éclaircir les passages qu'il n'avait pas compris.)

Au temps qui ne sera plus jamais revu où l'Anglais curieux de connaître le monde et ignorant encore des sleeping-cars, éditions de sept heures du soir et autres inventions de notre époque votive, émotive et locomotive, ne voyageant qu'en aéroplane et ne connaissant d'autre Ouest, encore irracheté par M. Barthou et Beelzébuth, que celui dont vous parle un vieux livre, beaucoup moins lu aujourd'hui que l'*Almanach Hachette* ou le dernier roman de Maurice Duplay,[3] mais dont pourtant vous auriez tort de sourire: «Tu suivras le chemin du vautour et le sentier de la brise embaumée de l'Ouest», encore, en ces temps lointains, dis-je, mais dont le souvenir ineffaçablement gravé aux murs dédaliens de Knossos reste pour beaucoup comme une bénédiction, le touriste, quand il arrivait au-dessus de Paris dans les flammes du soleil couchant qu'il traversait sur l'oiseau de Wilbur,[4] sans en être plus incommodé que si ç'avait été l'incombustible et chaste Phénix, pouvait pendant quelques in-stants contempler un spectacle dont l'actuelle possibilité d'un souper froid au terminus ne compense peut-être qu'à demi la disparition.[5]

Tandis qu'à ses pieds, le dôme des Invalides présentait cette forme unique alors, qui devait plus tard sur l'azur du Canal Grande à Venise se fiancer à la pâleur éternelle de l'albâtre dans l'église Santa Maria de la Salute, mais sans ressembler plus[6] à sa mère française qu'une grossière boule [de] neige qui contrefait la pomme d'or du jardin des Hespérides, l'église à peine plus ancienne du Sacré-Cœur de Montmartre présentait au soleil couchant comme dans une cor-beille la sanctification symétrique de ses coupoles bleuâtres, dont il couvrait quelques-unes d'une lueur d'orange.

L'île de la Cité, alors seulement remplie d'acacias[7] qui secouaient au vent du soir leur blonde chevelure embaumée, ornée de pâles fleurs roses—comme les nymphes le l'île de Calypso—ne présentait pas encore les deux cubes gris en forme de cheminée d'usine ap-pelée tours de Notre-Dame, comme si quelque monument que ce soit pouvait être élevé à la gloire de la Reine des Anges par les propres fils du Démon, et si une montagne de silex à peu près aussi noire qu'a le droit [d']être une gare de chemins de fer, pouvait être sanctifiée par la présence et bénie par l'adoration de Celle dont il a été dit: «ma maison sera de jaspe et de turquoise et ma lampe l'étoile du matin». Que s'il voulait, tandis que l'oiseau de Wilbur descendait majestueusement en ligne verticale, donner un coup d'œil à des monuments plus anciens, reste de cet âge de fer, plus grossier sans doute mais aussi plus puissant et plus grandiose, il avait à sa droite la tour Eiffel, fichée droit dans le sol comme le propre javelot d'Odin, qui tandis qu'il voyait dans le ciel se fermer à son fer de lance les pâles roses du crépuscule, était déjà comme envahie à sa base par le reflet des torrents empourprés que charriait le fleuve.

Puis l'aéroplane atterrit, un conducteur d'omnibus demande au voyageur s'il veut une correspondance pour Austerlitz ou pour Solférino, «car la France avait encore le souvenir de ses gloires comme Athènes au jour de Marathon et Venise au temps de Dan-dolo» et Ruskin lui conseille après avoir pris quelque nourriture dans une des jolies petites pâtisseries qui bordent la rue Royale «en-core pareille alors à une rue de Turner, dans les *Rivières de France*» de venir avec lui voir les fresques de Giotto consacrées à l'affaire Lemoine.

CHAPITRE III
TU REGERE IMPERIUM

Peut-être demanderez-vous: «Mais quelle idée Giotto a-t-il eue de représenter l'Affaire Lemoine? Ce n'est pas *ce* sujet, il me semble, que j'aurais choisi.» *Le* sujet que vous auriez choisi, ami lecteur, croyez-moi, importe peu. Et si vous devez en présence de Giotto interposer entre ses fresques et votre admiration, votre propre pitoyable mentalité de lecteur cockney, croyez-moi, il est inutile que vous perdiez votre temps à regarder n'importe quelle fresque, que ce soit de Giotto ou de tout autre grand artiste. Le propre des sujets choisis par les grands artistes, si vous voulez bien y songer, depuis le Sanglier d'Érymanthe jusqu'au *Chauchard* de Léon Bonnat, est qu'il vous semble que ce n'est pas *le* sujet que vous auriez choisi. Mais croyez-moi, cela importe peu. Tandis que pourquoi le sujet agréait à Giotto est une question d'une importance incalculable et telle que si vous l'avez bien comprise il n'y a à peu près pas un seul morceau d'architecture ou de peinture à Florence ou à Pise ou à Venise en valant la peine que vous ne soyez capable de comprendre aussi bien que moi. Mais d'abord savez-vous qui est[8] Giotto?

Je vous ai dit dans les *Lois de Fiesole* que si vous prenez une pomme de terre cuite au four et après l'avoir délicatement déshabillée de sa peau, comme je suppose que vos parents ou à leur défaut votre cuisinière [ont] [9] dû certainement vous apprendre à le faire pour les jours où vous auriez envie d'en manger à une heure où elle n'*est* pas là, et si ayant déshabillé cette pomme de terre vous la marquez d'encre au dos et précisément sur les points de son relief que quelqu'un qui la tient devant lui ne peut apercevoir sans se casser la tête et une bonne semaine de torticolis, vous avez l'histoire de tout le développement de la peinture murale en Italie, notamment des fresques de Giotto dans la chapelle des Espagnols, à Florence,* et des mosaïques qui représentent les fleurs du Paradis à Saint-Marc, à Venise. Mais pour mieux éclaircir ceci, suivez-moi devant la première des fresques qui représentent l'Affaire Lemoine, nous reviendrons à la vie de Giotto après. Lemoine fait son expérience

---

*Ruskin fait ici une confusion. Ces fresques sont celles qu'il a décrites si longuement dans les *Matins à Florence* comme étant de Simone Memmi. Elles sont d'ailleurs de Lorenzo de Monaco.

devant l'avocat Lepoittevin. L'avocat, remarquez bien, non le juge, comme vous pourriez croire. Giotto probablement savait aussi bien que vous ce que c'est qu'un juge. Et quand il a voulu représenter ce juge, *il* l'a toujours coiffé du bonnet conique qu'a la synagogue au porche ouest d'Amiens. Si vous ne savez pas cela, croyez-moi, ne continuez pas à parcourir le monde à la recherche des fresques de Giotto. Celles de n'importe quel coxcombe, de peintre cockney de Pentonville ou de Trafalgar-Square vous feront le même effet. Mais, dites-vous, ce Lepoittevin était pourtant un juge? Ce n'est pas l'avis de Giotto. Giotto, je pense que vous le savez, était l'ami de Dante, qui n'était pas un *grand* ami des juges. Peut-être seriez-vous curieux de connaître sur les juges l'opinion de Dante et celle de Giotto? Mais avant cela, il faut que vous remarquiez dans ces fresques quelque chose qui vous paraîtra étonnant au premier abord. Nulle part le diamant n'est représenté. Probablement vous souriez et dans votre cervelle darwinienne de[10] lecteur cockney, vous vous dites que si Giotto n'a pas peint le diamant, c'est qu'il ne *pouvait* pas le peindre, qu'il n'était pas assez habile pour cela. Croyez-moi, Giotto était aussi habile dans la reproduction de n'importe quoi que M. Lerolle ou M. Sargent et s'il n'a pas peint le diamant c'est qu'*il* n'a pas voulu le peindre. Mais pourquoi, demanderez-vous, Giotto n'a-t-il pas voulu peindre le diamant? Attendez un instant, vous le saurez tout à l'heure. Et d'abord, regardez un peu la figure de Lemoine. Vous vous étiez sans doute [figuré] que Giotto lui avait donné le visage d'un fourbe, une expression peu plaisante. Non, Giotto n'a pas fait cela.[11]

[1] Biblio, n° 282. Bibliothèque Nationale, N.a.f., Fonds Marcel Proust, Cahier II, ff. 10v°–16.

[2] Ce pastiche a dû être écrit vers le printemps de 1909, comme l'indiquent les allusions suivantes à des événements récents: 1° «les romans de Lucien Daudet» (au pluriel), son deuxième roman, *La Fourmilière*, paru le 21 avril 1909; 2° «le dernier roman de Maurice Duplay» (voir ci-après, note 3); 3° M. Barthou et «l'oiseau de Wilbur» (voir la note 4).

[3] Il s'agit de *Léo*, roman de Maurice Duplay que le *Mercure de France* du 16 avril 1909 (LXXVIII, 764) annonce parmi les publications récentes.

[4] L'«oiseau» de l'aviateur américain Wilbur Wright fit sensation dès son premier vol en France, le 8 août 1908. Le 31 décembre, en présence de M. Barthou, ministre des Travaux publics, il battait les deux records qu'il avait établis le 18 décembre, accomplissant une envolée de 124 kilomètres 700 en 2 heures 20 minutes 23 secondes 1/5, ce qui constituait les deux records du monde de distance et de durée en «aéroplane». Le 22 février 1909, M. Barthou, de passage à Pau, vola cinq minutes avec Wilbur Wright dans son appareil. Le 17 mars, Wright effectuait trois vols à l'aérodrome de Pont-Long en présence de S.M. Édouard VII. Dès le mois de juillet cependant, l'attention se portait sur les vols d'aviateurs français tels que Louis Blériot, et ceux de Henry Farman.

[5] Un premier état du même paragraphe (Cahier II, f. 11) est ainsi conçu: «Au temps qui jamais ne sera plus revu où le voyageur ignorant encore des sleeping cars, oreillers, couvertures et autres inventions de notre époque ibsénique, scénique et neurasthénique, et ne connaissant d'autre Ouest, encore irracheté par M. Barthou et Beelzébuth que celui dont un vieux livre beaucoup moins lu aujourd'hui que l'*Almanach Hachette* et les romans de Lucien Daudet mais dont pourtant si vous y prenez garde, vous auriez peut'être tort de sourire, s'en tient à son ordre: «Tu suivras les sentiers du vautour et de la brise embaumée de l'ouest» et ne se déplaçait qu'en aéroplane, quand, dis-je, dans ces temps déjà lointains mais dont le souvenir gravé aux murs dédaliens de Knossos reste pour certains une bénédiction, le voyageur traversant sur l'oiseau de Wilbur au milieu des flammes du soleil couchant sans plus de danger que si ç'avait été l'incombustible et chaste Phénix s'arrêtait au seuil de la Cité des Lys, il avait sous les yeux un spectacle, que la possibilité actuelle d'un arrêt immédiat au Terminus ne compense peut'être qu'imparfaitement.»

[6] Ms: *ne ressemblait pas plus;* Proust remplace *ne* par *sans* et l'infinitif, oubliant de barrer *pas.*

[7] Ms: *accacias.*

[8] Ms: *était* surchargé en *est.*

[9] Ms: *a.*

[10] Ms: *dans votre esprit cervelle darwinienne sur sept de lecteur cockney* . . . Proust oublie de barrer les mots *esprit* et *sur sept.*

[11] Le fragment s'interrompt sur les mots *Giotto croyait sans doute.*

LA FEMME DE CHAMBRE
DE LA BARONNE DE PICPUS [1]

[Vers 1909–1910?]

«Mais, mon cher, il y a quelque chose de délicieux que j'ai connu dernièrement, c'est la première femme de chambre de la Baronne de Picpus. C'est une grande blonde, la plus jolie fille que j'aie jamais vue, trop dame, insolente comme pas une, mais une merveille. Avec cela, c'est une fille qui a gardé quelque chose de la paysanne vicieuse, qui a été élevée à la campagne où elle allait tout enfant avec tous les garçons de ferme. Depuis elle est relativement sage, relativement seulement. Mais je t'assure qu'elle nous en raconte et qu'elle nous en fait voir qui ne sont pas banales.»

Ma tête commença à se monter sur la femme de chambre de la Baronne de Picpus. Je pensais sérieusement au moyen de la rencontrer quand je lus dans le journal: «La Baronne de Picpus part avec sa suite pour Venise où elle a loué le palais X. Elle va y passer trois mois et s'embarque ensuite pour les Indes.» Il n'en fallut pas plus, j'étais amoureux de la femme de chambre de la Baronne de Picpus. Mais elle part pour Venise! Était-elle partie? Peut-être la femme de chambre ne la rejoignait que le lendemain? Peut-être était-elle encore à Paris? Il me suffisait de la connaître, de lui donner de l'argent, une bonne idée de moi, qu'elle parte moi tenant une place et une place flatteuse dans sa tête. Cela me suffisait, on verrait au retour. Mais il fallait se dépêcher! Demain ce serait peut-être trop tard. Je ne savais pas le nom de la femme de chambre . . . Mais le temps d'écrire à Montargis,[2] tout le monde pouvait être parti. J'envoyai un homme de confiance à l'hôtel Picpus. J'attendais dans une voiture à côté. La concierge était couchée, on fut une heure à ouvrir. La Baronne était partie; la femme de chambre était encore là et partait le lendemain matin, mais elle était couchée, revint me dire mon homme. Je le renvoyai, il resonna. La concierge se relevant l'injuria. Il dit qu'il avait absolument besoin de monter parler à la femme de chambre de la part d'une de ses cousines: au bout de dix minutes il revint affolé, nous disant de partir au plus vite, qu'il avait été insulté et menacé de la police. Alors je n'eus plus qu'une idée, aller à Venise avec une recommandation pour Mme de Picpus, voir chez elle sa femme de chambre, dédaigner cette insolente, me lier avec elle comme malgré moi, et après nous verrions bien.

J'allais me promener seul dans le Bois. Auprès des restaurants, un

198

air vénitien me faisait venir les larmes aux yeux et je ne pouvais lire que des guides d'Italie. «Tu veux toujours les choses au moment, me disait Montargis. Tu as blessé cette fille, je t'ai dit qu'elle fait plus d'embarras qu'une duchesse. Attends tranquillement, je te promets de te l'amener. Qu'est-ce que tu veux aller à Venise pour cela!»

L'année suivante je n'y pensais plus quand il me dit qu'elle avait eu la figure brûlée par un incendie sur le paquebot et qu'elle était à jamais défigurée. Il la voyait quelquefois. Il lui donna rendez-vous pour moi. Mais elle était atroce à voir et on se rendait compte seulement en voyant son corps de ce qu'elle avait dû être délicieuse.

«Je n'aurais jamais accepté un rendez-vous avec quelqu'un que je ne connais pas, me dit-elle (heureusement elle ne savait pas et ne sut jamais que c'était moi qui l'avais fait lever ce soir-là), mais comme vous me disiez que vous étiez l'ami de Robert (elle ne savait pas le nom de Montargis mais sa recommandation lui avait paru suffisante), j'ai pensé qu'il n'y avait pas de mal, pas? Comment va-t-il? Quand viendra-t-il?» Je répondis bêtement: «Je ne sais pas, je l'ai rencontré chez sa tante de Guermantes.» «De Guermantes, vous dites? c'est-il du château de Guermantes dans l'Eure-et-Loir?» «Mais comment connaissez-vous le château de Guermantes?» «Parce que je suis d'à côté; ce village où j'ai été élevée, c'est à dix kilomètres du château de Guermantes. Je vous dis ça, je pense que je peux me fier à vous, puisque vous êtes l'ami de Robert, pas?» «Quel village?» «Vous avez peut-être entendu parler de Méséglise? Eh bien, c'est à côté, à Brou.» «A Brou! mais alors vous connaissez Combray?» «Ah! je connais bien Combray; pour y être allé, je n'y suis jamais été, mais mes parents y allaient toutes les semaines pour le marché. C'est un monsieur d'auprès de Combray qui m'a débauchée, pendant que j'étais en service au château de Mérouville, c'est même à cause de cela que je n'y allais jamais. Mais j'allais souvent tout auprès, parce que j'avais un ami qui allait souvent pêcher à Combray, parce que c'est très renommé pour les truites.» J'eus le soupçon que je saurais enfin qui était le pêcheur. Mais je ne pus pas arriver à savoir où son ami allait pêcher. Elle savait que c'était dans la rivière près de Combray mais ne savait plus où.

«Ah! mais si tu connais Combray, s'écria-t-elle avec joie, tu as bien dû connaître Théodule le garçon pharmacien qui avait une belle voix et qui chantait à l'église?» Si je me le rappelais! C'était lui qui nous apportait le pain bénit. «Hé bien, s'écria-t-elle au comble de la joie, il est marié avec ma sœur. Il n'est plus à Combray, il est pharmacien chez nous, à Brou. Alors, tu ne le reconnaîtrais pas! Il a une grande barbe noire. Tu ne l'as pas connu avec sa barbe, pas? Ah! c'est un sacré farceur. Et puis il ne respecte rien, ajouta-t-elle en baissant les yeux. Mais je suis encore bien contente de le trouver, parce qu'il m'a dit qu'il me ferait passer cela», dit-elle en montrant les plaies de son pauvre visage.

Nous calculâmes que nous avions le même âge. La pensée que pendant que je me consumais seul de désir dans la petite tourelle de Combray, à Brou où par une fatalité je ne voulais jamais m'arrêter et où une année où j'étais souffrant on avait voulu me louer une chambre pour passer l'hiver au grand air, quand on aurait fermé Combray, cette admirable fille ivre de désir se prostituait dans les granges aux paysans, me rendait fou. Oubliant son visage je me jetai sur elle et ce furent de violentes caresses que je sentais apprises à elle par des bergers, et où j'avais l'impression de ne plus être moi, d'être un jeune paysan qu'une paysanne plus hardie et déjà dessalée roule dans le foin.

«Ce sont des petits paysans qui t'ont appris tout cela, lui dis-je?— Non je peux bien te dire vrai, ppas? C'est Robert qui me l'a appris, mais je leur dis que ce sont des paysans parce que ça leur plaît mieux. Mais je ne parle plus jamais avec les gens de ma classe. Je ne vais qu'avec des gens du monde.» La conversation tomba. Je parlai de Mme de Picpus qu'elle trouvait fière. «Elle vous rrrgggardde, dit-elle. Et pourtant je ne suis qu'une domestique, mais je me crois autant qu'elle, et plus qu'elle, pppas?» A tout moment elle se remettait à parler de Brou, où elle irait passer un mois cet été. «Faudra que je dise cela à Théodule. On t'enverra des cartes postales, ppas!" Je lui dis que j'avais l'intention d'aller du côté de Combray en automobile, que je pourrais lui faire faire une promenade. Cette proposition lui plut beaucoup: «J'adore l'automobile, dit-elle. Je n'aime que l'automobile, les cartes, la toilette et les courses. Avec ça, tu me connais, ppas?» Je pensai que sur ce simple aperçu, toute maîtresse de maison sérieuse serait heureuse de l'engager comme femme de chambre.

A ce moment la porte s'ouvrit. «C'est ma tante» fit-elle vivement, et je vis entrer une personne que je reconnus immédiatement: la toilette noire, le visage rouge, la démarche majestueuse, la mère du pianiste, la brave femme «très agréable quand on était seul avec elle» des Verdurin. Elle me reconnut aussi, et immédiatement sa majesté prit des proportions inconnues chez les Verdurin. Elle n'avait plus seulement l'air de vouloir faire respecter de chers souvenirs, un passé obscur et douloureux. Elle protestait avec indignation

contre l'outrage qu'on aurait voulu leur faire subir. Elle se redressa
dans «l'immense majesté de ses douleurs de veuve» comme si le fait
que je la reconnaisse et qu'elle me reconnût fût une insulte pour
elle, puis le cliquetis sourd se fit entendre, quelques mots émergè-
rent: «ke ke, ke, m'semble . . . figure pas inconnue, je m'trompe».
Je crois en effet qu'elle ne devait pas lui être inconnue, elle dînait
avec moi toutes les semaines l'année précédente, et comme il n'y
avait que moi qui lui parlais, on me mettait toujours à côté d'elle.
Puis les rites de l'étonnement lui semblant terminés, comme elle
n'avait pas de milieu entre le sévère et le plaisant, elle pensa qu'elle
était chez sa nièce et qu'il était temps de passer au plaisant et se mit
à rire d'un air paillard en disant: «k, Mme Verdurin serait étonnée,
kkk, comme on se retrouve, kk.» Elle me demanda pourquoi on
ne me voyait plus chez les Verdurin. Je vis qu'elle détestait Verdurin parce qu'il lui avait dit une fois (elle devait se tromper) «Je
m'appelle M. Verdurin». «Alors, dit-elle fièrement en retrouvant
l'usage d'une parole continue, je lui ai dit en le regardant: et moi,
je m'appelle Mme Maudouillard. Ah! non, mais alors, tout de même,
on ne se laisse pas traiter comme cela. Il a été cloué. Il n'a pas pipé
de toute la soirée.» Elle trouvait Mme Verdurin bonne femme, mais
«pas les manières distinguées» «le genre de la commerçante». Je vis
qu'elle n'était nullement touchée de leur bonté, qu'elle les méprisait
à cause de leur simplicité et qu'elle leur attribuait mille intentions
blessantes absolument imaginaires. Swann seul lui avait fait une
grande impression: on sentait l'homme du monde, l'homme habitué
aux grandes manières. Et avec cela, une simplicité! Elle était persuadée que c'était un espion prussien et que ses moustaches étaient
postiches.

Il fut convenu que nous irions dîner tous les trois au restaurant.
Mais ce fut insupportable. Dès l'arrivée elle commença à perdre progressivement l'usage de la parole, entra en balançant ses voiles de deuil
avec une majesté irritée, voyait des insolences dans chaque réponse
du garçon, dans chaque regard des voisins, était persuadée qu'à
toutes les tables ces personnes qui «cherchaient à faire accroire»
étaient des concierges en goguette. Il lui semblait même les reconnaître. A peine arrivée elle eut besoin d'aller aux cabinets, demanda
le chemin et fut mécontente du ton du garçon «Entendez-vous ce
ton? on dirait vraiment . . .» Dès qu'on commença à dîner, elle ne
fit plus entendre que le sourd cliquetis de la gorge sur lequel se
détachait de temps à autre: «Pour moi, il est coupable, mais il n'est
pas le seul. —J'aime bien un bon bifteck saignant quand j'ai faim.

—Je me soigne à l'homéopathie, parce que ça fatigue moins l'estomac.» Elle mangeait une bouchée comme elle prononçait une syllabe,
toutes les cinq minutes, profitant d'un moment où on ne la regardait
pas par peur de manger malproprement et le reste du temps faisant
des gestes solennels avec sa fourchette en l'air et redressant ses voiles.
Elle demanda au garçon de lui attacher sa serviette autour du cou
et comme je lui offris de le faire moi-même, elle me dit «Il est là
pour ça, je pense».

Tout d'un coup j'aperçus avec épouvante les Guermantes qui
dînaient avec le jeune ménage Villeparisis au fond du restaurant.
Je fis semblant de ne pas les voir. Mais Mme Maudouillard, qui ne
savait pas qui ils étaient, ne cessait de les regarder ricanant: «En
voilà une manière de se tenir au restaurant! C'est certainement une
boutiquière en goguette, je crois du reste que je la reconnais. Elle
n'a pas fait de frais de corsage au moins, ni de chapeau. Et ces
couleurs voyantes! Non! mais elle met son coude sur la table et elle
tient son verre à pleines mains. Vraiment, il y a des gens! Quel bruit
ils font, on dirait qu'ils se croient chez eux. Non, mais regardez, on
se croirait au spectacle.» Je fus obligé de répondre que je n'osais
pas regarder parce que j'avais cru reconnaître le Monsieur. «Ça doit
être son amant d'un soir, ajouta-t-elle finement. Vous ne lui ferez
pas compliment de ma part.»

Je quittai de bonne heure cette famille sévère et je n'ai jamais revu
la pauvre brûlée, mais tous les étés je reçois des cartes postales de
Brou où l'on me demande si je ne viendrai pas «voir Théodule».

---

[1] Biblio, n° 279. Fragment sacrifié du roman. Il en subsiste pourtant quelques
éléments vers le commencement de l'épisode de la femme de chambre de la
baronne Putbus, II, 294 et 752.
[2] Robert de Saint-Loup.

LE PRINCE DES CRAVATES [1]

(1910)

C'est un exemple bien émouvant de la mystérieuse transmission d'un grand pouvoir littéraire par la «voie» du sang que M. Lucien Daudet donnant coup sur coup le *Chemin mort*, la *Fourmilière*, le *Prince des Cravates*, qui tous prennent rang à côté de chefs-d'œuvre tels que l'*Evangéliste* ou les *Journées de Femme*, tels que le *Voyage de Shakespeare* ou le *Partage de l'Enfant*. Ils en sont d'ailleurs entièrement différents, étant originaux.

Nul moins que M. Lucien Daudet n'eut, semble-t-il, la volonté arrêtée, le préméditation de continuer, en écrivant, les œuvres au milieu desquelles il avait grandi. Il paraît avoir mené d'abord une double existence, celle de Paul de Manerville ou de Beaudenord, du jeune élégant de Balzac, et en même temps celle de peintre. Mais l'entente fine, rassise et sensée de la vie autour de laquelle Mme Alphonse Daudet brodait ses délicieuses fantaisies et dont elle nous a montré dans une page précieuse comme une page des *Économiques*,[2] le fil repris à Mme Grétry par Mme Valmore et à celle-ci par Mme Allard,[3] ne cessait de rectifier en lui ce qu'il y a de factice et de désastreux dans la «bohème» des ateliers, tandis que la profonde pitié humaine qui reste le charme adorable d'un Jack ou d'un Fromont jeune, lui dénonçait perpétuellement ce qu'il y a de dur, de formaliste, de pharisien dans la vie purement mondaine.

Pendant ce temps, la pratique, poussée au plus rare talent, de la peinture à l'atelier de Whistler[4] exerçait son œil à discerner dans les spectacles les plus coutumiers la couleur vraie, subtile et neuve, tandis que, semble-t-il, un goût surajouté de propriétaire terrien, voire un peu jardinant, apportait dans cette âme complexe un élément de plus.

Et puis, un beau jour, tous ces éléments se découvraient une affinité secrète les uns pour les autres, se mêlaient en un composé unique: l'écrivain était né. La pitié humaine avec ce qu'elle comporte d'ironie à l'endroit de la philanthropie mondaine, vous en trouverez l'accent éternel et renouvelé au cours de ce nouveau volume, surtout dans la nouvelle appelée *Brisacier*, chef-d'œuvre que l'auteur a pu hardiment dédier à la belle-fille de Balzac qui pourra trouver là une qualité d'observation et d'émotion qu'on n'avait pas eu souvent l'occasion d'admirer depuis le *Cousin Pons*.[5] Mille notations exquisement exactes de nuances subtiles, comme le *Ruban rose* de cette route de Saint-Pierre-Église à Carentan que je me plais [à] comparer aux chemins normands de Georges de Lauris dans sa belle et profonde *Ginette Chatenay*[6] qui a tant de retentissement dans les cœurs d'élite et où se révèle déjà tout le grand prix de son délicieux talent de psychologue et d'écrivain (de la même série d'«harmonies», comme disait Whistler, que la rose du vitrail des *Impressions de Bretagne*, la rose d'une plage, les roses de Pâques, les bois vus à travers les «bonnes grâces» d'une fenêtre du château, dans la *Fourmilière*) sont l'apport du peintre qu'est M. Daudet, et qui triompha dans une nouvelle intitulée d'un simple point d'interrogation, bien digne de l'admirable poète à qui elle est dédiée. Mme Lucie Delarue-Mardrus, comme Mnanie,[7] est digne de son parrain, le grand romancier Léon Daudet, l'auteur de ce livre unique, *l'Astre noir*.

Rien de plus attachant que cette nouvelle intitulée: «?», contée avec la concision d'un Mérimée qui eût été poète. La figure énigmatique de l'abbé chez qui il y a un Whistler, et qui est un Whistler elle-même, la figure de l'abbé Reure vient s'ajouter magnifiquement aux inoubliables figures d'ecclésiastiques de la *Fourmilière*. Et toujours l'héritage du sortilège se fait sentir, l'éclair du talisman légué, des armes paternelles. Partout où nous nous empêtrons dans des explications, dans des comparaisons infinies, M. Lucien Daudet, avec sa jeune maîtrise, retranche l'inutile, se contente du contact unique et nécessaire à l'image, nous parle de ces dieux grecs dont il ne reste «qu'un profil de pierre blanche» ou de la «mauve clarté ensoleillée» des glycines (si joliment caractérisée[s] dans une autre nouvelle).

Ces deux derniers exemples sont empruntés à la première nouvelle, le *Prince des Cravates*, encore un «Prince frivole», comme parle Jean Cocteau, Banville de vingt ans qu'attendent de plus hautes destinées,[8] celle qui donne son titre au volume et celle (puisque je me plais à voir exceller en chacune une des personnalités différentes qui composent la personnalité de M. Lucien Daudet), où je retrouverais volontiers ce que j'appelais en lui le Félix de Vandenesse ou le Paul de Manerville. Rien de moins imité de Balzac, de plus tiré de la vie contemporaine et du talent personnel de l'auteur que cette nouvelle. Mais rien n'est, en revanche, autant l'équivalent de certaines nouvelles de Balzac. Et si nous avons reconnu dans la triste Brisacier l'authentique cousine des *Parents pauvres*, c'est à la frivolité apparente, à l'humanité profonde d'une nouvelle comme le *Contrat de Mariage* que nous fait penser le *Prince des Cravates*.

[1] Biblio, n° 115.
[2] Il s'agit de l'*Économique*, dialogue de Xénophon, sur les rapports entre femmes

et esclaves, l'art domestique, l'agriculture, écrit dans une forme soignée, sans ornementation.

[3] Allusion aux *Souvenirs autour d'un groupe littéraire*, qui venaient de paraître chez Fasquelle. Mme Alphonse Daudet y cite (pp. 32-33) une lettre adressée à sa mère, Mme Léonide Allard, par Mme Desbordes-Valmore. La poétesse parle de l'amour dénué d'égotisme que peut avoir une femme pour son mari, citant en exemple la femme du compositeur Grétry.

[4] *Wisthler*, dans le texte imprimé; mais le nom est orthographié correctement plus loin dans le même article.

[5] Le livre de Lucien Daudet, publié chez Ernest Flammarion, contient les quatre nouvelles suivantes: 1° *Le Prince des cravates*, qui porte la dédicace: «A M. Marcel Proust»; 2° *Brisacier*, «A Mme la Comtesse Georges Mniszech, née Hanska»; 3° *Mnanie*, «A Léon Daudet»; 4° *?*, «A Madame Lucie Delarue-Mardrus».

[6] Roman paru chez Bernard Grasset au printemps de 1910.

[7] *Mnahie*, coquille de l'article imprimé.

[8] *Le Prince frivole, chansons,* de Cocteau, venait de paraître aux éditions du Mercure de France.

LES ŒUVRES DE M. REYNALDO HAHN [1]

«Le petit Hahn s'est mis au piano, écrit Edmond de Goncourt dans le dernier volume du célèbre *Journal,* et a joué la musique composée par lui sur trois ou quatre pièces de Verlaine. Ce sont de vrais bijoux poétiques, une musique littéraire à la Rollinat,[2] mais plus délicate, plus distinguée, plus savante que celle du poète berrichon.»[3]

C'est au sortir d'une soirée chez Alphonse Daudet que Goncourt écrit cela, chez Alphonse Daudet qui appelait Reynaldo Hahn «sa chère musique préférée» et qui demandait à cet adolescent, presque un enfant encore, d'écrire la musique de scène de *L'Obstacle.*[4] Ce fut le début au théâtre de Reynaldo Hahn, le début aussi de cette grande admiration que les plus raffinés artistes de notre époque ressentirent toujours pour sa musique. On connaît la belle étude que Stéphane Mallarmé lui a consacrée,[5] les lignes que Pierre Loti lui a consacrées, ainsi que le distique de Mallarmé où «Reynaldo» rime avec «jet d'eau»[6] et la prédilection d'Anatole France pour ses œuvres. Reynaldo Hahn n'est-il pas du reste aussi un écrivain de réel mérite? Édouard Risler tient sa critique musicale pour égale à celle de Berlioz et de Reyer, et quand Catulle Mendès, le commentateur et l'ami de Wagner mourut, il n'y eut qu'une voix pour désigner Reynaldo Hahn comme son successeur à la critique du *Journal,* qu'il exerce actuellement avec infiniment de goût, d'autorité et d'éclat.[7]

Si Reynaldo Hahn excite de grandes admirations auprès des artistes, peut-être a-t-il rencontré plus de résistances de la part de cette classe si utile, si puissante, mais plus fervente que toujours parfaitement clairvoyante, qui a pris de nos jours une importance et des proportions considérables, qui se qualifie elle-même du nom d'«amateurs» et qu'on est trop sévère en qualifiant du nom de «snobs».

La vérité est que, de tout temps, les amateurs dits «avancés» ne peuvent concevoir ce qu'ils appellent l'Art d'avant-garde que comme usant des procédés mis à la mode par la révolution technique la plus récente. Pour prendre un exemple hors de la musique, tous les amateurs «avancés» qui vivaient à l'époque d'Ingres croyaient de bonne foi qu'Ingres était un «pompier», un «arriéré», et lui préféraient infiniment des élèves médiocres de Delacroix qu'ils s'imaginaient plus «avancés» parce qu'ils usaient de l'écriture à la mode. Si on parle aujourd'hui à M. Degas, peut-être aussi «avancé» que lesdits amateurs, de ces mauvais élèves de Delacroix, il hausse les épaules, tandis qu'il proclame Ingres un des plus grands peintres de tous les temps. Je ne veux pas dire par là qu'un grand artiste, parce qu'il est en réaction apparente sur un poncif courant, soit plus grand pour cela même. Mais c'est une erreur de croire qu'il soit *moins* grand. Stendhal, en plein romantisme, disait trouver son modèle de style dans le *Code civil,* et se moquait du lyrisme romantique. Aujourd'hui, nous le plaçons aussi haut que les plus grands romantiques. Ceci pour répondre à ceux qu'une apparente affectation de réaction contre certaines formules modernes, de la part de Reynaldo Hahn, pourrait tromper. En réalité, aucun vrai musicien ne s'y trompera.

Reynaldo Hahn a commencé à composer très jeune. Après la musique de *L'Obstacle* dont nous avons parlé plus haut, ses vrais débuts au théâtre furent *L'Ile du Rêve* à l'Opéra-Comique.[8] C'est une époque d'effusion lyrique, de poésie, de charme, marquée par le grand succès de ses *Chansons Grises.* Sans doute, sa manière deviendra plus forte, s'approfondira, s'objectivera davantage. Mais même quand une œuvre est devenue plus puissante, qui peut se défendre parfois d'un retour et d'un regret vers ces productions plus simples de la première jeunesse qui embaument encore de ces fleurs qui se fanent si vite ensuite et qu'on ne retrouve plus? Certes *Le Lys Rouge* est un livre supérieur au *Livre de mon Ami, La Légende des Siècles* aux *Feuilles d'Automne, Les Éblouissements* au *Cœur Innombrable*; mais ne revenons-nous pas quelquefois chercher dans ceux-ci cette spontanéité plus naïve, l'accent inimitable, l'irretrouvable douceur d'une première promesse, du premier aveu?

Mais tout s'enchaîne dans une vie d'artiste, suivant l'implacable logique des évolutions intérieures. Déjà, il y a chez Reynaldo Hahn cette tendance à renoncer à toutes ces grâces et «facilités» qu'il immole, comme des victimes charmantes et choisies, sur l'autel d'une Divinité plus sévère: La Vérité. Non pas le Vérisme, cette parodie de la vérité où le «néo-italianisme» trouve le moyen de supprimer toute réalité véritable et profonde, mais, la vérité intime, psychologique. Sa musique n'est pas ce chant dont parle Victor Hugo «Où rien d'humain ne reste». Elle n'est que la vie même de l'âme, la substance interne du langage, libérée, s'élevant, s'envolant, devenue musique. C'est à force de respect pour les paroles, qu'il les dépasse, c'est en s'asservissant à elles qu'il les plie à une vérité plus haute qu'elles contenaient en germe, mais dont la musique seule développera les «virtualités». C'est au contact même du texte, qu'il prend la force de s'élever plus haut que lui, comme ces aviateurs qui courent sur la terre avant de se servir de leurs ailes, mais pour mieux s'envoler et plus haut. Tandis que ces Muses de Douleur et de Vérité conduisent Reynaldo Hahn à travers son œuvre mélodique par des sentiers de plus en plus difficiles et plus beaux, tandis qu'il arrive à rendre, comme dit Verlaine:

> Tout ce que la parole humaine
> Contient de grâce et d'amour,

son œuvre dramatique suit la même évolution.

[1] Biblio, n° 176. Cet article, bien que posthume, date d'avant la guerre de 1914. Voir la note 7 ci-dessous.

[2] *Rollinar*, dans le texte imprimé.

[3] Citation un peu arrangée du *Journal des Goncourt*, IX (Charpentier et Fasquelle, 1896), 177, *Lundi 18 décembre* [1893].

[4] *L'Obstacle*, pièce en 4 actes d'Alphonse Daudet, dont la première représentation eut lieu au théâtre du Gymnase, le 27 décembre 1890. Reynaldo Hahn, né à Caracas le 9 août 1874, était donc alors âgé de seize ans. Sa mélodie sur les vers d'Hugo, *Si mes vers avaient des ailes*, avait déjà paru dans le *Figaro* du 16 juillet 1890.

[5] Mallarmé écrivit pour un concert des œuvres de Reynaldo Hahn un *Avant-dire* que Mlle Moreno lut à la salle Bodinière le 21 avril 1897. Le texte de Mallarmé fut publié dans *Vers et Prose*, XIX (octobre-décembre 1909), 5–6. Voir *Œuvres complètes* de Mallarmé, édition présentée par H. Mondor et G. Jean-Aubry, Paris, Gallimard, 1945, pp. 860 et 1625.

[6] Stéphane Mallarmé, *op. cit.*, p. 156:

> Le pleur qui chante au langage
> Du poète, Reynaldo
> Hahn tendrement le dégage
> Comme en l'allée un jet d'eau.

[7] Cette allusion nous aide à fixer la date du texte de Proust. Reynaldo Hahn fut le critique musical du *Journal* du 1er juin 1909 jusqu'au 10 juillet 1914.

[8] Idylle polynésienne en 3 actes de Pierre Loti, G. Hartmann et André Alexandre, 23 mars 1898.

QUATRE ÉBAUCHES [1]

[Vers 1909]

KREUSNACH [2]

Un jour que je demandais à M. de Guermantes de me dire les beaux titres de son beau-frère, j'entendis un beau nom composé retentir comme des noms de héros d'Homère, quand tout d'un coup ces noms me semblèrent diminuer, trouver où s'accrocher dans ma mémoire, modestes comme un nom de promenade qu'on pouvait faire à cinq heures la cure finie, ou comme un nom de vin qu'on pouvait boire si le médecin ne le jugeait pas contraire au régime.[3] J'hésitais; je reconnus formellement un second pour un site voisin de la petite ville d'eaux allemande où j'étais allé autrefois avec ma mère bien avant Querqueville; il m'en dit encore un troisième, un quatrième; c'était le nom d'un pays jusqu'où je n'étais pas allé, parce qu'il fallait partir dès le matin en voiture, mais dont j'avais aperçu l'église du haut de la colline et dont le vin était le cru le plus cher de l'hôtel; un quatrième était à côté de la ville où nous étions; j'y étais allé plusieurs fois en barque par les fins d'après-midi chauds.[4] Je comprenais qu'il fût à la fois seigneur de tous ces lieux puisqu'ils étaient en effet tous l'un près de l'autre. Combien cela m'intéressait: ces forêts où je m'étais promené, ces collines bleues qui s'élevaient derrière le Kurhaus et qui portaient de beaux noms allemands, je m'étais souvent demandé qui les avait féodalement possédés. Toujours j'avais aimé aller plus au fond des lieux que je voyais, tâcher de leur recomposer, sous la diversité de leurs aspects et le morcellement des contacts que je prenais avec eux, qui les faisait ressembler à tous les coins de bois, à tous les coins de rue, une unité, une essence particulière, où se refît l'originalité de leurs noms. Toujours aussi devant ces beaux noms de la noblesse allemande, je souhaitais savoir ce qu'il y avait effectivement au fond de ces beaux noms multiples; chercher ce que contenait le nom me faisait imaginer une réalité mystérieuse que je ne connaissais pas. Et voilà que c'était la forêt à l'orée de laquelle je faisais des promenades quand la cure ne m'avait pas trop fatigué, sous les arbres de laquelle comme [sous ceux] du bois de Pinçonville je me réfugiais s'il pleuvait et où après l'orage j'avais vu encore le soleil reparu allonger entre les terres de grands barreaux d'or; c'était ce village dont on apercevait la flèche gothique au fond du fleuve vert; c'était la petite montagne bleue située derrière le Kurhaus où je me proposais de monter la cure finie pour voir la vue qu'on a sur tout le Palatinat. Ces lieux lointains qui m'étaient si

chers, sites de tant de sensations de froid, de soleil, de faim, de
tristesse, de gaieté, de désir de voyage ou simplement de rentrer
dîner que j'y avais éprouvé, c'étaient eux son[5] rhingraviat; c'étaient
eux ses membres,—ces terres, ces bois, ces canaux,—son corps vivant,
sur lequel régnait jadis le rhingrave et que j'avais cherché à imaginer.
Ces noms de pays dont il était[6] rhingrave et que pour tant de mar-
graves ou écuyers teutons j'essayais d'imaginer, mais je les recon-
naissais! C'était le doux nom de la rivière amie où je m'étendais au
fond de la barque, m'arrêtant sous ses roseaux, c'était le nom bien
connu aussi, bien aimé du village pour lequel je louais la barque,
disant «pour aller à . . .» et dont maman me disait quand je rentrais
dîner: «As-tu [eu] le temps d'aller jusqu'à . . . ?» C'étaient tous
les noms aimés, connus, remplis de souvenirs et non d'inconnu, ces
noms si doux, qui mis bout à bout, comme nous faisions bien souvent
en dînant avec Maman quand nous nous racontions notre journée,
faisaient le titre étranger et retentissant—4 lignes du Gotha—du
rhingrave. Et si cela mettait dans ce titre la familiarité des jours que
j'avais vécus, des chemins où j'avais eu chaud, senti le vent, eu envie
de voyager en Allemagne, de lire Gœthe, de rentrer dîner, à une
époque ancienne de ma vie où elle m'apparaissait tout autre qu'elle
ne fut et que je ne la désirerais aujourd'hui, si cela me permettait de
lever la visière des beaux noms héraldiques et d'apercevoir avec
tendresse sous ce déguisement de vieux amis sur lesquels le soleil de
cinq heures donnait encore, de vieux amis redevenus un peu mystérieux tant j'étais déjà loin d'eux, en revanche sur ces lieux facilement vulgaires où il y a un Kurhaus, des promeneurs en excursion,
un concert au jardin municipal, des restaurations sur la montagne,
cela imposait une invisible couronne du Saint-Empire Germanique
qui timbrait le tout aux armes du rhingrave, couronne invisible,
située un peu au-dessus du sol, dans l'air, mais qui montrait que ces
lieux discordants, divers, industrialisés, modernes, étaient de ceux
dont l'histoire nous fait rêver quand elle nous parle de rhingrave, de
burgraves et de Princes Palatins.

ROFFREDO[7]

M. de Guercy s'appelait Manfred. C'était un de ces rudes prénoms
—Manfred, Roffredo—de la maison de Sicile, fier comme une épée
tirée dont la dernière syllabe ébréchée par la prononciation française
semble palpiter encore dans sa lame contre les rochers de Sicile.
Ce même prénom, on le retrouvait à tel podestat, tel Cardinal du
XVe siècle et dans les ancêtres de M. de Guercy. Non pas à proprement parler un prénom identique, mais le même qui glissait ainsi, du

fond des siècles et venait appartenir à celui de la descendance qui le
voulait et au nom duquel il s'ajoutait, antique, comme à toutes les
époques, dans sa fière beauté patinée par le temps, de vieilles médailles
de la Renaissance italienne (peut-être médaille antique, prétendaient
les généalogistes) qui descendait du cabinet du pape, pour tomber
dans les mains du Marquis d'aujourd'hui. Et c'était aussi un plaisir,
en lisant l'histoire de l'Italie, de le retrouver tout d'un coup—lui—
le même—à côté du nom de tel prince et qui montrait depuis
combien longtemps il était dans la famille. Car ce sont des œuvres
anciennes que ces fiers prénoms et dans les collections que j'aimerais
faire, il y aurait une collection de prénoms comme une collection de
médailles, une collection de noms de villages ou de régions (vieilles
estampes représentant quelque ancien village, quelque aspect antique,
quelque juridiction oubliée de l'endroit, et c'était la vraie histoire,
par l'image, histoire survivant là, plus ancienne que les enseignes,
enseignes non plus seulement de la maison ou de la rue, mais de tous
les pays, plus ancienne, plus curieuse, plus instructive, plus charmante), une collection de sonorités anciennes, que je réunirais une
fois de temps à autre, exposant dans une chambre à côté de . . .

MORELL[8]

Tous ces gens que je voyais chez les Guermantes, j'aurais voulu
connaître leur généalogie complète et en remontant fort loin parce
que je me représentais mieux ce que pouvait être en réalité M. de S.
si je savais le nom de la maison dont était sa mère, maison dont à
son tour je me représentais mieux l'histoire si je savais qu'une de ses
filles avait épousé le père de M. de S. Cela faisait une double détermination d'une manière un peu abstraite et inconnue. Mais il était
difficile de mettre les Guermantes sur ce sujet des généalogies, parce
que les Guermantes trouvaient ce sujet assommant: «Quel intérêt
cela peut-il avoir pour vous?» Parfois pourtant un hasard me plaçait
tel nom presque obscur, et dont je m'étais étonné que Montargis pût
être parent, comme étant celui de la mère de tel Noailles ou tel La
Rochefoucauld. Je comprenais que le gentilhomme au nom que je
croyais obscur pouvait marcher de pair avec les plus grands noms,
puisqu'il avait ainsi marié une de ses filles, et le mariage de l'autre
avec l'oncle de Montargis devenait tout naturel. Ainsi entre Montargis
et les Noailles que je ne savais pas parents, l'obscur gentilhomme
créait une parenté extrêmement proche du cousinage. Peu à peu
tout le tableau se remplissait. Sur les cases vides apparaissaient, illustres ou obscurs, des noms déjà connus dont les rapports respectifs
se multipliaient, les liens des parentés se croisaient, se recroisaient;

toute cette noblesse de France devenait comme un tableau ou un livre
bien fait où il n'y a rien d'isolé, d'étranger, où tout rentre l'un dans
l'autre, où chaque partie est en relation, en reflets multiples, où tout
s'explique, se répercute et se compose.

DUC DE MARENGO[9]

Une fois Montargis me mena en soirée chez lui (bureau Empire).
La vue de la soirée était comme une amusante illustration tout à fait
rare d'un ouvrage historique où chaque dame que vous voyez en
tenue d'apparat, chaque galant cavalier n'est pas une personne
quelconque faite pour admirer, mais tel personnage historique même
peu connu mais singulier, dont il n'existe pas d'autre portrait, et qui
survit seulement aux planches curieuses de ce bel ouvrage. Ainsi ce
jeune homme qui entrait derrière moi, qu'on ne voyait jamais dans le
monde, il était, illustration survivante, dernier portrait ressemblant
d'un épisode intéressant et secondaire de l'époque impériale, le seul
descendant de Neiperg et de Marie-Louise, ou du Bonaparte américain. On ne les voyait jamais dans le monde, ils n'avaient ni une
grande situation, ni un charme quelconque, mais à cause de cela
même leur saveur historique n'était pas évaporée, on sentait en eux
le spécimen fraîchement coupé d'histoire, le chapitre de l'histoire
impériale qu'ils rappelaient affleurait à leurs personnes. Et les curieuses
pierres bleues que la ravissante femme qui entrait portait dans les
cheveux, étaient celles que l'Empereur d'Autriche avait données à
sa grand-tante Mme de Montesquiou pour qu'elle consentît à aban-
donner le roi de Rome. Quelques vieilles dames repliées sur elles-
mêmes par la vieillesse, la paralysie ou le froid, et qui avaient été les
éblouissantes ballerines des Tuileries, à peine regardées, ne trouvant
plus personne qui voulût aller chez elles, exceptionnellement invitées,
faisaient se dire que la situation sociale peut souvent ne pas être
quelque chose de plus fixe que le visage, ne nous appartient pas
davantage. Comme elles étaient exclues maintenant de la belle société
où elles avaient brillé, rétroactivement elles semblaient n'en avoir
pas fait partie. Car le propre d'une grande situation c'est la force qui
permet de la garder. Et comme elles ne l'avaient plus, comme elles
regardaient d'au dehors et d'en bas la petite cour dont elles avaient
été des reines, la place qu'elles y avaient occupée prenait quelque
chose de tout factice, un songe dû aux caprices des femmes à la
mode qui par quelque erreur, par jeu, comme pour une représentation
les avait choisies mais où elles avaient glissé sans entrer, sans se graver,
sans s'accrocher, sans se retenir. Et au milieu d'elles je vis que, tout
à fait intime avec elles, tout à fait comme elles au fond, était ma

vieille amie Mme de Villeparisis. Mais elle faisait tout de même une nuance entre elles et elle, car elle me dit: «Vous me trouvez au milieu de personnes qui ne sont ni très belles, ni très causantes, ni très recherchées! Tendez-moi votre bras parce que je ne m'amuse pas ici.»

On sentait que cette souveraineté mondaine qu'on avait cru habiter en elles, être intérieure à la majesté de leurs visages, elles ne l'avaient pas, puisqu'elles ne l'avaient pas gardée. Elles *n'étaient* pas de grandes dames, puisqu'elles avaient pu ne plus l'être. Ce que les circonstances peuvent défaire se trouve éliminé de nous. On se rend compte que c'était extérieur à nous, que nous avons assisté à notre propre élégance, du dehors, en vertu d'une convention, comme un rôle qu'on nous a arbitrairement distribué mais qui ne pénètre pas notre essence. Du moment que Brummel, décavé, dans un petit hôtel de Caen, se faisait payer à dîner, rétrospectivement il n'avait pas *été* un prince de l'élégance. *En réalité*, il n'était pas un prince de l'élégance, cela n'était pas en lui. Ce n'est en personne. Notre même réalité ne comporte pas cela, puisqu'il y a en nous des éléments physiologiques qui peuvent survivre à cela.

Les rois ne *sont* pas des rois.

[1] Biblio, n° 317. Ms. Bibliothèque Nationale, N.a.f., Fonds Marcel Proust, Cahier XXVIII, ff. 24–32. Ces ébauches d'*A la recherche du temps perdu* semblent avoir été écrits vers 1909. Au sujet du fragment sur Kreuznach, voir les notes suivantes.

[2] Ce fragment évoque des souvenirs précis des deux séjours de Proust en Allemagne, et n'a aucun rapport avec les villes d'eaux indiquées dans l'*Index des noms de lieux* de l'édition de la Pléiade, *A la recherche du temps perdu*, III, 1318–1319. Il s'agit de Bad Kreuznach, ville ancienne et pittoresque située sur la rivière Nahe, en Prusse-Rhénane. Proust y alla pour accompagner sa mère, à qui on avait sans doute prescrit les eaux salines. Leurs deux séjours datent de juillet 1895 et d'août 1897; les Proust descendirent au Kurhaus-Hôtel, dans un bâtiment qui fut remplacé en 1912. Les registres de l'hôtel furent malheureusement détruits pendant la dernière guerre, comme me l'a expliqué le directeur de l'hôtel Herr Westenberger.

Une comparaison avec le texte définitif du *Côté de Guermantes* révèle que Proust a entièrement refondu les éléments du premier état. Il ne s'agit plus d'un beau-frère du duc de Guermantes, mais du prince von Faffenheim-Munsterburg-Weinigen. Le morceau commence ainsi: «Le nom du prince gardait, dans la franchise avec laquelle ses premières syllabes étaient—comme on dit en musique—attaquées, et dans la bégayante répétition qui les scandait, l'élan, la naïveté maniérée, les lourdes «délicatesses» germaniques projetées comme des branchages verdâtres sur le «Heim» d'émail bleu sombre qui déployait la mysticité d'un vitrail rhénan derrière les dorures pâles et finement ciselées du XVIIIe siècle allemand. Ce nom contenait parmi les noms divers dont il était formé, celui d'une petite ville d'eaux allemande où tout enfant j'avais été avec ma grand'mère, au pied d'une montagne honorée par les promenades de Gœthe, et des vignobles de laquelle nous buvions au Kurhof les crus illustres à l'appellation composée et retentissante comme les épithètes qu'Homère donne à ses héros.» (*Le Côté de Guermantes*, II, 256–257.) Voir

les notes 3 et 4 ci-après. Un dernier point à ajouter, c'est que ce passage est
annoncé en quelque sorte par une première mention, dans *A l'ombre des jeunes
filles en fleurs*, de «la campagne allemande où j'étais allé, une année, avec ma
grand'mère prendre les eaux» (I, 718).

³ Sur la rive gauche de la Nahe, au nord-ouest de Kreuznach, s'élève le Kauzen-
berg ou Schlossberg (150 mètres), d'où l'on a une vue sur toute la vallée de
la Nahe. Le versant sud de la montagne produit un vin de célébrité locale.
Cf. le passage cité dans la note précédente, et la note suivante.

⁴ De Kreuznach, on peut aller en barque par la Nahe à Münster-am-Stein, à
2 kilomètres. De là, en effet, vient le nom du Prince «Munsterburg». Cf. *Le
Côté de Guermantes*: «M. de Guermantes, en expliquant qui était le prince,
cita plusieurs de ses titres, et je reconnus le nom d'un village traversé par la
rivière où chaque soir, la cure finie, j'allais en barque, à travers les moustiques
. . .» Cf. K. Baedeker, *Les Bords du Rhin*, Leipzig et Paris, Baedeker et
Ollendorff, 1891, pp. 207–209.

⁵ Ms: *leur*.

⁶ Ms: *ils étaient*.

⁷ Fragment sacrifié du roman.

⁸ Fragment sacrifié du roman.

⁹ Fragment sacrifié, mais où se voit une première esquisse du portrait des «trois
Parques». Cf. *Le Côté de Guermantes*, II, 195–201.

A LA RECHERCHE DU TEMPS PERDU [1]

(1913)

Ce titre énigmatique est celui d'un roman dont le premier volume va paraître et autour duquel une grande curiosité est éveillée. Quelques bonnes feuilles en ont circulé sous le manteau et les privilégiés n'en parlent qu'avec enthousiasme. Ce succès, avant la lettre, est souvent un avantage; il est quelquefois un écueil. Je ne sais pas quel sera demain le suffrage de l'opinion publique, si elle sacrera chef-d'œuvre, comme je l'ai entendu dire, ce premier volume de *A la recherche du temps perdu*, qui, tel qu'il est, forme d'ailleurs un tout se suffisant à lui-même, et qui porte le titre particulier: *Du Côté de chez Swann;* mais je ne risque guère de prédire qu'il ne laissera indifférent aucun de ceux qui l'auront lu. Il en déconcertera peut-être quelques-uns. *Du Côté de chez Swann** n'est pas ce qu'on appelle un livre de chemin de fer, qu'on parcourt du coin de l'œil et en sautant des pages, c'est un livre original, étrange même, profond, réclamant toute l'attention du lecteur, mais la forçant aussi. Il surprend et il étreint, il déroute et il bouleverse. D'action, de cette action qu'on est accoutumé de trouver dans la plupart des romans et qui vous emporte, plus ou moins ému, à travers une série d'aventures jusqu'à un dénouement fatal—il n'y en a pas. Il y a une action pourtant, mais dont les fils sont comme dissimulés avec un souci presque exagéré de discrétion et c'est à nous de nous reconnaître, tandis que nous haletons, pris jusqu'aux entrailles par le développement des caractères que, dans des situations successives, l'auteur grave avec un burin impitoyable. C'est un roman d'analyse mais je ne sais pas beaucoup de romans d'analyse où l'analyse soit poussée aussi profondément. On a envie par instants de crier: «Assez!», comme au chirurgien qui ne voudrait rien laisser ignorer de l'opération; et l'on ne dit pas: «Assez!». Avec fièvre, on tourne les feuillets pour voir plus au fond de l'âme des êtres; et l'on voit qu'un Swann aime une Odette de Crécy, et que cet amour se change en passion inquiète, ombrageuse, maladive, accompagnée de tous les tourments de la jalousie la plus atroce; vous en connaissez évidemment l'équivalent. Il y en a dans tous les romans, dans tous les drames, au détour de toutes les rues. Mais ici nous ne nous bornons pas à l'aspect extérieur des choses; de gré ou de force, nous entrons dans le cerveau et dans le cœur et dans le corps de cet homme; un guide impassible nous conduit et nous force à regarder, à lire chaque

* Chez Bernard Grasset, éditeur.

pensée, à vivre chaque émotion, depuis la joie de donner du bonheur jusqu'à la douleur de la jalousie qui tenaille le cœur et laisse trouble la tête. Et il en est de même pour la tendresse du bambin pour sa maman; de même aussi pour l'amour ingénu du petit garçon pour la petite camarade de jeu, de même pour tous les sentiments des personnages de *Du Côté de chez Swann*.

    M. Marcel Proust est l'auteur de ce livre troublant.

Le traducteur et commentateur de Ruskin n'est certes pas un inconnu des lettrés. M. Anatole France, pour qui il fait profession d'une reconnaissance infinie, le baptisa—dans une préface à cette œuvre charmante, *Les Plaisirs et les jours,* que M. Marcel Proust ne renie pas mais dont il regrette, c'est son mot, l'extrême indécence— un Bernardin de Saint-Pierre dépravé et un Pétrone ingénu. M. Édouard Rod lui découvrit une parenté avec La Bruyère.[2] M. Albert Sorel salua dans *Le Temps* ses débuts.[3] Et puis, à part quelques articles de loin en loin, M. Marcel Proust se recueillit, je veux dire que la maladie le força à se recueillir. Ce n'est pas un nouvel artiste qui se présente aujourd'hui avec *Du Côté de chez Swann.* Il y a dans *Les Plaisirs et les jours* une sorte d'esquisse: *La Fin de la jalousie,* d'un chapitre, le plus impressionnant, de *Du Côté de chez Swann.* Il y a dans la préface à sa traduction de *Sésame et les lys* l'embryon d'un autre chapitre du volume qui va paraître. Mais l'artiste s'est transformé, son horizon s'est étendu en même temps que sa sensibilité s'affinait et se développait jusqu'au point qu'il peut dire: «Il n'est pas un seul adjectif qui dans mon œuvre nouvelle ne soit senti.» Telles ces plantes qui ne s'épanouissent que dans la serre chaude, M. Marcel Proust, replié sur lui-même, a puisé dans ses souffrances mêmes une énergie créatrice dont il apporte la preuve aujourd'hui. Il a voulu faire quelque chose. Quoi? Mieux que si je le disais il va le dire.

    Dans la chambre aux volets presque toujours clos, M. Marcel Proust est couché. La lumière électrique accentue le mat du visage, mais deux yeux admirables de vie et de fièvre lancent des lueurs sous le front couvert par la chevelure. M. Marcel Proust est encore l'esclave de la maladie, mais il n'y paraît plus quand l'écrivain, prié de s'expliquer sur son œuvre, s'anime et parle.

    —Je ne publie qu'un volume, *Du Côté de chez Swann,* d'un roman qui aura pour titre général *A la recherche du temps perdu.* J'aurais voulu publier le tout ensemble; mais on n'édite plus d'ouvrages en plusieurs volumes. Je suis comme quelqu'un qui a une tapisserie trop grande pour les appartements actuels et qui a été obligé de la couper.

«De jeunes écrivains, avec qui je suis d'ailleurs en sympathie, préconisent au contraire une action brève avec peu de personnages. Ce n'est pas ma conception du roman. Comment vous dire cela? Vous savez qu'il y a une géométrie plane et une géométrie dans l'espace. Eh bien, pour moi, le roman ce n'est pas seulement de la psychologie plane, mais de la psychologie dans le temps. Cette substance invisible du temps, j'ai tâché de l'isoler, mais pour cela il fallait que l'expérience pût durer. J'espère qu'à la fin de mon livre, tel petit fait social sans importance, tel mariage entre deux personnes qui dans le premier volume appartiennent à des mondes bien différents, indiquera que du temps a passé et prendra cette beauté de certains plombs patinés de Versailles, que le temps a engainés dans un fourreau d'émeraude.

Puis, comme une ville qui, pendant que le train suit sa voie contournée, nous apparaît tantôt à notre droite, tantôt à notre gauche, les divers aspects qu'un même personnage aura pris aux yeux d'un autre—au point qu'il aura été comme des personnages successifs et différents—donneront—mais par cela seulement—la sensation du temps écoulé. Tels personnages se révéleront plus tard différents de ce qu'ils sont dans le volume actuel, différents de ce qu'on les croira, ainsi qu'il arrive bien souvent dans la vie, du reste.

Ce ne sont pas seulement les mêmes personnages qui réapparaîtront au cours de cette œuvre sous des aspects divers, comme dans certains cycles de Balzac, mais en un même personnage, nous dit M. Proust, certaines impressions profondes, presque inconscientes.

—A ce point de vue, continue M. Proust, mon livre serait peut-être comme un essai d'une suite de «Romans de l'Inconscient»: je n'aurais aucune honte à dire de «romans bergsoniens», si je le croyais, car à toute époque il arrive que la littérature a tâché de se rattacher —après coup, naturellement—à la philosophie régnante. Mais ce ne serait pas exact, car mon œuvre est dominée par la distinction entre la mémoire involontaire et la mémoire volontaire, distinction qui non seulement ne figure pas dans la philosophie de M. Bergson, mais est même contredite par elle.

—Comment établissez-vous cette distinction?

—Pour moi, la mémoire volontaire, qui est surtout une mémoire de l'intelligence et des yeux, ne nous donne du passé que des faces sans vérité; mais qu'une odeur, une saveur retrouvées dans des circonstances toutes différentes, réveille en nous, malgré nous, le passé, nous sentons combien ce passé était différent de ce que nous croyions nous rappeler, et que notre mémoire volontaire peignait, comme les mauvais peintres, avec des couleurs sans vérité. Déjà, dans ce premier volume, vous verrez le personnage qui raconte, qui dit: «Je» (et qui n'est pas moi) retrouver tout d'un coup des années, des jardins, des êtres oubliés, dans le goût d'une gorgée de thé où il a [trempé] [4] un morceau de madeleine; sans doute il se les rappelait, mais sans leur couleur, sans leur charme; j'ai pu lui faire dire que comme dans ce petit jeu japonais où l'on trempe de ténus bouts de papier qui, aussitôt plongés dans un bol, s'étirent, se contournent, deviennent des fleurs, des personnages, toutes les fleurs de son jardin, et les nymphéas de la Vivonne, et les bonnes gens du village et leurs petits logis et l'église, et tout Combray et ses environs, tout cela qui prend forme et solidité, est sorti, ville et jardins, de sa tasse de thé.

«Voyez-vous, je crois que ce n'est guère qu'aux souvenirs in-volontaires que l'artiste devrait demander la matière première de son œuvre. D'abord, précisément parce qu'ils sont involontaires, qu'ils se forment d'eux-mêmes, attirés par la ressemblance d'une minute identique, ils ont seuls une griffe d'authenticité. Puis ils nous rapportent les choses dans un exact dosage de mémoire et d'oubli. Et enfin, comme ils nous font goûter la même sensation dans une circonstance tout autre, ils la libèrent de toute contingence, ils nous en donnent l'essence extratemporelle, celle qui est justement le contenu du beau style, cette vérité générale et nécessaire que la beauté du style seule traduit.

«Si je me permets de raisonner ainsi sur mon livre, poursuit M. Marcel Proust, c'est qu'il n'est à aucun degré une œuvre de raisonnement, c'est que ses moindres éléments m'ont été fournis par ma sensibilité, que je les ai d'abord aperçus au fond de moi-même, sans les comprendre, ayant autant de peine à les convertir en quelque chose d'intelligible que s'ils avaient été aussi étrangers au monde de l'intelligence que, comment dire? un motif musical. Il me semble que vous pensez qu'il s'agit de subtilités. Oh! non, je vous assure, mais de réalités au contraire. Ce que nous n'avons pas eu à éclaircir nous-mêmes, ce qui était clair avant nous (par exemple des idées logiques) cela n'est pas vraiment nôtre, nous ne savons même pas si c'est le réel. C'est du «possible» que nous élisons arbitrairement. D'ailleurs, vous savez, ça se voit tout de suite au style.

«Le style n'est nullement un enjolivement comme croient certaines personnes, ce n'est même pas une question de technique, c'est— comme la couleur chez les peintres—une qualité de la vision, la révélation de l'univers particulier que chacun de nous voit, et que ne voient pas les autres. Le plaisir que nous donne un artiste, c'est de nous faire connaître un univers de plus.

Comment, dans ces conditions, certains écrivains avouent-ils qu'ils cherchent à ne pas avoir du style? C'est ce que ne comprend pas M. Marcel Proust qui insiste:

—Ils ne le peuvent qu'en renonçant à approfondir leurs impressions!

Sur la première page de *Du Côte de chez Swann*, M. Marcel Proust a inscrit cette dédicace: «A M. Gaston Calmette, comme un témoignage de profonde et affectueuse reconnaissance».

—J'ai peut-être, nous dit M. Marcel Proust, des dettes plus anciennes envers des maîtres à qui j'ai, du reste, dédié des œuvres écrites avant celle-ci, mais qui ne paraîtront qu'après, avant tous à Anatole France, qui m'a traité jadis presque en fils. A M. Calmette, j'ai dû de connaître cette joie du jeune homme qui lit imprimé son premier article.

«Et puis, ajoute avec un peu de mélancolie M. Marcel Proust, en me permettant de rendre visite par mes articles à des personnes dont j'avais alors de la peine à me passer, le directeur du journal m'a aidé à passer de la vie de société à la vie de solitude . . .»

Et le geste du malade indique la chambre sombre, aux volets clos, où n'entre jamais le soleil. Mais le regard est sans tristesse. Si le malade a sujet de se plaindre, l'écrivain a sujet d'être fier. Celui-ci a consolé celui-là.

Élie-Joseph Bois[5]

---

[1] Biblio, n° 120.

[2] Il s'agit d'une note qui n'a pas été signalée jusqu'ici, parue dans le *Gaulois* du samedi 27 juin 1896, p. 2; sous la rubrique *Jeudis de Quinzaine*, à la fin d'un compte rendu des *Vies imaginaires* de Marcel Schwob. Voici la note d'Édouard Rod:

«P.S.—Je ne saurais rien ajouter à la merveilleuse préface que M. Anatole France a écrite pour les *Plaisirs et les jours*—ce premier livre de M. Marcel Proust,—préface dont les lecteurs du *Gaulois* ont eu la primeur. Je tiens pourtant à constater le succès de cet heureux début. M. Marcel Proust entre dans la carrière des lettres—par un chemin fleuri de roses—avec une originalité déjà bien marquée: car, selon le mot si frappant de M. France, il est «jeune de la jeunesse de l'auteur» et «vieux de la vieillesse du monde». Et ce mélange singulier de fraîcheur et de maturité a produit un livre bien caractéristique du temps où nous sommes.

«Comment peut-il y avoir tant de qualités d'observation dans un esprit si nouveau? Par moment, on voit pointer un La Bruyère de notre «monde»; et cela est très révélateur. Mme Madeleine Lemaire a orné ce volume d'illustrations charmantes, où elle a mis toute sa grâce.»

La préface d'Anatole France avait en effet paru dans le *Gaulois* du 9 juin 1896, en première page.

[3] Albert Sorel: «*Variétés: Pèlerinages de beauté; La Bible d'Amiens*, de John Ruskin, traduite et annotée, avec une préface, par Marcel Proust», *Le Temps* du 11 juillet 1904, p. 3. Sorel écrivait de Proust: «Cet esthète pénétré ne traduit pas ses pensées en prose décadente. Il écrit, quand il médite ou rêve, un français flexible, flottant, enveloppant, en échappements infinis de couleurs et de nuances, mais toujours translucide, et qui fait songer, parfois, aux verreries où Gallé enferme ses lianes. Exact, quand il décrit, ses images, comme celles de son maître, procèdent le plus souvent de l'Écriture, qui est somptueuse et précise à la fois.»

[4] *trouvé*, dans *Le Temps*.

[5] Élie-Joseph Bois (1878–1941), rédacteur au *Matin*, au *Temps* (1908–1914) et rédacteur en chef du *Petit Parisien* jusqu'en 1940. *Anthologie des écrivains morts à la guerre, 1939–1945*, pp. 66–69.

A PROPOS D'UN LIVRE RÉCENT [1]
L'Œuvre écrite dans la chambre close. Chez M. Marcel Proust.

(1913)

Un livre vient de paraître, intitulé: *Du côté de chez Swann.* L'auteur du livre s'appelle Marcel Proust. On fait grand bruit autour du livre. On raconte aussi beaucoup d'histoires un peu extraordinaires sur M. Marcel Proust. Pour un grand nombre, cet écrivain est un débutant, et ce livre de début est une véritable révélation littéraire. Pour d'autres, mieux informés, M. Marcel Proust est un personnage étrange, qui, atteint d'une redoutable maladie, vit complètement retiré du monde depuis de longues années, dans une chambre éternellement fermée à l'air et à la lumière, et toute tapissée de liège pour que n'y pénètrent jamais les moindres bruits des appartements voisins et de la rue.

Ceux qui tiennent M. Marcel Proust pour un débutant se trompent catégoriquement. Ceux qui racontent cette singulière claustration dans les ténèbres ne se trompent qu'à demi.

Marcel Proust occupe une place bien déterminée parmi les jeunes littérateurs contemporains. Mais la nature de son talent a pu être cause que le «grand public» ait ignoré son nom jusqu'aujourd'hui, jusqu'à l'apparition retentissante de ce nouveau roman: *Du côté de chez Swann.* Les livres et les écrits de Marcel Proust s'adressent plutôt à ce qu'on est convenu d'appeler l'«élite». C'est-à-dire qu'il est assez nécessaire, pour goûter convenablement l'esprit et la forme des productions du jeune écrivain, que le lecteur possède un certain degré de culture. Les littératures auxquelles Marcel Proust aima souvent emprunter des citations qui ornaient, amplifiaient, ou vivifiaient ses articles ou ses nouvelles sont de celles que le commun peut ignorer: Sophocle, Shakespeare, Bossuet, Ruskin . . . Cependant ceux qui ont lu les *Premiers-Paris,* de Marcel Proust, dans le *Figaro,* ou son livre, *les Plaisirs et les Jours,* paru en 1896 avec une préface d'Anatole France, souriraient bien, s'ils l'entendaient traiter de débutant.

Quant à ce qu'il fut écrit et dit de la chambre close, il n'est que trop vrai qu'un mal cruel tient l'écrivain éloigné du monde, du bruit et de la clarté du jour.

—Mais cette réclusion, m'a dit M. Marcel Proust, je la crois profondément profitable à mon œuvre. L'ombre, le silence et la solitude, en abattant sur moi leurs chapes épaisses, m'ont obligé de recréer en moi toutes les lumières et les musiques et les frémissements de la nature et du monde. Mon être spirituel ne se heurte plus aux barrières du visible et rien n'entrave sa liberté . . .

M. Marcel Proust me parle dans la grande chambre obscure d'où il ne sort presque jamais. Il est alité. Auprès de son lit, il y a une grande table surchargée de livres, de papiers, de lettres, et aussi de petites boîtes de médicaments. Il n'est point exact de dire—cela fut dit—que l'écrivain vit dans les ténèbres. Une petite lampe électrique, dont la lumière est tamisée par un abat-jour vert, est placée sur la table. Au pied de cette lampe, il y a les feuillets, la plume, l'encrier auxquels va revenir M. Marcel Proust quand notre entretien aura pris fin.

—Lorsque par hasard un mince rayon de soleil parvient à se glisser ici, me dit M. Marcel Proust, pareil à l'antique statue de Memnon, qui faisait entendre des sons harmonieux quand les rayons de l'astre levant la venaient frapper, tout mon être éclate de joie, et je me sens transporté dans des mondes resplendissants . . .

«Mais j'ai, dans mon emprisonnement, des voluptés profondes—ajoute-t-il—et ses grands yeux noirs de malade luisent sous les épais cheveux bruns qui tombent en désordre sur le front mat. Ainsi, je vous assure, et ne riez point, car vous allez me comprendre —je ne sais s'il est pour moi une lecture qui vaille celle . . . des indicateurs de chemin de fer.

«Ah, la douceur et la caresse de tous ces noms de villages et de villes du P.-L.-M., l'évocation charmante des pays de lumière et de vie où je n'irai jamais . . .

Puis nous parlons du livre nouveau: *Du côté de chez Swann* . . .

—Ce livre n'est que le premier d'une trilogie que j'appelle *A la recherche du temps perdu*. Le second livre sera: *le Côté de Guermantes;*[2] le troisième: *le Temps retrouvé.*

«Il va de soi que chaque volume peut ou pourra être considéré comme complet par lui-même. Cependant ce n'est qu'après avoir lu les trois livres que le lecteur possédera l'identité de mes personnages.

«J'ai tenté de suivre la vie, où se révèlent soudain à nos yeux des aspects insoupçonnés d'une personne . . . Nous vivons auprès d'êtres que nous croyons connaître. Il manque l'événement qui les fera apparaître tout à coup autres que nous ne les savons. Ainsi, dans mon livre, verra-t-on, entre beaucoup d'autres, un certain Vinteuil qui, dans *Du côté de chez Swann* est un brave homme, un bourgeois un peu lourd, plutôt banal; et ce n'est que dans le volume suivant qu'on apprendra qu'il est un musicien de génie, auteur d'une cantate sublime . . .

«Mon œuvre était dans ma pensée comme serait une vaste tapisserie dans un appartement qui ne pourrait la contenir tout d'une pièce et qu'il faudrait découper.

«Mes personnages paraîtront sous leurs faces multiples, au cours des tomes, ainsi que dans le temps se découvrent à nous les diverses personnalités d'un même individu.

Il ne faut point demander à M. Marcel Proust des dates, des périodes de sa carrière littéraire. Il avait écrit les *Plaisirs et les Jours*, des traductions de Ruskin; *Sésame et les Lys*, entre autres, éditées au *Mercure de France*; de nombreaux articles au *Figaro* . . . Il ne faut point lui demander à quel moment il a commencé d'être un écrivain . . . Il répondra qu'il ne peut fixer les dates, les périodes, les moments . . .

—Nous avons pour compagnon de chaîne, au long de la vie, un homme différent de notre être physique, dit-il. Tenez . . . quand on pense à soi, on se fait une certaine idée de soi . . . Et si l'on se regarde dans une glace, le miroir nous renvoie notre image réelle . . . L'autre était un étranger . . . Il était le moi spirituel . . . Eh bien, c'est celui-là seul qui m'importe . . . Aussi ne m'intéressé-je à moi que dans les manifestations de ce «moi» et non dans des événements ou des dates . . .

«Je ne considère mon moi objectif (prenez ce mot dans le sens où l'entendent les philosophes) que comme un instrument d'expérimentation sans intérêt par lui-même mais qui m'associe à mon esprit pour pénétrer dans certaines réalités et surtout dans les pénombres de la conscience, où je tâche de mettre de la lumière . . .

«Je ne saurai donc vous dire quand j'ai commencé à écrire . . .

—Je portai un article dans un grand quotidien. Cet article plut. On le fit paraître. Puis on en fit paraître d'autres. Le directeur fut, pour les qualités que je pouvais avoir ce que sont les apiculteurs pour les abeilles. Il m'aida de ses conseils et de son amitié, comme les éleveurs d'abeilles préparent les ruchers et les rayons où se fera le miel . . .

Aucun bruit extérieur ne traverse nos propos. Cependant je sais que dehors, c'est le boulevard Haussmann, avec le tumultueux déferlement des voitures et des automobiles aux rauques cris. Mais un silence immense nous enveloppe et seule, une petite mare de lumière autour du pied de la lampe et les éclats lents du feu de bois dans la cheminée, animent l'ombre grise de la chambre. Et il semble bien qu'on soit hors du temps, dans un monde et dans une atmosphère étranges, où les yeux fiévreux du malade soient, pareils à deux grandes étoiles noires, la seule concrète réalité.

ANDRÉ ARNYVELDE[3]

[1] Biblio, n° 124.
[2] *Suermantes,* dans la revue.
[3] Pseudonyme d'André Lévy, auteur dramatique, romancier et journaliste, directeur littéraire des éditions «Sésame», mort dans un camp de concentration (1881-1942). Un exemplaire de l'édition originale de *Du côté de chez Swann* (Grasset, 1914) porte la dédicace suivante: «19 novembre 1913. A Monsieur Arnyvelde, souvenir de sympathie profonde et de gratitude, après une heure passée ensemble. Marcel Proust.» (Catalogue de la Librairie Ancienne et Moderne, 56 B^d des Batignolles.)

HOMMAGE A MME RÉJANE [1]

(1920)

Nous avons appris que M. Marcel Proust possédait une photographie de Mme Réjane particulièrement curieuse et, croyons-nous, inconnue. Celle-ci y est en prince de Sagan, rôle qu'elle joua autrefois dans une revue, chez M. de Massa. Nous sommes allé demander à l'émouvant et subtil auteur de *A l'ombre des jeunes filles en fleurs*, de bien vouloir nous confier cette photographie. M. Proust l'a fait avec une bonne grâce dont nous lui sommes reconnaissants.

«C'est le seul travesti pas ridicule que je connaisse, nous a-t-il dit en nous tendant le document. Pensez à tous les Siebel de *Faust*, à tant d'autres! Cela tient, je crois, à ce qu'en grande actrice, Mme Réjane, comme les grands peintres de tous les temps, n'a pas visé à l'imitation trop matérielle, au trompe-l'œil. Voyez, elle a gardé sa jupe, des perles aux oreilles. L'allusion à M. de Sagan n'est que plus frappante d'être furtive: quelle merveilleuse manière d'«imiter» les cheveux! Pardon, «le cheveu», puisque en ce moment on dit *cheveu* au singulier. Cela sera fini dans un ou deux ans, le temps qu'on soit fatigué de l'imitation, de la mode. Il y a maintenant en littérature et en art, des modes qui ne durent que quelques années. Heureusement, les œuvres des maîtres qui s'y asservissent durent, elles. Tout de même, comme il serait reposant qu'on pensât moins au public, qu'on ne se crût pas alternativement obligé de faire des opéras dont l'audition demande au moins trois jours, et, quand la mode a changé, d'autres dont la longueur ne doit pas excéder dix minutes.

«N'abimez pas la photographie. J'y tiens beaucoup. J'ai un culte pour Réjane, cette grande femme qui a porté tour à tour les deux masques, qui a mis toute son intelligence et tout son cœur dans d'innombrables «créations» magnifiques, parmi lesquelles il ne faut pas omettre son fils et sa fille. J'ai contracté jadis, en entendant Réjane jouer *Sapho* et *Germinie Lacerteux*, une tristesse récurrente dont les accès intermittents, après tant d'années, me reprennent encore.»

Sur ces mots, M. Marcel Proust prend congé de nous et nous emportons la précieuse épreuve que nous reproduisons ici. Au bas, Mme Réjane avait écrit, quand elle l'avait donnée à M. Marcel Proust, cette dédicace: «Hommage d'un Prince. Admiration d'une artiste. Amitiés d'une amie, Réjane, l'interprète des Goncourt, 10 décembre.»

Dix décembre! La date même où fut décerné à M. Marcel Proust ce prix Goncourt, qui fit, et fait encore, couler tant d'encre.

LOUIS HANDLER

[1] Biblio, n° 141.

SI VOUS DEVIEZ AVOIR UN MÉTIER MANUEL[1]

(1920)

Si vous étiez obligé, pour une raison quelconque, d'exercer un métier manuel, lequel choisiriez-vous, selon vos goûts, vos aptitudes et vos capacités?

Vous faites entre les professions manuelles et spirituelles une distinction à laquelle je ne saurais souscrire. L'esprit guide la main. Notre vieux Chardin disait (mieux): on ne peint pas seulement avec ses doigts mais avec son cœur. Et le Vinci parlant aussi de la peinture: «Elle est *cosa mentale*.» On peut parmi les exercices physiques en dire autant même de l'amour. C'est ce qui le rend parfois si fatigant.[2] Vous me permettrez de m'autoriser de cette collaboration de la main et de l'esprit, pour vous dire que si je me trouvais dans la situation que vous spécifiez, je prendrais comme profession manuelle précisément celle que j'exerce actuellement: écrivain. Que si le papier venait absolument à faire défaut, je me ferais, je crois, *boulanger*. Il est honorable de donner aux hommes leur pain quotidien. En attendant, je confectionne de mon mieux ce «Pain des Anges» dont Racine (que je cite de mémoire et sans doute avec bien des fautes)[3] disait:

> Dieu lui-même le compose
> Dans la fleur de son froment,
> C'est ce pain si délectable
> Que ne sert pas à sa table
> Le monde que vous suivez.
> Je l'offre à qui veut me suivre;
> Approchez: voulez-vous vivre?
> Prenez, mangez et vivez!

Ne trouvez-vous pas que Racine ressemble un peu à M. Paul Valéry, lequel a retrouvé Malherbe en traversant Mallarmé?

[1] Biblio, n° 143. Fonds Proust, University of Illinois.
[2] Nous rétablissons d'après le manuscrit deux phrases omises dans l'*Intransigeant*, commençant par: «On peut parmi les exercices physiques . . .»
[3] *Cantiques Spirituels*, IV, troisième strophe, dont Proust omet ces deux premiers vers:

> Le pain que je vous propose
> Sert aux Anges d'aliment.

La citation est presque exacte.

PETITE ENQUÊTE DES TREIZE[1]

(1920)

Etes-vous partisan ou non des cabinets de lecture? Quelles raisons vous portent à croire à leur bonne ou à leur mauvaise influence? Et, si vous estimez qu'ils causent du tort aux jeunes auteurs, quel remède jugez-vous opportun?

Messieurs les Treize,

Puisque vous voulez bien m'inviter en quatorzième à donner mon opinion, la voilà: Les personnes qui ont peu d'argent, et celles qui en ont beaucoup, sont empêchées d'acheter des livres, les premières par la pauvreté, les secondes par l'avarice. Aussi les empruntent-elles. Les cabinets de lecture ne feront donc que régulariser une situation existante, avec cette innovation inouïe qu'il faudra rendre les livres prêtés. Ma crainte est que les éditeurs (je ne parle pas des miens qui sont des hommes généreux et charmants) trouvant la vente difficile, cherchent un profit plus sûr dans la «location».

Ils n'auraient plus cette terreur, ni les auteurs cette espérance, la réimpression, chose chaque jour plus malaisée. Il s'agit, bien entendu, des ouvrages contemporains, et votre questionnaire ne porte pas sur le bon vieux cabinet de lecture où il y avait des livres qu'on ne trouvait plus que là (les romans de la comtesse d'Asche et de Céleste Mogador, parfois même la *Chartreuse* avec la Préface de votre Père Balzac) et qu'on ne pouvait lire que ganté de Suède. Malgré tout, et comme mes éditeurs sont bien gentils, je ferai valoir en faveur des cabinets de lecture cette vérité plus générale que la satisfaction d'un goût conduisant plutôt à l'[abus] [2] qu'à la restriction, de même que prendre des leçons au manège donne envie d'avoir un cheval à soi, à force de louer des livres, peut-être finira-t-on par en acheter, sinon par en lire.

[1] Biblio, n° 144.
[2] *abas*, dans le texte imprimé, évidemment une coquille.

ENQUÊTE SUR LE ROMANTISME ET LE CLASSICISME[1]
(1921)

1° Y a-t-il encore des écoles littéraires?
2° Quand on établit une distinction entre le roman d'analyse et le roman d'aventures, cela veut-il, à votre avis, dire quelque chose, et quoi?

Je crois que tout art véritable est classique, mais les lois de l'esprit permettent rarement qu'il soit, à son apparition, reconnu pour tel. Il en est à ce point de vue de l'art comme de la vie. Le langage de l'amant malheureux, du partisan politique, des parents raisonnables, semble, à ceux qui le tiennent, porter avec soi une irrésistible évidence. On ne voit pourtant pas qu'il persuade ceux auxquels il s'adresse; une vérité ne s'impose pas du dehors à des esprits qu'elle doit préalablement rendre semblables à celui où elle est née. Manet avait beau soutenir que son *Olympia* était classique et dire à ceux qui la regardaient: «Voilà justement ce que vous admirez chez les Maîtres», le public ne voyait là qu'une dérision. Mais aujourd'hui, on goûte devant l'*Olympia* le même genre de plaisir que donnent les chefs-d'œuvre plus anciens qui l'entourent, et dans la lecture de Baudelaire [le même] que dans celle de Racine. Baudelaire ne sait pas, ou ne veut pas, finir une pièce, et d'autre part il n'y en a peut-être pas une seule de lui où se succèdent et se pressent, avec une telle richesse, toutes les vérités accumulées dans la seule déclaration de Phèdre. Mais le style des poèmes condamnés, qui est exactement celui des tragédies, le surpasse peut-être encore en noblesse. Ces grands novateurs sont les seuls vrais classiques et forment une suite presque continue. Les imitateurs des classiques, dans leurs plus beaux moments, ne nous procurent qu'un plaisir d'érudition et de goût qui n'a pas grande valeur. Que les novateurs dignes de devenir un jour classiques, obéissent à une sévère discipline intérieure, et soient des constructeurs avant tout, on ne peut en douter. Mais justement parce que leur architecture est nouvelle, il arrive qu'on reste longtemps sans la discerner. Ces classiques non encore reconnus, et les anciens, pratiquent tellement le même art, que les premiers sont encore ceux qui ont fait la meilleure critique des seconds. Sans doute, il ne faut pas qu'elle aille à l'encontre des tendances, de la ligne de croissance d'un artiste. Il n'y a rien de si bête que de dire comme Théophile Gautier, lequel était du reste un poète de troisième ordre, que le plus beau vers de Racine est:

La fille de Minos et de Pasiphaé.

Mais il nous est permis de faire goûter dans les *Tragédies* de Racine, dans ses *Cantiques*, dans les *Lettres* de Mme de Sévigné, dans Boileau, des beautés qui s'y trouvent réellement et que le XVIIe siècle n'a guère aperçues.

En résumé, les grands artistes qui furent appelés romantiques, réalistes, décadents, etc., tant qu'ils ne furent pas compris, voilà ceux que j'appellerais classiques, si M. Charles Maurras, dans les magnifiques études qu'il a signées Criton, ne nous avait avertis des périls qu'il y a à multiplier ainsi des dénominations plus ou moins arbitraires.

[1] Biblio, n° 151.

LES GONCOURT DEVANT LEURS CADETS[1]

(1922)

Dans les années d'heureuses fièvres où l'esprit que tout émerveille prend contact avec la vie, la grande forêt littéraire était pour nous mystérieuse et peuplée de géants! Et notre rêve encore imprécis, de Hugo à Chateaubriand, de Balzac à Lamartine, de Musset aux Goncourt, errait inquiet entre ces grandes ombres chargées d'un fardeau de chefs-d'œuvre. Les jours ont passé et des rideaux inattendus se lèvent sans cesse sur la mélancolique vie . . . Puisque nous parlons des Goncourt aujourd'hui, il nous a semblé curieux de savoir ce que pensait d'eux l'école littéraire nouvelle, synthétisée par quelques noms. Il ne s'agit pas d'une enquête, mais plutôt de satisfaire une curiosité légitime et de pouvoir remercier M. Marcel Proust, M. René Bizet, M. Jean Giraudoux—la nouvelle psychologie, la nouvelle aventure et le nouveau lyrisme.

PIERRE-PLESSIS

Par le prix de 1919 une parcelle de la fortune de M. de Goncourt m'a été transmise. Je me trouve ainsi être à l'égard de l'auteur de *Renée Mauperin* dans la position difficile d'un héritier qu'il n'a pas connu, ou du moins pas désigné. Elle m'oblige, non pas à avoir chez moi un buste d'Edmond de Goncourt (comme le pauvre et cher Calmette avait au *Figaro,* dans ce cabinet de travail que sa mort a sanctifié, un buste de Chauchard), mais à beaucoup de respectueuse précaution quand j'ai à parler de lui.

A vingt ans, j'ai vu souvent M. de Goncourt chez Mme Alphonse Daudet et chez la princesse Mathilde, à Paris et à Saint-Gratien. La radieuse beauté d'Alphonse Daudet n'éclipsait pas celle du vieillard hautain et timide qu'était M. de Goncourt. Je n'ai jamais connu depuis d'exemples pareils—dissemblables entre eux d'ailleurs—d'une telle noblesse physique. C'est sur leur aspect prodigieux que s'est close pour moi l'ère des géants . . .

Chez la princesse Mathilde, le méfiant dédain inspiré par la personne de M. de Goncourt était quelque chose d'affligeant. J'ai vu là des femmes, même intelligentes, se livrer à des manèges pour éviter de lui dire leur «jour». «Il écoute, il répète, il fait ses mémoires sur nous.» Cette subordination de tous les devoirs, mondains, affectueux, familiaux, au devoir d'être le serviteur du vrai, aurait pu faire la grandeur de M. de Goncourt s'il avait pris le mot de vrai dans un sens plus profond et plus large, s'il avait créé plus d'êtres vivants dans la description desquels le carnet du croquis oublié de la mémoire vous apporte sans qu'on le veuille un trait différent, extensif et complémentaire. Malheureusement, au lieu de cela, il observait, prenait des notes, rédigeait un journal, ce qui n'est pas d'un grand artiste, d'un créateur. Ce journal, malgré tout, si calomnié, reste un livre délicieux et divertissant. Le style plein de trouvailles n'est pas, comme l'a dit selon moi à tort Daniel Halévy, d'un mauvais artisan de la langue française. De ce style j'aurais trop à parler en l'analysant. Par la synthèse j'en ai fait du reste la critique—critique laudative en somme—dans mes *Pastiches et Mélanges* et surtout dans un des volumes à paraître de *La Recherche du temps perdu*, où mon héros se retrouvant à Tansonville y lit un pseudo-inédit de Goncourt, où les différents personnages de mon roman sont appréciés.[2]

M. de Goncourt a été incomparable chaque fois qu'il a parlé de ces œuvres d'art qu'il aimait d'une passion sincère, même des arbustes rares de son jardin, lesquels étaient pour lui de précieux bibelots encore. Au théâtre, sa *Germinie Lacerteux* est, après *L'Arlésienne*, la pièce où sanglota le plus «mon enfance», comme il aurait dit.[3] Pour quelle part y était Réjane, je ne sais; mais je sortais les yeux si rouges, que des spectateurs sensibles s'approchaient de moi croyant qu'on m'avait battu. L'émotion, les fièvres, les anxiétés de l'auteur n'étaient pas moindres. Et comme il voyait tout en fonction de sa vie d'homme de lettres, il craignait toujours que quelque changement de ministère ou indisposition d'acteur—nouvelles méchancetés du destin acharné contre lui—ne vinssent détourner l'attention publique ou interrompre les représentations de *Germinie*. Car ce noble artiste, cet historien de la valeur la plus haute et la plus neuve, ce véritable romancier impressionniste si méconnu, était aussi un homme d'une naïveté, d'une crédulité, d'une bonhomie inquiète et délicieuse.

Malgré tout, la fêlure se fit entre les parties passagères de son œuvre et les formes d'art qui suivirent. J'en eus l'impression la plus nette pendant le banquet où M. Poincaré décora M. de Goncourt, auquel l'émotion coupait la voix.[4] Les «naturalistes» présents ne cessaient de proclamer «c'est un très grand bonhomme, le père Goncourt», et les toasts débutaient tous par les mots: «Maître», «cher maître», «illustre maître». Vint le tour de M. de Régnier, qui devait parler au nom du symbolisme. On sait combien l'infinie délicatesse qui a dirigé toute sa vie s'enveloppe quelquefois quand il parle de cristalline frigidité. On peut dire en effet que cette atmosphère surchauffée où bouillonnaient les «maître» et «cher maître» fut brusquement refroidie quand M. de Régnier, debout, tourné vers M.

de Goncourt, commença par ce mot: «Monsieur». Il dit ensuite au nouveau légionnaire qu'il aurait voulu porter sa santé dans une de ces coupes japonaises aimées du maître d'Auteuil. On devine aisément les phrases ravissantes et parfaites dont M. de Régnier sut décorer cette coupe japonaise. Malgré tout, le glacial «monsieur» du début donnait, dans les phrases même[s] qui suivirent, l'impression moins d'une coupe qu'on tend que d'une coupe qu'on brise. Il me sembla que c'était la première fêlure.

[1] Biblio, n° 165.

[2] *Le Temps retrouvé*, III, 709–717.

[3] *Germinie Lacerteux*, pièce en dix tableaux, prologue et épilogue, d'Edmond de Goncourt, fut représentée pour la première fois à l'Odéon le 19 décembre 1888. Mme Réjane y joua le premier rôle.

[4] Proust avait donc assisté au banquet où Raymond Poincaré, ministre de l'Instruction publique, nomma Goncourt officier de la Légion d'honneur, le vendredi 1er mars 1895. Proust se trompe en parlant du «nouveau légionnaire». Voir le *Journal des Goncourt*, IX (1896), 316–324. Cf. le *Texte intégral établi et annoté* par Robert Ricatte, Éditions de l'Imprimerie nationale de Monaco, XXI (1956), 16 et 19, qui apporte, à la remarque de Proust sur Régnier, cette confirmation: «Et il est question du morceau littéraire de Régnier, qu'on trouve *sécot*, peu admiratif.»

UNE ENQUÊTE LITTÉRAIRE [1]

(1922)

Sommes-nous en présence d'un renouvellement du style? Convient-il de dénoncer une crise de l'Intelligence?

1° La continuité du style est non pas compromise mais assurée par le perpétuel renouvellement du style. Il y a à cela une raison métaphysique dont l'exposé allongerait trop cette réponse.

2° Je ne «donne nullement ma sympathie» (pour employer les termes mêmes de votre enquête) à des écrivains qui seraient «préoccupés d'une originalité de forme». On doit être préoccupé uniquement de l'impression ou de l'idée à traduire. Les yeux de l'esprit sont tournés au dedans, il faut s'efforcer de rendre avec la plus grande fidélité possible le modèle intérieur. Un seul trait ajouté (pour briller, ou pour ne pas trop briller, pour obéir à un vain désir d'étonner, ou à l'enfantine volonté de rester «classique») suffit à compromettre le succès de l'expérience et la découverte d'une loi. On n'a pas trop de toutes ses forces de soumission au réel, pour arriver à faire passer l'impression la plus simple en apparence, du monde de l'invisible dans celui si différent du concret où l'ineffable se résout en claires formules.

[1] Biblio, n° 167.

UNE PETITE QUESTION: ET SI LE MONDE ALLAIT FINIR ... QUE FERIEZ-VOUS?[1]

(1922)

Un savant américain annonce la fin du monde, ou tout au moins la destruction d'une si grande partie du continent, et cela d'une façon si brusque, que la mort serait certaine pour des centaines de millions d'hommes.

Si cette prédiction devenait une certitude, quels en seraient, à votre avis, les effets sur l'activité des hommes entre le moment où ils acquerraient ladite certitude et la minute du cataclysme?

Enfin, en ce qui vous concerne personnellement, que feriez-vous avant cette dernière heure?

Je crois que la vie nous paraîtrait brusquement délicieuse, si nous étions menacés de mourir comme vous le dites. Songez, en effet, combien de projets, de voyages, d'amours, d'études, elle—notre vie—tient en dissolution, invisibles à notre paresse qui, sûre de l'avenir, les ajourne sans cesse.

Mais que tout cela risque d'être à jamais impossible, comme cela redeviendra beau. Ah! si seulement le cataclysme n'a pas lieu cette fois, nous ne manquerons pas de visiter les nouvelles salles du Louvre, de nous jeter aux pieds de Mlle X..., de visiter les Indes. Le cataclysme n'a pas lieu, nous ne faisons rien de tout cela, car nous nous trouvons replacés au sein de la vie normale, où la négligence émousse le désir.

Et pourtant nous n'aurions pas dû avoir besoin du cataclysme pour aimer aujourd'hui la vie. Il aurait suffi de penser que nous sommes des humains et que ce soir peut venir la mort.

[1] Biblio, n° 168.

APPENDICE

VARIANTES ET FEUILLES DÉTACHÉES

LE NEZ DE CLÉOPÂTRE[1]

(1893)

Si la nouvelle génération diffère de la précédante et vaut mieux qu'elle, c'est assurément par l'intensité de la réflexion, l'essor du rêve, l'ambition très haute de restituer sa place à la pensée que les matérialistes avaient banni de l'univers, et les naturalistes de l'art, par des aspirations vagues peut-être, mais assurément puissantes, qui tendent à donner à la vie un arrière plan, à notre destinée un sens, à nos actes une sanction. Mais s'ils ont jusqu'à présent et sauf des exceptions bien chères, échoué dans leurs généreuses tentatives, c'est qu'à trop raisonner sur la vie on perd le don de la donner, qu'une œuvre trop réfléchie est rarement vivante, que plus l'analyse gagne en profondeur la couleur perd en intensité,[2] et que les êtres vivants sont comme ces papillons que l'on dépouille, en les clouant pour les étudier, d'un peu du mirage de leurs ailes. L'art est un instinct, et les réfléchis sont un peu des impuissants, tel est à peu près le sens du mauvais sort jeté aux nobles œuvres modernes qui les frappe à leur naissance d'une mort immédiate. Le mauvais sort est-il conjuré? Le Cte Henri de Saussine, sous ce titre, le *Nez de Cléopâtre*, vient d'écrire un livre aussi saisissant de vie, qu'infini en ses profondeurs, où l'abstrait le plus absolu se réalise et pour ainsi dire s'incarne en le concret le plus éclatant et du plus de relief, où les personnages vivent comme de par Zola, tout en étant commentés et expliqués comme par Stendhal,[3] et jugés enfin, comme par Tolstoï, sans préjudice de l'originalité de l'auteur que le rythme et le personnel refrain de sa langue nous chantent sur tous les modes jusqu'à nous ravir. Langue exquise qu'on aimerait à comparer à ces abeilles, hôtes charmants de l'Hymette trop rares parmi nous. Comme elles la langue de notre écrivain possède à la fois un aiguillon qui perce tout à jour, la saveur d'un miel exquis—et des ailes! Ses personnages, comme sont les êtres vivants, sont à la fois plastiquement beaux et particuliers, socialement situés, acteurs dans les drames de l'amour et de la mort qui se jouent dans chaque famille et sujets éternellement souffrants et responsables d'une destinée qu'ils créent plus encore qu'ils ne la subissent. D'où des descriptions de peintre, des intuitions de poète, des études de mœurs d'une finesse incroyable, des récits de passions et de ces grandes vues mélancoliques sur les causes profondes de nos joies et de nos peines où l'on sent tantôt comme le prolongement d'*Hamlet* (Scène de la mort de la mère et des doutes de son fils) et tantôt comme la critique de *Roméo* (Déception après la possession de Christine). Ça et là (et sans ralentir le dialogue qui nous mène d'un train d'enfer au ciel de la «vita nuova» pavée de notre effort et rafraîchie de nos pleurs) des pensées de la profondeur de celle-ci: «Pour la beauté comme pour le talent, souvent aussi d'ailleurs, la célébrité commence à l'heure où cesse la cause qui l'a fait naître, justifiant l'éternelle loi qui veut que le bruit suive la lumière au lieu de l'accompagner», ou de celle-ci: «Le culte des snobs classe une femme comme l'orgue de barbarie consacre un air.» Je ne veux rien raconter du livre: rien qu'en la touchant on craint de déflorer une fleur aussi rare, d'un jet aussi pur, d'un parfum aussi grisant, d'un coloris si chaud et qui pousse si avant et partout dans le sol des racines si délicates. Le lecteur saisira lui-même combien par la fraternité de tous les arts, quand ils sont à un certain degré dans l'élévation, les leitmotiv[e] wagnériens sont ici, p[ou]r ainsi dire, transposés dans l'écriture, solidarisant, par exemple, comme dans le rappel de l'ancêtre de Bassompierre, d'une façon à la fois profondément philosophique et étrangement poétique, le présent au passé qui le dirige en l'hypnotisant. Pour comprendre tout cela d'un art si riche et si neuf, pour s'édifier à l'émouvante leçon de philosophie si moderne qui termine le livre et en dégage la portée, donnez-vous la joie profonde, rare, nouvelle et noble, de lire le *Nez de Cléopâtre.*

[1] Nous établissons le texte du compte rendu de Proust d'après le manuscrit que nous communique aimablement Mme Renée de Saussine, la fille du compositeur. Proust avait soumis cet article au comte de Saussine, lequel s'était permis de supprimer quelques phrases jugées trop aimables, avant de le faire publier dans

le *Gratis-Journal*, feuille de publicité de la maison d'éditions Ollendorff. Pour le texte publié en 1893, voir ci-dessus, pp. 61–62.

[2] Ms: *insentité*.

[3] Ms: *Stendahl*.

[A MADELEINE LEMAIRE] [1]

[1894]

Quel trop subtil voleur coupe dans les vergers
Ces raisins lumineux dont ma lèvre est éprise?
Le zéphyr soufflant ces chandelles par surprise
Lui seul est assez doux pour ne les pas blesser,
Mais non pour les pinceaux quittant fuseaux et laine,
Vous faites plus que Dieu: un éternel printemps,
Et c'est auprès des lys et des rosiers grimpants
Que vous allez chercher vos couleurs, Madeleine.
Vous avez la beauté frêle de l'éphémère,
Et pourtant fleur d'un jour vous ne périrez pas,
Fleurs vivant[es] et pourtant immortelles, lilas,
Œillet ou lys qu'a peint[s] Madeleine Lemaire.
Mais vous, qui vous peindra, belle jardinière
Par qui tous les printemps nous naissent tant de fleurs?
Vous seule au . . .

[1] Établi d'après le manuscrit, Fonds Proust, University of Illinois. Cf. Biblio, n°ˢ 263 et 337.

MENSONGES [1]

(1894)

Si le bleu de l'opâle est tendre
Est-ce d'aimer confusément?
Le clair de lune semble attendre
Un cœur qui saura le comprendre.

La douceur du ciel bleu sourit au cœur aimant.
Si le bleu de tes yeux est triste
Comme un doux regret qui persiste
Est-ce d'aimer ce qui n'existe
Pas en ce monde? Aimer est triste.

Tes yeux vagues, tes yeux avides,
Tes yeux profonds hélas! sont vides,
Profonds et vides sont les cieux
Et la tendresse du bleu pâle
Est un mensonge dans l'opâle
Et dans le ciel et dans ses yeux.

[1] Biblio, n° 47. Cf. n° 41.

[MENSONGES] [1]

[1894]

Si le bleu de l'opâle est tendre,
Est-ce d'aimer, confusément?
Son clair de lune semble attendre
Un cœur qui saura le comprendre.
La douceur du ciel bleu sourit au cœur aimant
Comme un pardon pour sa démence.
Dans le ciel est-ce encor la nature qui ment,
Est-ce déjà Dieu qui commence?
Si le bleu de vos yeux est triste,
Est-ce d'aimer ce qui n'existe
Pas en ce monde? Aimer est triste.
Tes yeux sont moins profonds que n'est vide ton cœur;
Le ciel est vide aussi jusqu'en sa profondeur.

Tes yeux vagues, tes yeux avides,
Tes yeux profonds, hélas! sont vides.
Profonds et vides sont les cieux,
Et la tendresse du bleu pâle
Est un mensonge dans l'opâle
Et dans le ciel et dans tes yeux.

Si le bleu de l'opâle est tendre,
Est-ce d'aimer confusément?
Son clair de lune semble attendre
Un cœur qui saura le comprendre.

Si le bleu du ciel est si doux,
Est-ce qu'il a pitié de nous?
Pitié, sympathie et clémence.
Si doux à travers la nue,
Est-ce donc indéfiniment
La matière qui continue,
Ou bien est-ce Dieu [qui] commence?

Si le bleu de vos yeux est triste,
Est-ce de n'aimer pas, d'aimer?
Est-ce d'aimer ce qui n'existe
Pas dans ce monde? Aimer est triste.
Un doux regret qui persiste

241

Bleuit tristement vos yeux verts,
Clair de lune sur les mers.

L'insensibilité de la nature entière
Ainsi semble combler le vide de nos cœurs.
C'est un jeu décevant de l'aveugle matière
Dans l'opâle et le ciel et les yeux où, vainqueur
Et tour à tour blessé, semblait rêver l'amour.
La forme des cristaux, trépignant des prunelles
Et l'épaisseur de l'air nous trompait tour à tour,
Essayant de tromper nos douleurs éternelles
A travers la nature, et la femme, et les yeux,
Et la tendresse du bleu pâle,
Est un mensonge dans l'opâle
Et dans le ciel et dans vos yeux.

¹ Variante du texte publié, établie d'après le manuscrit, Fonds Proust, University
of Illinois. Ne porte aucun titre.

LE PRINCE ANTOINE BIBESCO [1]

[1904]

[Dans la haute société parisienne où ses alliances Montesquiou, Caraman-Chimay, Murat, Noailles, lui font une place de choix,] il est très recherché mais redouté plus encore; il a inspiré beaucoup d'admirations très certaines, dont ceux qui les éprouvent connaissent clairement les justes raisons, et un beaucoup plus petit nombre d'amitiés, celles-là toujours inquiètes et qui savent très bien aussi pourquoi elles le sont. Car son esprit délicieux est cruel. Ce n'est certes pas un bienveillant qui sera joué ce soir pour la première fois au théâtre de l'Œuvre! Mais Paris n'en sera que plus curieux d'aller l'entendre [et plus généreux d'aller l'applaudir]. On voudra voir les maîtres et les amis du jeune auteur, [qui les uns et les autres l'admirent,] les Paul Hervieu, les Georges de Porto-Riche, les Donnay, les Tristan Bernard, [les Robert de Flers, les Henri Bernstein, les Gaston de Caillavet, les Abel Hermant,] les Edmond Sée.[2] Puis les bruits d'avant-première qui ont laissé entendre que l'ouvrage était plein de portraits très ressemblants mais pas flattés—on pouvait le prévoir! —de personnalités fort connues, le nom chuchoté d'une artiste en vue qui aurait dit-on sans le vouloir—sans le savoir même—posé pour un des premiers rôles de femmes—ne fera qu'irriter ce snobisme et qu'aviver cette curiosité. Mais après avoir ainsi payé nous-même notre tribut à l'humaine malveillance—[à la légitime malveillance qu'avec le Prince Antoine Bibesco on peut être certain n'être jamais qu'une tardive et insuffisante réciprocité—hâtons-nous d']il faut [3] ajouter que si le [grand] mouvement de curiosité qui depuis quelque temps déjà se manifeste autour du *Jaloux* n'a pas que des raisons esthétiques, c'est pour des raisons esthétiques au contraire que ce *Jaloux* pourrait bien être un [grand] [4] petit événement. Une [grande] comédie psychologique dans le goût des comédies «d'un caractère» du XVIIIe siècle—et celle-là d'une finesse d'observation, d'une rigueur de démonstration, d'une limpidité de style vraiment délicieuses—c'est cela d'abord. Et c'est beaucoup direz-vous. Mais ce n'est rien encore. Tout d'un coup, ô miracle cartésien! la machine devient une âme pensante, infiniment douloureuse, amoureuse et humaine, avec des cris d'hier, d'aujourd'hui, des cris de toujours— [des cris de demain surtout. Car le destin des œuvres originales comme le *Jaloux* est d'être applaudies d'abord, et copiées ensuite.]

*
* *

Vous aimez les lettres depuis votre enfance. Mais à quoi correspond chez vous cette préférence pour la forme dramatique?

—A mon amour de la vie. Je ne discute pas le bien ou mal fondé des dédains que beaucoup de littérateurs professent aujourd'hui pour l'art du théâtre—dédains que Gœthe—le plus grand auteur dramatique du XIXe siècle, soit dit en passant pour votre questionnaire et Dickens ne partageaient pas. Mais enfin il reste que tout de même c'est encore au théâtre que l'illusion de la vie est la plus parfaite. Un roman a beau être émouvant, on ne pleure jamais en le lisant comme on pleurerait au théâtre. J'ai la plus vive admiration pour les romans si originaux de Tristan Bernard. Je ne ris pas autant en les lisant qu'en écoutant quelqu'un de ces chefs-d'œuvre en un acte où il a su mettre tout son délicieux esprit.

—Si vous aimez le théâtre à ce point, vous ne devez pas l'aimer seulement à titre de créateur, mais aussi en tant que consommateur du génie des autres. Quels sont, comme on demande dans les albums, vos écrivains dramatiques préférés, aujourd'hui.

—Il y en a deux qui à mon avis dominent aujourd'hui la scène française, l'un de son talent rigoureux, de son tragique sophoclien, Paul Hervieu, l'autre de son talent passionné, de son tragique racinien, Georges de Porto-Riche. Je n'oserais certes pas dire que je me suis montré leur disciple. Mais qu'ils y consentent ou non, ce sont mes maîtres.

J'arrête M. Antoine Bibesco car je sens que sur ses admirations il serait volontiers plus prolixe [que] sur lui-même et je le ramène insidieusement à l'objet de notre entretien.

Mais alors qu'est-ce [que] ce *Jaloux*, et pourquoi est-ce l'Œuvre qui va nous en donner la primeur.

Pourquoi l'Œuvre? Pour une raison psychologique. J'ai rencontré[5] Lugné, je lui ai [montré] [6] ma pièce. Deux jours après elle était reçue. En attendant six mois j'étais sûr d'être joué dans un théâtre du boulevard. Mais il n'est de bonheurs délicieux que le bonheur immédiat. A attendre trop longtemps la réalisation d'un désir on risque de se trouver en présence de la réalisation d'une chose qu'on a cessé de désirer. Et les œuvres elles-mêmes n'aiment pas attendre. Elles ne sont pas assez sûres de vivre longtemps pour n'être pas impatientes de naître. Quant au *Jaloux* ce que c'est, mais vous le saurez ce soir. Vous verrez ces scènes dominées par un sentiment qui est très profond chez moi, la peur de l'erreur judiciaire. Ici c'est d'une erreur judiciaire amoureuse qu'il s'agit, les moins réparables de toutes. «Rien n'est assommant au théâtre comme un Jaloux» me

disait naguères Guitry à qui j'avais dit un mot de ma pièce. J'avoue
que l'arrêt si lestement rendu par l'éminent Directeur de la Renaissance ne m'a pas découragé, car je me suis souvenu de l'*École des
Femmes* et je me suis rappelé *Othello*. On me dira ce soir si j'ai eu
tort ou non. En tous cas que j'aie ou non un succès de première j'ai
eu des succès de répétitions dont je demeure heureux. Je ne sais si
je saurai toucher le public. Mais j'ai fait pleurer mes interprètes.

mot sur interprètes

mot sur les autres pièces

[1] Proust écrit ce texte après avoir assisté à la répétition générale du *Jaloux*,
pièce en 3 actes d'Antoine Bibesco, présentée le jeudi 6 octobre 1904 par
«l'Œuvre» de Lugné-Poë au théâtre Marigny. Les mots *Le Prince* sont
barrés, sans doute par Bibesco. Nous indiquons les suppressions du texte—
faites par Bibesco en traits de crayon lourds et épais—entre crochets. Le
manuscrit appartient au Fonds Proust, University of Illinois. Cf. le portrait
de Bibesco, publié sous la signature de Serge Basset, ci-dessus, pp. 152–154.
[2] Bibesco ajoute *les Donnay* et *les Edmond Sée.*
[3] Bibesco ajoute *il faut* pour enchaîner après la phrase supprimée.
[4] Bibesco substitue *petit* pour *grand.*
[5] Bibesco a barré *J'ai rencontré*, y substituant en interligne: *Sans connaître.*
[6] Barré; en interligne: *envoyé.*

SENTIMENTS FILIAUX D'UN PARRICIDE [fin] [1]

[1907]

Rappelons-nous que chez les Anciens il n'était pas d'autel plus sacré, entouré d'une vénération, d'une superstition plus profondes, gage de plus de grandeur et de gloire pour la terre qui les possédait et les avait chèrement disputés, que le tombeau d'Œdipe à Colone et que le tombeau d'Oreste à Sparte, cet Oreste que les Furies avaient poursuivi jusqu'aux pieds d'Apollon même et d'Athéné en disant: «Nous chassons loin des autels le fils parricide.»

[1] Biblio, n° 219. Cf. *Correspondance générale, IV* (Paris, Plon, 1933), 214. Rappelons que Proust avait ajouté en dernière heure cette fin de son article, mais le rédacteur en chef du *Figaro* l'avait écartée, jugeant qu'elle était «immorale» et constituait un éloge du parricide. Il est curieux de noter que Proust, qui en 1907 tenait tellement à cette fin—ayant fait dire au *Figaro* «qu'on coupe tout ce qu'on voudrait, mais qu'on ne change pas un seul mot à la fin»—ait manqué d'ajouter cette fin à son article lorsqu'il le faisait republier dans *Pastiches et mélanges,* que ce soit par négligence ou par l'impossibilité d'en retrouver le texte.

EXTRAITS DES CARNETS [1]

La paresse ou le doute ou l'impuissance se réfugiant dans l'incertitude sur la forme d'art. Faut-il en faire un roman, une étude philosophique, suis-je romancier? Ce qui me console c'est que Baudelaire a fait les *Poèmes en prose* et les *Fleurs du Mal* sur les mêmes sujets, que Gérard de Nerval a fait en une pièce de vers et dans un passage de *Sylvie* le même château Louis XIII, le myrte de Virgile etc. En réalité ce sont des faiblesses, nous autorisons en lisant les grands écrivains les défaillances de notre idéal qui valent mieux que leur œuvre.

*
* *

Arbres vous n'avez plus rien à me dire, mon cœur refroidi ne vous entend plus, mon œil constate froidement la ligne qui vous divise en partie d'ombre et de lumière, ce sont les hommes qui m'inspireront, maintenant, l'autre partie de ma vie où je vous aurais chantés ne reviendra jamais.[2]

*
* *

Je suis le seul être que je ne puisse oublier.

*
* *

Homme de lettres près de Cabourg travaillant avec l'espoir de voir de temps à autre des amis, de leur paraître grand par ce qu'il fait, puis la pensée de ses amis se substitue à eux, [il] ne les voit jamais.

*
* *

Depuis quarante ans littérature dominée par contraste entre la gravité de l'expression et la frivolité de la chose dite (issue de *Madame Bovary*).

*
* *

Tout est fictif, laborieusement car je n'ai pas d'imagination mais tout est rempli d'un sens que j'ai longtemps porté en moi, trop longtemps car ma pensée a oublié, mon cœur s'est refroidi, et j'ai façonné difficilement pour lui ces gauches conduites qui l'enferment mais d'où la chaleur émane.[3]

*
* *

Le travail nous rend un peu mères. Parfois me sentant près de ma fin je me disais, sentant l'enfant qui se formait dans mes flancs, et ne sachant pas si je réunirais les forces qu'il faut pour enfanter, je lui disais avec un triste et doux sourire: «Te verrais-je jamais.»

Cette médiocrité du moi l'empêche de se replacer dans l'état où était l'écrivain, donc de le comprendre, elle empêche aussi d'écrire.[4]

*
* *

Ce qui se présente ainsi obscurément au fond de la conscience, avant de le réaliser en œuvre, avant de le faire sortir au dehors il faut lui faire traverser une région intermédiaire entre notre moi obscur et l'extérieur, notre intelligence, mais comment l'amener jusque-là, comment le saisir. On peut rester des heures à tâcher de se répéter l'impression première, le signe insaisissable qui était sur elle et qui disait: «approfondis-moi», sans s'en rapprocher, sans la faire venir à soi. Et pourtant c'est tout l'art, c'est le seul art. Seul mérite d'être exprimé ce qui est apparu dans les profondeurs et habituellement, sauf dans l'illumination d'un éclair, ou par des temps exceptionnellement clairs, animants, ces profondeurs sont obscures. Cette profondeur, cette inaccessibilité pour nous-même est la seule marque de la valeur—ainsi peut-être qu'une certaine joie. Peu importe de quoi il s'agit. Un clocher s'il est insaisissable pendant des jours a plus de valeur qu'une théorie complète du monde.

*
* *

Je n'ai pas plus trouvé le beau dans la solitude que dans la société, je l'ai trouvé quand par hasard, à une impression si insignifiante qu'elle fût, le bruit répété de la trompe de mon automobile voulant en dépasser un autre, venait s'ajouter spontanément une impression antérieure du même genre qui lui donnait une sorte de consistance, d'épaisseur, et qui me montrait que la joie la plus grande que puisse avoir l'âme c'est de contenir quelque chose de général et qui la remplisse tout entière. Certes, ces moments-là sont rares, mais ils dominent toute la vie.[5]

*
* *

Car on aime mieux les choses dont un livre, ou la voix de quelqu'un qui a pour nous autant d'autorité que la chose écrite, nous a d'abord parlé avant que nous le voyons. Ainsi nous pouvons lui faire un double dans notre cœur, le porter, le réchauffer en nous-même, le parer de toutes les idées de perfection que nous portons en nous, lui donner une personnalité,[6] et enfin être avide de nous rendre auprès de ce[s] église[s] que nous avons douées de tant de puissances que nos yeux, si nous les avions seulement ouvert[s] sur elles, n'auraient pu transmettre.

*
* *

Ainsi ce visage qui lui semblait maintenant moins joli ne lui avait encore jamais été aussi cher.

*
* *

Musique. Monde qui est pour nous l'ultra-violet que nous ne percevons que par l'oreille, monde qui reste de l'ombre (je dois oublier des idées).

*
* *

On est sincère quand on dit: «Que je suis heureux de vous voir»; on ne l'est plus quand on dit: «J'ai été bien heureux de vous voir», et cela sonne triste.

*
* *

Pour la dernière partie:
En somme nous avons connu des choses dont nous ne saurons jamais le nom. On nous dit amour, talent etc. et nous nous empressons de [les] reconnaître comme, si nous lisons un roman, nous nous persuadons que c'est tel pays parce qu'en effet il y a une rivière, mais ce n'est pas cela.

*
* *

Je m'endormais en tenant mon chagrin comme [une] urne pleine des larmes que je ne pleurais pas, et quand je me réveillais je le retrouvais à la même place lourd, et serré contre mon cœur.

*
* *

La variété, la différence, que nous cherchons en vain dans l'amour, dans le voyage, la musique nous l'offre.

*
* *

Je vois clairement les choses dans ma pensée, jusqu'à l'horizon. Mais celles-là seules qui sont de l'autre côté de l'horizon, je m'attache à les décrire.

*
* *

Ma tante demandait aux journaux des nouvelles de bataille avec ce
besoin de l'activité des autres que trahit l'imagination sans cela trop
immobile des gens au repos.

*
* *

Sa conversation était comme ces journaux de province qui sans
citer leurs auteurs sont faits avec des extraits des journaux de Paris.[7]

*
* *

Comparez mon livre au bœuf de Françoise: il faut qu'il ait bu
[tout le] jus.[8]

*
* *

Pour dire à propos de Swann ne songeant plus à Forcheville à
t[out]es heures (ou bien dans la Fin du Livre): les événements
n'ont de réalité qu'en nous; ce sont eux aussi des créatures spirituelles; comme ils ne persistent qu'autant que peut les nourrir notre
pensée dans laquelle ils survivent, la durée de leur existence n'est
pas très longue. D'abord ils évoluent; ils perdent peu à peu la qualité
originelle qui faisait leur charme ou leur pouvoir de faire souffrir;
puis ils meurent et la pensée ne contient plus d'eux qu'un nom qui
ne leur ressemble pas.

*
* *

Comme les couleurs du spectre extériorisent pour nous la composition intime des astres que nous ne verrons jamais, ainsi la couleur
du peintre, les harmonies du musicien, nous permettent de connaître cette différence qualitative des sensations qui est la plus grande
jouissance et la plus grande souffrance de la vie de chacun de nous
et qui reste toujours ignorée car elle est indépendante de ce que nous
pouvons raconter (les faits, les choses) qui sont les mêmes pour tous.
Mais grâce à l'harmonie de Franck, de Wagner, de Chopin, à la
couleur de Ver Meer, de Rembrandt, de Delacroix, nous allons
vraiment dans les cieux les plus ignorés volant d'étoiles en étoiles.
Bien plus que si des ailes nous étaient données; car ce qui fait pour
nous l'uniformité des choses, c'est la permanence de nos sens, et
si nous allions dans Mars ou dans Vénus, les choses ne nous paraîtraient jamais très différentes puisque ce serait toujours des visions
de nos mêmes yeux. Le vrai bain de Jouvence, le vrai paysage nou-

veau, ce n'est pas d'aller dans un pays que nous ne connaissons pas, c'est de laisser venir à nous une nouvelle musique.[9]

*

* *

C'est ainsi que les lettres du nom qui m'était si cher m'avaient d'abord été matériellement montrées comme dans le jeu appelé Alphabet où on dispose des lettres en bois, par la jeune fille que j'aimais alors et sans que je pusse prévoir que ce nom que j'avais retenu pût jamais m'être cher.

Mais le présent inscrit ainsi devant nous des mots dont nous ne saurons que plus tard ce que notre avenir en fera. Et une chaîne circule à travers toute notre existence reliant ce qui est déjà mort à ce qui est en pleine vie.

[1] Biblio, n° 235. Texte corrigé d'après le manuscrit de la Bibliothèque Nationale, N.a.f., Fonds Marcel Proust. Nous altérons l'ordre de présentation de ces fragments, afin de suivre, dans la mesure du possible, la chronologie de leur rédaction.

[2] Cf. le *Temps retrouvé*, III, 855.

[3] Dans le texte imprimé: «. . . ces gauches conditions qui l'oppriment mais d'où chacun émane».

[4] Il s'agit de Sainte-Beuve.

[5] Fin des fragments tirés du premier *Carnet*, datant presque entièrement des années 1908 et 1909, mais avec quelques notes ultérieures. Les trois autres *Carnets* datent des années suivantes.

[6] Le texte imprimé s'arrête ici.

[7] Il s'agit de Saint-Loup.

[8] *Toute la gelée;* Proust barre *gelée,* ajoutant *jus* en interligne, mais oublie de corriger *toute la.* Dans le *Temps retrouvé* (III, 1035): «. . . ne ferais-je pas mon livre de la façon que Françoise faisait ce bœuf mode, apprécié par M. de Norpois, et dont tant de morceaux de viande ajoutés et choisis enrichissaient la gelée?»

[9] Cf. la *Prisonnière*, III, 258. Proust remplace les noms de compositeurs et de peintres énumérés ici par ceux de Vinteuil et d'Elstir.

QUELQUES PENSÉES [1]

Les passions sont comme des voyages dans des pays que nous connaissions par les livres et d'où nous pouvons rapporter des connaissances précieuses.

Nous nous disons d'un écrivain: quelle tristesse qu'il soit mort ou qu'il ait été malheureux, quel plaisir nous aurions eu à le connaître, et nous ne saurons pas que celui qui a été malheureux, qui est mort, que nous aurions connu n'est pas en tant qu'il faisait ces choses, souffrir, mourir, connaître des gens, celui que nous lisons. Celui-là n'est pas mort et nous le connaissons.

Les idées sont comme des âmes à qui l'expression parfaite donne l'immortalité.

Dans un écrivain nous cherchons l'homme et cet homme ne songeait qu'à s'élever à l'écrivain.

Une page est immortelle quand même personne ne devrait la lire jamais et parce qu'elle a été placée au-dessus du temps et dans une région éternelle. Car l'immortalité est en soi et n'a pas besoin de la connaissance qu'en pourraient avoir les autres.

Les maximes les plus profondes sont celles où la pensée semble la plus indépendante des mots et de leur arrangement.

Les passions sont comme des bibliothèques où le vulgaire séjourne sans connaître les trésors qu'elles contiennent.

La pensée et la vie nous sont comme administrées par Dieu comme antidotes l'une de l'autre. Les plaisirs de la pensée nous adoucissent les chagrins de la vie, et les plaisirs de la vie corrigent ce qu'il y a de trop vide dans les chagrins de la pensée.

En vanité comme en amour nous aimons oublier les services que nous avons rendus aux grands ou à celle que nous aimons et dire: elle est si bonne pour moi, ils sont si bons pour moi sans faire remarquer que c'est nous qui avons commencé, car leur faveur nous paraît plus flatteuse si elle semble spontanée.

Les querelles qui fortifient un amour naissant avancent la fin d'un amour qui a beaucoup duré, comme ces maladies d'où les jeunes gens sortent plus vigoureux mais auxquelles succombent les vieillards.

L'extrême froid brûle et il y a comme du plaisir dans les chagrins trop amers.

[1] Biblio, n° 266. Pour ces fragments, le texte n'a pas pu être vérifié.

NOTES SUR L'AMOUR [1]

L'amour est la seule passion de l'âme qui la rende à l'étendue, car il est comme une maladie de l'âme, tandis que l'ambition, la sensualité, l'amour-propre en sont comme les divertissements.

Un libertin amoureux qui quitte, pour une ouvrière, les filles, leurs dentelles et leur fard, les vicieux de tout genre qui affichent leur dégoût pour les professionnels de leur vice, ne trahissent pas moins par là que par le langage lyrique, métaphysique, idéal dans lequel ils expriment leurs désirs les plus physiques, la céleste origine de l'amour.

L'amour ne prétend pas seulement trouver l'amour, il prétend le chercher. Le nom de «filles» et les attributs de cette profession, le nom d'un vice ou d'un besoin lui crient non seulement: «Tu ne trouveras pas l'amour», mais «Ce que tu cherches, ce n'est pas l'amour, ce qu'il cherche en toi ce n'est pas l'amour, c'est ce petit vice-ci, ce besoin physique de ce soir.» L'amour se révolte, car c'est l'infini de son âme qu'il croit donner, au-delà du corps, de ses infirmités, du moment, de la durée.

L'amour a, contre l'ambition, contre la paresse, contre le vice, pour nous arracher à eux et pour nous rendre à la pensée, une puissance que ne connaissait pas la pensée. C'est la puissance du Plaisir et de la Douleur.

La fiévreuse exigence du libertin qui veut une virginité est une forme indirecte et basse, mais significative et présente de l'éternel hommage que l'amour rend à l'innocence.

Quand nous étions enfants, il y a des poupées que nous avions longtemps désirées, d'autres que nous avions quelque temps aimées, d'autres qui vues pour la première fois le matin du jour de l'An, de très bonne heure, sous la lampe allumée, sur la table pleine de jouets encore ficelés et emballés, nous ont, à cet instant insolite, frappés d'amour par un mystérieux coup de foudre et ont charmé de leur sourire immobile et aimant les années qui suivirent. A l'âge où on n'a plus de poupées, où le matin du jour de l'An on n'allume plus la lampe sur la table vide, nous avons essayé d'avoir, pour jouer avec nous, pour nous tenir compagnie, pour les serrer sur notre cœur en pleurant, ces poupées vivantes dont les yeux sont plus changeants, les cheveux plus doux, les corps plus résistants et plus mous et qu'on appelle des femmes. Mais, hélas! nous ne pouvons plus les embrasser quand nous voulons, empêcher les gens que nous n'aimons pas de les avoir. Elles n'ont pas toujours envie de jouer ou de nous voir pleurer. Nous ne pouvons pas les casser quand nous le voulons. De là la douleur. Peut-être de là aussi l'amour.

L'amour éveille chez le plus simple un désir de paraître d'autant plus ardent, plus effréné et plus mélancolique, qu'étant le désir de paraître à un seul et non à tous comme l'ostentation, il ne peut comme elle trouver dans la réussite auprès des autres la consolation d'un échec auprès d'une personne. Le philosophe le plus détaché des avantages du monde aime une snob; il se souvient qu'il a des richesses, une situation, les cultive, les laisse voir et fait ouvrir par un serrurier le tiroir aux bijoux dont le fermoir trop longtemps clos n'ouvrait plus. Et ceux qu'il croit pouvoir faire accepter, il les lui donne, et les autres [il] les lui montre. Il laisse traîner ses invitations à dîner. Le plus modeste devient fat, le moins élégant, gommeux, le plus sale devient propre, le plus intelligent, s'il aime une bête, fait de l'esprit.

L'âme tant que l'amour dure est en convalescence du coup qui l'a frappée, reste étendue chez elle, ne se répand plus au dehors, et ne souhaite point de le faire. Il y a tant de fleurs, de livres, de parfums doux et rares autour de sa chaise longue, étendue tout près du vitrage où s'enflamme la mystérieuse ardeur du ciel, du ciel si près et si loin, si près qu'il lui touche la main de ses reflets, si loin qu'il ne peut jamais l'approcher. Elle reste pendant de longues heures sans souhaiter sortir de chez elle pour se livrer aux plaisirs de l'ambition, de l'amour-propre et de la sensualité. Aussi l'amour est-il propice aux arts de l'âme au contraire de l'ambition, de la sensualité et de l'amour-propre dont il la guérit.

Les enfants avec leurs poupées et les hommes avec les femmes agissent précisément de même. Est-ce parce que les hommes, en aimant les femmes, se croient encore les enfants qui jouaient avec leurs poupées, ou plutôt parce que les enfants qui jouaient avec leurs poupées se sentaient déjà les hommes qui un jour aimeraient les femmes?

Parfois une femme ou un homme nous laissent entrevoir, comme une fenêtre obscure qui s'éclairerait vaguement, la grâce, le courage, le dévouement, l'espérance, la tristesse. Mais la vie est trop

complexe, trop sérieuse, trop pleine d'elle-même et comme trop
chargée, le corps humain avec ses expressions multiples et l'histoire
universelle qu'il porte écrite sur lui nous fait penser à trop de choses
autres et moins pures, pour que jamais une femme ou un homme
soient pour nous la grâce sans accessoires, le courage sans frein, le
dévouement sans réserves, l'espérance sans limites, la tristesse sans
mélange.

Pour goûter la contemplation de ces réalités invisibles qui sont le
rêve immuable de notre vie et pour que nous n'ayons pas seulement,
comme en face des femmes et des hommes, le frisson de leur pressentiment, il faudrait que de pures âmes, d'invisibles esprits, des
génies qui auraient la rapidité du vol sans la matérialité des ailes nous
donnent le spectacle de leurs soupirs, de leurs élans, de leur grâce
sans l'interner dans leur corps. Ou, car si notre corps aussi pouvait
en jouir la fête serait plus belle, il faudrait que le jeu de ces esprits
s'incarne, mais dans un corps subtil, sans grandeur et sans couleur,
à la fois très lointain et très proche de nous, qui nous donne au
plus profond de nous-mêmes la sensation de sa fraîcheur sans qu'il
ait de température, de sa couleur sans qu'il soit visible, de sa présence
sans qu'il occupe de place. Il faudrait aussi que soustrait à toutes les
conditions de la vie il soit rapide comme la seconde et précis comme
elle, que rien ne retarde son élan, n'empêtre sa grâce, n'appesantisse
son soupir, n'étouffe sa plainte. Nous connaissons dans ce corps
exact, délicieux et subtil le jeu de ces pures essences. C'est l'âme
vêtue de sons, ou plutôt la migration de l'âme à travers le son, c'est-
à-dire la musique.

[1] Biblio, n° 275.

CARNET D'UN BIBLIOPHILE [1]

Le goût des livres croît avec l'intelligence.

L'érudition «nourrit le génie au lieu de l'étouffer, comme un paquet de fagots qui éteint un petit feu et en accroît un grand».

Les lettrés restent, malgré tout, comme les gens de qualité de l'intelligence, et ignorer certain livre, certaine particularité de la science littéraire, restera toujours, même chez un homme de génie, une marque de roture intellectuelle.

[1] Biblio, n° 166. Ces trois citations de Proust se trouvent parmi celles de plusieurs autres écrivains. Leur authenticité n'est certifiée par aucune indication de provenance

A TRAVERS PARIS [1]

(1914)

Notre critique d'art a signalé l'éclatant succès de l'exposition de Jacques Blanche. On sait moins que ce rare portraitiste se double d'un remarquable écrivain. Il nous en donne une preuve nouvelle et qui nous est particulièrement agréable en publiant une longue étude sur notre collaborateur Marcel Proust et sur son roman: *Du côté de chez Swann*. M. Blanche a tracé à la plume un portrait puissamment évocateur qui ne le cède en rien à ses portraits peints.

[1] Biblio, n° 126. Cet «écho», ainsi que les deux suivants, furent rédigés par Proust comme notes de publicité. Ce premier texte parut en première page du *Figaro* à la date du 18 avril 1914. Léon Pierre-Quint, dans *Comment parut «Du côté de chez Swann»* (p. 130), présente un autre texte comme ayant paru dans le *Figaro* à cette date-là. Il donne cependant le texte du *Figaro* paru à la date du 18 avril 1914 (p. 126), mais sans indication de date; il la présente comme étant l'*écho* envoyé à Louis Brun pour être inséré dans le *Miroir*. Cf. Biblio, n°ˢ 127 et 128.

UN NOUVEAU CRITIQUE LITTERAIRE [1]

(1914)

Après avoir publié des pages pénétrantes et souvent ironiques sur les artistes contemporains, M. Jacques Blanche vient de faire un éclatant début dans la critique littéraire. L'auteur de l'admirable portrait de Mme Germain publiait, hier, une étude sur Mme de Noailles; il y a peu de jours, il donnait un article, admirablement compréhensif et sensible, sur le beau livre de M. Marcel Proust, *Du côté de chez Swann*. Le mieux qu'on puisse faire, c'est d'en citer ces quelques phrases, où apparaît la plus équitable des critiques:

«*Du côté de chez Swann* (lisez et vous verrez comme ce titre déroutant fut bien choisi) porte en soi d'irrésistibles sortilèges. Il évoque un Paris qui n'est plus; sans être un livre «à clef», j'y reconnais deux ou trois modèles dans chaque personnage; il a la saveur d'une autobiographie et d'un essai, déborde de sensibilité et d'intelligence. L'auteur a l'allure de ces jeunes gens de la bourgeoisie d'hier, lettrés, artistes, les premiers qui s'évadèrent de chez eux, partirent, la narine frémissante, pour faire le tour de la multiple société parisienne et en analyser les parfums.»

Voici d'excellente critique, celle que méritaient précisément le grand talent et l'œuvre remarquable de M. Marcel Proust.

[1] Biblio, n° 127.

M. JACQUES-É. BLANCHE
CRITIQUE LITTÉRAIRE [1]

(1914)

M. Jacques-É. Blanche, peintre de grand talent, auteur de portraits qui ont eu les suffrages les plus éclairés et qui ont obtenu
d'emblée la consécration méritée de la mode, vient de se révéler
une fois de plus critique littéraire. Dans l'*Écho de Paris*, où il avait
donné naguère sur la *Colline inspirée* de Maurice Barrès, des pages
si remarquées, il publie sur le dernier livre de M. Marcel Proust *Du
côté de chez Swann* un article où on trouve tous les dons de critique. Et ceci n'a pas de quoi surprendre. Il est naturel qu'un
observateur intelligent de la physionomie humaine comme M.
Jacques-É. Blanche, pénètre et juge facilement les productions de
l'esprit humain. Ainsi apporte-t-il dans un exercice pour lui nouveau, ses dons de portraitiste. Il établit d'abord la physionomie
morale de l'auteur de *Du côté de chez Swann*; il le montre dans son
intérieur familier aux prises avec ses souvenirs et avec sa pensée.
«Il y a du Granville, chez M. Proust, écrit M. Jacques-É. Blanche;
comme ce fameux dessinateur, il regarde les êtres d'en haut ou d'en
bas, en raccourci ou en plafonnant; il les voit sous des angles singuliers. Je dirais presque qu'il suggère la quatrième dimension des
cubistes.» On sent bien qu'il entre dans de tels jugements beaucoup
de l'art et des qualités du peintre; on se rappelle ce que notre collaborateur M. Bidou disait naguère de la critique de M. Blanche, de ses
études sur Whistler et sur Fantin. Mais il est plus curieux encore
que cette perspicacité du critique s'exerce sur des œuvres non seulement de peintres, mais sur les plus curieuses productions de la littérature et de la musique. Aujourd'hui M. Blanche étudie *Du côté
de chez Swann*. On se rappelle ce qu'il écrivait hier à propos du
Sacre du Printemps.

[1] Biblio, n° 128. Pierre-Quint (*op. cit.*, p. 132) donne un autre texte comme
ayant paru «le 14 avril 1914 dans les *Débats*». A cette date-là nous ne trouvons
aucune note sur Blanche ou Proust dans le *Journal des Débats*. L'*écho* que
nous reproduisons ici y parut le 24 avril 1914.

Troisième Partie

LES PUBLICATIONS
DE MARCEL PROUST

BIBLIOGRAPHIE

S = Du côté de chez Swann (*A la recherche du temps perdu*, éd. de la Pléiade, t. I) (Biblio, n° 293)

JF = A l'ombre des jeunes filles en fleurs (*ibid.*, t. I)

G = Le Côté de Guermantes (*ibid.*, t. II)

SG = Sodome et Gomorrhe (*ibid.*, t. II)

P = La Prisonnière (*ibid.*, t. III)

AD = Albertine disparue (*La Fugitive*) (*ibid.*, t. III)

TR = Le Temps retrouvé (*ibid.*, t. III)

BMP = Bulletin de la Société des Amis de Marcel Proust et des Amis de Combray

Cah VI = Lettres à la NRF (Biblio, n° 223)

Choix = Choix de lettres (Biblio, n° 351)

Chron = Chroniques (Biblio, n° 189)

ComPar = Comment parut «Du côté de chez Swann» (Biblio, n° 210)

Cor = Correspondance générale (Biblio, n°s 211, 216, 222, 225, 229, 232)

LR = Lettres retrouvées (Biblio, n° 358)

NM = Contre Sainte-Beuve, suivi de nouveaux mélanges (Biblio, n° 294)

PJ = Les Plaisirs et les jours
  B = Édition de 1896 (Biblio, n° 53)
  C = Réimpression de 1924 (Biblio, n° 179)

PM = Pastiches et mélanges (Biblio, n° 137)

Riv = Proust et Rivière, *Correspondance* (*1914-1922*) (Biblio, n° 301)

Sésame = Sésame et les lys (Biblio, n° 98)

Souv = Robert Dreyfus, *Souvenirs sur Marcel Proust* (Biblio, n° 186)

* = Un texte reproduit dans le présent volume.

[ ] = Les réferences à d'autres publications du même texte. Par exemple, au n° 5, l'article publié d'abord dans le *Banquet* sous le titre «Heldémone, Adelgise, Ercole»; *pour l'indication:* [*PJ*: B, p. 54; C, p. 70], *lire:* article repris dans *Les Plaisirs et les jours*, à la page 54 de l'édition de 1896, et à la page 70 de l'édition de 1924.

« » = Les titres d'articles.

1892

1. «Un conte de Noël: *Les petits souliers*, par M. Louis Ganderax,» *Le Banquet*, N° 1 (mars 1892), pp. 15–17. [*Chron*, pp. 125–129.]

2. «Études,» *Le Banquet*, N° 2 (avril 1892): I, «Les Maîtresses de Fabrice,» p. 41. [*PJ:* B, pp. 51–52; C, pp. 67–68.]

3. II, «Cydalise,» *ibid.*, pp. 42–43. [*PJ:* VI. «Cires perdues. I,» B, pp. 56–57; C, pp. 72–74.]

4. III, «Les Amies de la comtesse Myrto,» *ibid.*, pp. 43–44. [*PJ:* B, pp. 52–54; C, pp. 68–70.]

5. IV, «Heldémone, Adelgise, Ercole,» *ibid.*, p. 44. [*PJ:* B, p. 54; C, p. 70.]

6. «Un livre contre l'élégance: *Sens dessus dessous*,» *Le Banquet*, N° 2 (avril 1892), pp. 58–59. [*Chron*, pp. 130–132.]

7. «Études,» *Le Banquet*, N° 3 (mai 1892): I, p. 77. [*PJ:* VII. «Snobs. I,» B, pp. 59–60; C, pp. 75–76.]

8. II, *ibid.*, pp. 77–78. [*PJ:* VII. «Snobs. II,» B, pp. 60–61; C, pp. 76–77.]

9. III, «Esquisse d'après Madame ***,» *ibid.*, p. 78. [*PJ:* VI. «Cires perdues. II,» B, pp. 58–59; C, pp. 74–75.]

10. IV, *ibid.*, p. 79. [*PJ:* V, B, pp. 55–56; C, p. 72.]

11. V, *ibid.*, p. 79. [*PJ:* IV. «L'Inconstant,» B, pp. 54–55; C, pp. 71–72.]

*12. «L'Irréligion d'État,» *Le Banquet*, N° 3 (mai 1892), pp. 91–92. SIGNÉ: Laurence.

13. «Choses d'Orient: *A propos du voyage en Turquie d'Asie*, par M. le comte de Cholet,» *Littérature et Critique*, N° 3 (25 mai 1892), pp. 101–105. [*Chron*, pp. 77–82.]

14. «Études,» *Le Banquet*, N° 5 (juillet 1892): I, pp. 136–137. [*PJ:* VI, B, pp. 183–185; C, pp. 185–187.]

15. II, *ibid.*, pp. 137–138. [*PJ:* V, B, pp. 181–183; C, pp. 183–184.]

16. III, *ibid.*, pp. 138–139. [*PJ:* XV, B, p. 205; C, pp. 206–207.]

17. «Études,» *Le Banquet,* N° 6 (novembre 1892): I, «La Mer,» pp. 170–171. [*PJ:* B, pp. 234–236; C, pp. 235–237.]

*18. II, «Portrait de Madame ***,» *ibid.*, pp. 171–172.

19. «Varia: *Tel qu'en songe,* par Henri de Régnier,» *Le Banquet,* N° 6 (novembre 1892), p. 191. SIGNÉ: M.P. [*Chron,* pp. 175–176.]

1893

20. «La Conférence parlementaire de la rue Serpente,» *Le Banquet,* N° 7 (février 1893), pp. 220–222. [*Chron,* pp. 133–136.]

21. «Violante ou la mondanité,» *Le Banquet,* N° 7 (février 1893), pp. 201–208. [*PJ:* B, pp. 35–48; C, pp. 49–65.]

*22. «Un roman à lire: *Le Nez de Cléopâtre,* par Henri de Saussine,» *Gratis-Journal,* juillet 1893, pp. 3–4. [Cf. n° 310.]

23. «Études,» *La Revue Blanche,* V, N°s 21–22 (juillet-août 1893): I, pp. 48–50. [*PJ:* VII, B, pp. 186–188; C, pp. 187–190.]

24. II, «Autres reliques,» *ibid.*, pp. 51–52. [*PJ:* VII. «Reliques,» B, pp. 189–190; C, pp. 190–192.]

25. III, «Éventail,» *ibid.*, pp. 52–55. [*PJ:* B, pp. 71–74; C, pp. 87–91.]

26. IV, «Sources des larmes qui sont dans les amours passées,» *ibid.*, pp. 55–56. [*PJ:* B, pp. 196–197; C, pp. 197–199.]

27. V, «Contre la franchise,» *ibid.*, pp. 56–57. [*PJ:* B, pp. 64–65; C, pp. 81–82.]

28. VI, «Éphémère efficacité du chagrin,» *ibid.*, pp. 58–59. [*PJ:* B, pp. 198–200; C, pp. 200–201.]

29. VII, «Scénario,» *ibid.*, pp. 59–62. [*PJ:* B, pp. 67–70; C, pp. 83–87.]

30. VIII, «Mondanité de Bouvard et Pécuchet,» *ibid.*, pp. 62–68. [*PJ:* I. «Mondanité,» B, pp. 83–91; C, pp. 99–108.]

31. IX, «Amitié,» *ibid.*, pp. 68–69. [*PJ:* B, p. 198; C, p. 199.]

32. «Mélancolique villégiature de Madame de Breyves,» *La Revue Blanche,* V, N° 23 (15 septembre 1893), pp. 155–170. [*PJ:* B, pp. 97–116; C, pp. 113–134.]

33. «Études,» *La Revue Blanche,* N° 26 (décembre 1893): I, «Présence réelle,» pp. 377–380. [*PJ:* B, pp. 220–224; C, pp. 222–227.]

*34. II, «Avant la nuit,» *ibid.*, pp. 381–385.

*35. III, «Souvenir,» *ibid.*, pp. 386–388.

36. IV, «Rêve,» *ibid.*, pp. 388–391. [*PJ:* B, pp. 209–213; C, pp. 211–215.]

37. V, «Contre une snob,» *ibid.*, pp. 391–392. [*PJ:* B, p. 61; C, pp. 77–78.]

38. VI, «A une snob,» *ibid.*, pp. 392–393. [*PJ:* B, pp. 62–63; C, pp. 78–79.]

1894

39. «Échos: La Vie mondaine,» *La Patrie*, 13 mai 1894, p. 1. NON SIGNÉ [Proust?].

*40. «Bloc-Notes Parisiens: Une fête littéraire à Versailles,» *Le Gaulois*, 31 mai 1894, p. 1. SIGNÉ: Tout-Paris. [Voir n°s 234 et 253.]

41. *Mensonges*. Poésie de Marcel Proust, musique de Léon Delafosse. Paris: Au Ménestrel, Heugel & Cie, avril 1894. [Cf. n° 47.]

1895

*42. «Un dimanche au Conservatoire,» *Le Gaulois*, 14 janvier 1895, p. 1. [Voir n° 315.]

43. «Portraits de peintres: Antoine Van Dyck, Albert Cuyp, Paul Potter, Antoine Watteau,» *Le Gaulois*, 21 juin 1895, p. 2. [*PJ:* B, pp. 119–121; C, pp. 135–137.] [Cf. n° 52.]

44. «La Mort de Baldassare Silvande, vicomte de Sylvanie,» *La Revue Hebdomadaire*, 4e année, XLI, N° 179 (29 octobre 1895), pp. 584–606. [*PJ:* B, pp. 3–31; C, pp. 17–48.]

*45. «Figures parisiennes: Camille Saint-Saëns,» *Le Gaulois*, 14 décembre 1895, p. 1. [*Cah VI*, 66–68.]

46. *L'Année des poètes*. Morceaux choisis réunis par Charles Fuster [Proust: «Albert Cuyp,» «Paul Potter,» «Antoine Watteau»]. VI. Paris: Édition de l'*Année des Poètes*, 1895. Pp. 447–448.

*47. «Mensonges,» poésie de Marcel Proust, musique de Léon Delafosse, dans *Six Mélodies*, par Léon Delafosse. Paris: Au Ménestrel, Heugel & Cie, 1895. Pp. 10–12. [Cf. n° 41.]

1896

48. «Rêverie couleur du temps: Tuileries,» *Le Gaulois*, 12 juin 1896, p. 2. [*PJ:* B, pp. 171–172; C, pp. 173–174.]

49. «Bibliographie: Éloge de la mauvaise musique,» *Le Temps*, 13 juin 1896, p. 3. [Fragment, *PJ:* B, pp. 200–201; C, pp. 201–203.]

*50. «Dans le monde,» *Le Gaulois*, 18 juin 1896, p. 2. NON SIGNÉ.

51. «Contre l'obscurité,» *La Revue Blanche*, XI (15 juillet 1896), 69–72. [*Chron*, pp. 137–144.]

52. Hahn (Reynaldo). *Portraits de peintres*, pièces pour piano d'après les poésies de Marcel Proust. Paris: Au Ménestrel, Heugel & Cⁱᵉ, 1896.

53. *Les Plaisirs et les jours*, illustrations de Madeleine Lemaire, préface d'Anatole France et quatre pièces pour piano de Reynaldo Hahn. Paris: Calmann-Lévy, 1896.

1897

54. «Silhouette d'artiste,» *La Revue d'Art Dramatique*, XII, N.S., I (janvier 1897), 157–158. [*Chron*, pp. 11–13.]

*55. «Opinions: Sur M. Alphonse Daudet,» *La Presse*, 11 août 1897, p. 2. [Cf. n° 237; cf. un premier état du même article, paru dans *NM*, pp. 339–342.]

*56. «Adieux [à Alphonse Daudet],» *La Presse*, 19 décembre 1897, p. 2. [*Cah VI*, 69–70.]

57. Montesquiou (Robert de). *Les Roseaux pensants*. Paris: Bibliothèque-Charpentier, 1897. Pp. 355–356. [*PJ:* B, pp. 166–167; C, p. 169.]

1898

*58. «Robert de Flers,» *La Revue d'Art Dramatique*, XIII, N.S., III (20 janvier 1898), 96–98.

1899

*59. «Lettres de Perse et d'ailleurs. Les Comédiens de salon. Bernard d'Algouvres à Françoise de Breyves: Les Reis-Boisfriseux, par La Roche-en-Marche,» *La Presse*, 19 septembre 1899, p. 2. [Voir n° 265.]

*60. «Lettres de Perse et d'ailleurs. Les Comédiens de salon. Bernard d'Algouvres à Françoise de Breyves: Amstel Hotel, Amsterdam,» *La Presse*, 12 octobre 1899, p. 2. [Voir n° 265.]

1900

*61. «Nécrologie: John Ruskin,» *La Chronique des Arts et de la Curiosité*, V, N° 4 (27 janvier 1900), pp. 35–36. SIGNÉ: M.P.

62. «Notes et souvenirs: Pèlerinages ruskiniens en France,» *Le Figaro*, 13 février 1900, p. 5. [*Chron*, pp. 145–149.]

63. «John Ruskin,» *Gazette des Beaux-Arts*, 3ᵉ période, XXIII (1ᵉʳ

avril 1900), 310–318. [*La Bible d'Amiens*, pp. 48–61; *PM*, pp. 148–161.]

64. «Ruskin à Notre-Dame d'Amiens,» *Mercure de France*, XXXIV, N° 124 (avril 1900), pp. 56–88. [*La Bible d'Amiens*, préface, partie II, pp. 15–47; *PM*, pp. 100–147.]

65. «John Ruskin,» *Gazette des Beaux-Arts*, 3ᵉ période, XXIV (1ᵉʳ août 1900), 135–146. [*La Bible d'Amiens*, pp. 61–77; *PM*, pp. 161–180.]

1901

*66. «Bibliographie: *Pays des aromates*, par le comte Robert de Montesquiou. Paris, H. Floury, 1900. In-8°,» *La Chronique des Arts et de la Curiosité*, VI, N° 1 (5 janvier 1901), pp. 6–7.

1903

67. Ruskin (John). «*La Bible d'Amiens*,» traduit par M. M. Proust, *La Renaissance Latine*, II, N° 2 (15 février 1903), pp. 314–345. [*La Bible d'Amiens*, pp. 105–108, 109–110, 126–137, 148–150, 151–152, 189–191, 210–224, 225–248.]

68. «Un salon historique: Le Salon de S. A. I. la princesse Mathilde,» *Le Figaro*, 25 février 1903, p. 3. SIGNÉ: Dominique. [*Chron*, pp. 14–27.]

*69. «Bibliographie: *John Ruskin, sein Leben und sein Wirken*, von Marie von Bunsen, Leipzig, Hermann Seemann, 1903. In-8°, 123 p.,» *La Chronique des Arts et de la Curiosité*, VIII, N° 10 (7 mars 1903), pp. 78–79.

70. Ruskin (John). «*La Bible d'Amiens*,» traduit par Marcel Proust, *La Renaissance Latine*, II, N° 3 (15 mars 1903), pp. 620–643. [*La Bible d'Amiens*, pp. 249–268, 280–289, 295, 297–298, 317, 319–320, 322–324, 329–340.]

71. «La Cour aux lilas et l'atelier des roses: Le Salon de Mᵐᵉ Madeleine Lemaire,» *Le Figaro*, 11 mai 1903, p. 3. SIGNÉ: Dominique. [*Chron*, pp. 28–38.]

*72. Proust (Adrien) [et Marcel Proust?]. «Distribution de prix à l'École primaire supérieure d'Illiers,» *Le Progrès, Journal Républicain d'Eure-et-Loir*, 4 août 1903, p. 2.

73. «Le Salon de la princesse Edmond de Polignac: Musique d'aujourd'hui, échos d'autrefois,» *Le Figaro*, 6 septembre 1903, p. 3. SIGNÉ: Horatio. [*Chron*, pp. 39–46.]

*74. «Dante Gabriel Rossetti et Elizabeth Siddal,» *La Chronique des*

Arts et de la Curiosité, VIII, N° 34 (7 novembre 1903), pp. 285–286.

*75. «Dante Gabriel Rossetti et Elizabeth Siddal,» *La Chronique des Arts et de la Curiosité*, VIII, N° 35 (14 novembre 1903), pp. 295–296.

*76. Proust (Adrien) [et Marcel Proust?]. *Discours prononcés à la cérémonie d'inauguration du monument élevé à la gloire de Pasteur, à Chartres, le 7 juin 1903.* Chartres: Imprimerie de «La Dépêche d'Eure-et-Loir,» 1903.

1904

*77. «Bibliographie: Charlotte Broicher, *John Ruskin und sein Werk*. Puritaner, Künstler, Kritiker. I. Reihe: Essays. Leipzig, Diederichs, 1902 . . . John Ruskin, *Moderne Maler* (vol. I et II). Im Auszug übersetz und zusammengefasst von Charlotte Broicher. Leipzig, Diederichs, 1902 . . . ,» *La Chronique des Arts et de la Curiosité*, IX, N° 1 (2 janvier 1904), pp. 6–7. SIGNÉ: M.P.

78. «Le Salon de la comtesse d'Haussonville,» *Le Figaro*, 4 janvier 1904, p. 2. SIGNÉ: Horatio. [*Chron*, pp. 47–54.]

*79. «Salons parisiens: Fête chez Montesquiou à Neuilly (Extraits des *Mémoires* du duc de Saint-Simon),» *Le Figaro*, 18 janvier 1904, p. 3. SIGNÉ: Horatio. [Cf. n°ˢ 88, 113, 354.]

*80. «Une miniaturiste du Second Empire: Madame Herbelin,» *La Chronique des Arts et de la Curiosité*, IX, N° 17 (23 avril 1904), pp. 136–137.

81. «Le Salon de la comtesse Potocka,» *Le Figaro*, 13 mai 1904, p. 3. SIGNÉ: Horatio. [*Chron*, pp. 55–61.]

*82. «Bibliographie: *L'Ile et l'Empire de Grande-Bretagne: Angleterre, Égypte, Inde*, par Robert d'Humières. Paris, Société du Mercure de France. Un vol. in-16, 304 p.,» *La Chronique des Arts et de la Curiosité*, IX, N° 28 (13 août 1904), p. 235. SIGNÉ: M.P.

83. «La Mort des cathédrales: Une conséquence du projet Briand sur la Séparation,» *Le Figaro*, 16 août 1904, pp. 3–4. [*PM*, pp. 198–209 (incomplet); *Chron*, pp. 150–169.]

84. Nozière [pseud. de Fernand Weyl]. «Le Théâtre: Au Vaudeville.—*Les trois anabaptistes*, comédie en quatre actes, de MM. Alexandre Bisson et Berr de Turique [«médaillon» de Proust sur Louisa de Mornand],» *Gil Blas*, 17 septembre 1904, pp. 2–3.

*85. Basset (Serge) [et Marcel Proust]. «Un début au théâtre,» *Le Figaro*, 8 octobre 1904, p. 4.

86. «Échos: Notules. *Étude sur Victor Hugo*, par Fernand Gregh,» *Gil Blas*, 14 décembre 1904, p. 1. SIGNÉ: Marc-Antoine. [*Chron*, pp. 170–171.]

87. Ruskin (John). *La Bible d'Amiens*. Traduction, notes et préface par Marcel Proust. Paris: Mercure de France, 1904 [achevé d'imprimer: 15 février 1904].

88. *Fête chez Montesquiou à Neuilly* (*Extraits des «Mémoires» du duc de Saint-Simon*). Paris, 1904. SIGNÉ: Horatio. Plaquette de 12 pages, publiée par Montesquiou avec «quelques corrections». [Cf. n° 79.]

1905

89. «Les Trésors des rois [par John Ruskin],» *Les Arts de la Vie*, 2ᵉ année, t. III, N° 15 (mars 1905), pp. 171–186. [*Sésame*, pp. 61–72, 73–91, 115–120.]

90. «Les Trésors des rois [par John Ruskin] (suite),» *Les Arts de la Vie*, 2ᵉ année, t. III, N° 16 (15 avril 1905), pp. 248–256. [*Sésame*, pp. 122–141.]

91. «La Vie de Paris: La Comtesse de Guerne,» *Le Figaro*, 7 mai 1905, p. 1. SIGNÉ: Écho. [*Chron*, pp. 62–66.]

92. «Les Trésors des rois [par John Ruskin] (fin),» *Les Arts de la Vie*, 2ᵉ année, t. III, N° 17 (15 mai 1905), pp. 312–319. [*Sésame*, pp. 148–161, 163–165.]

93. «Paris Society: Salons,» *The New York Herald* (Paris), June 3, 1905, p. 5. NON SIGNÉ. [*Cor I*, 144–145.]

94. «Sur la lecture,» *La Renaissance Latine*, 15 juin 1905, pp. 379–410. [*Sésame*, pp. 7–58; *PM*, pp. 225–272.]

*95. «Un professeur de beauté,» *Les Arts de la Vie*, 2ᵉ année, t. IV, N° 20 (août 1905), pp. 67–79. [Voir nᵒˢ 106, 256.]

1906

*96. «Bibliographie: John Ruskin. *Les Pierres de Venise*. Traduction par Mᵐᵉ Mathilde P. Crémieux . . . ,» *La Chronique des Arts et de la Curiosité*, XI, N° 18 (5 mai 1906), pp. 146–147.

97. «Ruskin (John). *Les Pierres de Venise*. Trad. par Mᵐᵉ Mathilde P. Crémieux. Préface de M. Robert de la Sizeranne. In-8°. 322 pp. avec 24 planches. Laurens, éditeur, Paris, 1906,» *Revue Générale de Critique et de Bibliographie*, IV, N° 37 (25 juillet

1906), pp. 282–285. [Même étude que celle de *La Chronique des Arts et de la Curiosité* du 5 mai 1906.]

98. Ruskin (John). *Sésame et les lys. Des trésors des rois. Des jardins des reines.* Traduction, préface et notes de Marcel Proust. Paris: Mercure de France, 1906 [achevé d'imprimer: 12 mai 1906].

1907

99. «Sentiments filiaux d'un parricide,» *Le Figaro*, 1er février 1907, p. 1. [*PM*, pp. 211–224. Pour la fin voir nos 219, 324 (pp. 20–21).]

*100. «Bibliographie: *Gainsborough*, par Gabriel Mourey. Paris, Laurens. In-8°, 128 grav., 24 grav. hors texte. (Coll. des *Grands Artistes*),» *La Chronique des Arts et de la Curiosité*, XII, N° 10 (9 mars 1907), p. 80. SIGNÉ: M.P.

101. «Journées de lectures,» *Le Figaro*, 20 mars 1907, p. 1. [*Chron*, pp. 83–91.]

102. «*Les Éblouissements*,» *Le Figaro*, Sup. Lit., 15 juin 1907, p. 1. [*Chron*, pp. 177–192; voir n° 112.]

103. «La Vie de Paris: Une grand'mère,» *Le Figaro*, 23 juillet 1907, p. 2. [*Chron*, pp. 67–72.]

104. «Impressions de route en automobile,» *Le Figaro*, 19 novembre 1907, p. 1. [*PM*, pp. 91–99.]

105. «Gustave de Borda,» *Le Figaro*, 26 décembre 1907, p. 2. SIGNÉ: D. [*Chron*, pp. 73–74.]

106. Montesquiou (Robert de). *Altesses sérénissimes.* Paris: Félix Juven, 28 mars 1907. Pp. 387–399. [Reprend n° 95.]

1908

107. «Pastiches: L'Affaire Lemoine. I. Dans un roman de Balzac. II. Dans un feuilleton dramatique de M. Émile Faguet. III. Par Michelet. IV. Dans le *Journal des Goncourt*,» *Le Figaro*, Sup. Lit., 22 février 1908, p. 1. [*PM*, pp. 11–18, 36–40, 41–43, 44–47.]

108. «Pastiches (suite): V. «L'Affaire Lemoine» par Gustave Flaubert. VI. Critique du roman de M. Gustave Flaubert sur «l'Affaire Lemoine,» par Sainte-Beuve, dans son feuilleton du *Constitutionnel*,» *Le Figaro*, Sup. Lit., 14 mars 1908, p. 1. [*PM*, pp. 19–23, 24–31.]

109. «Pastiches (suite et fin): VII. L'Affaire Lemoine par Ernest

Renan,» *Le Figaro*, Sup. Lit., 21 mars 1908, p. 1. [*PM*, pp. 48–58.]

*110. «Lectures: *Le Chemin mort*,» *L'Intransigeant*, 8 septembre 1908, p. 2. SIGNÉ: Marc Eodonte [Marc El Dante].

*111. «Bibliographie: Ruskin. *Pages choisies*, avec une introduction de M. Robert de la Sizeranne. Paris, Hachette et Cie, 1908. Un vol. in-16°, 266 p. av. portrait. Ruskin. *Le Repos de Saint-Marc. Histoire de Venise pour les rares voyageurs qui se soucient encore de ses monuments*. Traduit de l'anglais par Mlle K. Johnston. Paris, Hachette et Cie, 1908. Un vol. in-16, x-272 p. av. fig. et 4 planches,» *La Chronique des Arts et de la Curiosité*, XIII, N° 41 (26 décembre 1908), p. 416. NON SIGNÉ [Proust?].

112. Gillouin (René). *La Comtesse Mathieu de Noailles*, célébrités d'aujourd'hui. Paris: E. Sansot, 1908. Pp. 66–68. [Reprend en partie le n° 102.]

113. Montesquiou (Robert de). *Le Chancelier de fleurs*. Châteaudun: La Société Typographique, 1907 [1908]. Pp. 143–144. [Reprend un fragment du n° 79.]

1909

114. «L'Affaire Lemoine: VIII. Par H. de Régnier,» *Le Figaro*, Sup. Lit., 6 mars 1909, p. 1. [*PM*, pp. 32–35.]

1910

*115. «Autour d'un livre: *Le Prince des cravates* [par Lucien Daudet],» *L'Intransigeant*, 21 septembre 1910, p. 2. [Voir n° 267.]

1912

116. «Au seuil du printemps. Épines blanches, épines roses,» *Le Figaro*, 21 mars 1912, p. 1. [*Chron*, pp. 92–99.]

117. «Rayon de soleil sur le balcon,» *Le Figaro*, 4 juin 1912, p. 1. [*Chron*, pp. 100–105.]

118. «L'Église de village,» *Le Figaro*, 3 septembre 1912, p. 1. [*Chron*, pp. 114–122.]

1913

119. «Vacances de Pâques,» *Le Figaro*, 25 mars 1913, pp. 1, 2. [*Chron*, pp. 106–113.]

*120. Bois (Élie-Joseph). «Variétés littéraires: *A la recherche du* temps perdu,» *Le Temps*, 13 novembre 1913, p. 4. [*Souv*, pp. 286–292; *Choix*, pp. 283–289.]

121. «Le Livre du jour: Soirée de musique [extrait de *Du côté de chez Swann*],» *Gil Blas*, 18 novembre 1913, p. 3. [*S:* I, 323, suiv.]

122. «Le Courier littéraire: Gens et choses de lettres. *Du côté de chez Swann* [extrait],» *Le Temps*, 21 novembre 1913, p. 4.

123. «Le Livre du jour: *Du côté de chez Swann*. Extrait,» *Les Annales Politiques et Littéraires*, 23 novembre 1913, p. 468. [*S:* I, 49, suiv.]

*124. Arnyvelde (André). «A propos d'un livre récent: L'Œuvre écrite dans la chambre close. Chez M. Marcel Proust,» *Le Miroir*, N.S., III, N° 4 (21 décembre 1913).

125. *Du côté de chez Swann*. Paris: Bernard Grasset, 1913 [achevé d'imprimer: 8 novembre 1913].

1914

*126. Le Masque de Fer. «Échos: A travers Paris [annonce l'article de J.-É. Blanche sur *Swann*],» *Le Figaro*, 18 avril 1914, p. 1. [Cf. *ComPar*, pp. 126, 130–131.]

*127. «Échos: Un nouveau critique littéraire,» *Gil Blas*, 18 avril 1914, p. 1. NON SIGNÉ. [Cf. *ComPar*, pp. 119–120.]

*128. «M. Jacques-É. Blanche, critique littéraire,» *Le Journal des Débats*, 24 avril 1914, p. 1. NON SIGNÉ. [Cf. *ComPar*, pp. 131–132.]

129. «A la recherche du temps perdu [fragments],» *La Nouvelle Revue Française*, VI, N° 66 (1er juin 1914), pp. 921–969. [*JF:* I, 644–645, 658–662, 663, 665–676, 704–705, 711–713, 715–717, 720–721, 751–754, 759–762, 763–764, 765–769, 802–806, 809.]

130. «A la recherche du temps perdu [fragments],» *La Nouvelle Revue Française*, VI, N° 67 (1er juillet 1914), pp. 72–124. [*G:* II, 16–20, 21–22, 22–24, 24–26, 27–28, 30–33, 39–41, 57–58, 61–62, 63–64, 65–68, 70, 119–124, 140, 141, 154–155, 156, 157–158, 298–300, 308–310, 311–313, 314–316, 318–319, 332–334.]

1919

131. «Légère esquisse du chagrin que cause une séparation et des progrès irréguliers de l'oubli,» *La Nouvelle Revue Française*,

XIII, N° 69 (1ᵉʳ juin 1919), pp. 71–120. [*JF:* I, 585–595, 596–597, 599, 602–604, 608–615, 620, 621–629, 630–636, 640–644.]

132. «Les Mille et un matins. Mᵐᵉ de Villeparisis à Venise,» *Le Matin,* 11 décembre 1919, p. 2. [*Feuillets d'Art,* N° 4 (1919), pp. 1–12.]

133. «Le Prix Goncourt 1919: *A l'ombre des jeunes filles en fleurs,* par Marcel Proust,» *Excelsior,* 11 décembre 1919, p. 3. [*JF:* I, 503–506.]

134. «Pages d'hier: *Les Plaisirs et les jours* [sur la mauvaise musique],» *Le Figaro,* Sup. Lit., 14 décembre 1919, p. 2. [Cf. n° 49.]

135. «A Venise,» *Feuillets d'Art,* N° 4 (15 décembre 1919), pp. 1–12. [*AD:* III, 623–626, 627, 628, 629–631, 631–632, 633–634, 645, 648–649, 650–655.]

136. Blanche (Jacques-Émile). *Propos de peintre. De David à Degas.* Première série: Ingres, David, Manet, Degas, Renoir, Cézanne, Whistler, Fantin-Latour, Ricard, Conder, Beardsley, etc. Préface par Marcel Proust. Paris: Émile-Paul Frères, éditeurs, 1919.

137. *Pastiches et mélanges.* Paris: Gallimard, 1919 [achevé d'imprimer: 25 mars 1919].

138. *Du côté de chez Swann.* Réimpression. Paris: Gallimard, 1919 [achevé d'imprimer: 14 juin 1919].

139. *A l'ombre des jeunes filles en fleurs.* Paris: Gallimard, 1919 [achevé d'imprimer: 30 novembre 1918, paru le 27? juin 1919].

1920

140. «A propos du «style» de Flaubert,» *La Nouvelle Revue Française,* XIV, N° 76 (1ᵉʳ janvier 1920), pp. 72–90. [*Chron,* pp. 193–211.]

*141. Handler (Louis). «Hommage à Mᵐᵉ Réjane, Chevalier de la Légion d'honneur,» *Comœdia,* 20 janvier 1920, p. 1.

142. «Les Arts: Une Tribune française au Louvre, M. Marcel Proust,» *L'Opinion,* XIII, N° 9 (28 février 1920), p. 243. [*Cor* IV, 81–82.]

*143. Montabré (Maurice). «Une petite enquête: Si vous deviez avoir un métier manual,» *L'Intransigeant,* 3 août 1920, pp. 1, 2. [*LR,* pp. 143–145.]

*144. «Les Lettres: Petite enquête des Treize,» *L'Intransigeant,* 28 août 1920, p. 2. [*Riv,* pp. 144–145, n. 1; *Choix,* pp. 258–259.]

145. «Saint-Loup, a Portrait [médiocre traduction en anglais],» *The Dial* (Chicago), LXIX, N° 4 (October 1920), pp. 347–350.

146. «Pour un ami,» *La Revue de Paris*, VI (15 novembre 1920), 270–280. [Voir n° 158.]

147. M[augny] (R[ita] de). *Au Royaume du Bistouri*. 30 dessins par R[ita] de M[augny]. Préface de Marcel Proust. Genève: Édition Henn, [1920?]. [*Cor V*, 122–124.]

148. *A l'ombre des jeunes filles en fleurs*. In-8°. 50 exemplaires, contenant des feuilles manuscrites, des corrections d'auteur et un portrait en héliogravure de Marcel Proust, d'après le tableau de Jacques-Émile Blanche. Paris: Gallimard, 1920 [achevé d'imprimer: 28 février 1920].

149. *Le Côté de Guermantes I*. Paris: Gallimard, 1920 [achevé d'imprimer: 17 août 1920].

1921

150. «Une agonie,» *La Nouvelle Revue Française*, XVI, N° 88 (1er janvier 1921), pp. 5–30. [*G:* II, 313–314, 316–318, 320–325, 330–332, 334–345.]

*151. «Enquête sur le romantisme et le classicisme,» *La Renaissance Politique, Littéraire, Artistique*, IX, N° 2 (8 janvier 1921), pp. 13–14. [*BMP*, N° 4, pp. 4–5; cf. n° 291.]

152. «Un baiser,» *La Nouvelle Revue Française*, XVI, N° 89 (1er février 1921), pp. 129–156. [*G:* II, 345–368, 369–370.]

153. «Une soirée de brouillard,» *La Revue Hebdomadaire*, XXX, t. 2, N° 9 (N.S. XVII) (26 février 1921), pp. 377–398. [*G:* II, 392–396, 396–397, 398–403, 405–410, 411–412, 412–415.]

154. «A propos de Baudelaire,» *La Nouvelle Revue Française*, XVI, N° 93 (1er juin 1921), pp. 641–663. [*Chron*, pp. 212–238.]

155. «Les Intermittences du cœur,» *La Nouvelle Revue Française*, XVII, N° 97 (1er octobre 1921), pp. 385–410. [*SG:* II, 751–754, 755–764, 768–769, 770–772, 775–781.]

156. «Jalousie,» *Les Œuvres Libres*, N° 5 (novembre 1921), pp. 7–156. [*SG:* II, 633–738, 789–803.]

157. «En tram jusqu'à la Raspelière,» *La Nouvelle Revue Française*, XVII, N° 99 (1er décembre 1921), pp. 641–675. [*SG:* II, 817–818, 866–881, 882–883, 884–887, 895–902, 906–909, 941–942.]

158. Morand (Paul). *Tendres stocks*. Préface de Marcel Proust. Paris: Gallimard, 1921. Pp. 9–[37]. [Reprend n° 146.]

159. *Le Côté de Guermantes II. —Sodome et Gomorrhe I.* Paris: Gallimard, 1921 [achevé d'imprimer: 30 avril 1921].

1922

160. Lang (André). «Voyage en zigzags dans la République des lettres: M. Marcel Proust,» *Les Annales Politiques et Littéraires*, LXXVIII (26 février 1922), 236. [*LR*, pp. 157–159; voir nᵒˢ 161, 171.]

161. Rosny aîné (J.-H.). «Le Nègre de M. Marcel Proust,» *Comœdia*, 28 février 1922, p. 2. [Reprend quelques phrases du nᵒ 160.]

162. «Étrange et douloureuse raison d'un projet de mariage,» *Intentions*, I, Nᵒ 4 (avril 1922), pp. 1–20. [*SG:* II, 1112–31.]

163. «Les Livres de demain: *A la recherche du temps perdu. Sodome et Gomorrhe II*,» *Le Figaro*, Sup. Lit., 30 avril 1922, p. 1.

164. «Une soirée chez les Verdurin,» *Les Feuilles Libres*, IV, Nᵒ 26 (avril-mai 1922), pp. 75–86. [*SG:* II, 951–962.]

*165. «Les Goncourt devant leurs cadets, M. Marcel Proust,» *Le Gaulois*, 27 mai 1922, p. 4.

*166. Delamandre (Léon). «Carnet d'un bibliophile,» *L'Éclair*, 28 mai 1922, p. 3.

*167. «Une enquête littéraire: Sommes-nous en présence d'un renouvellement du style? Convient-il de dénoncer une crise de l'intelligence?» *La Renaissance Politique, Littéraire, Artistique*, X, Nᵒ 29 (22 juillet 1922), pp. 6–7.

*168. «Une petite question: Et si le monde allait finir . . . Que feriez-vous?» *L'Intransigeant*, XLIII (14 août 1922), 2.

169. «La regarder dormir. Mes réveils,» *La Nouvelle Revue Française*, XIX, Nᵒ 110 (1ᵉʳ novembre 1922), pp. 513–522. [*P:* III, 69–75, 121–122, 123–124.]

170. «La Prisonnière,» *Le Figaro*, Sup. Lit., 26 [25] novembre 1922, p. 1.

171. Lang (André). *Voyage en zigzags dans la République des lettres.* Paris: La Renaissance du Livre, 1922. Pp. 153–155. [Reprend nᵒ 160.]

172. *Sodome et Gomorrhe II.* Paris: Gallimard, 1922 [achevé d'imprimer: 3 avril 1922].

1923

173. «La Prisonnière: 1. Une matinée au Trocadéro. 2. La Mort de Bergotte,» *La Nouvelle Revue Française*, XVII, N° 112 (1er janvier 1923), pp. 288–325. [*P:* III, 116–121, 126–128, 131, 136–157, 182–188.]

174. Gillouin (René). «Une lettre de Marcel Proust,» *La Semaine Littéraire* (Genève), XXXI (6 janvier 1923), 3–4.

175. «Précaution inutile: roman inédit par Marcel Proust,» *Les Œuvres Libres*, XX (février 1923), 5–131. [*P:* III, 9, suiv.]

175A. «Défilé de «sacristie,» *Intentions*, II, N° 16 (juin 1923), pp. 1–11. [*P:* III, 266, suiv.]

*176. «Les Œuvres de M. Reynaldo Hahn,» *Conferencia*, XVII, N° 24 (1er décembre 1923), pp. 578–579.

177. *Sodome et Gomorrhe III. La Prisonnière.* 2 volumes. Paris: Gallimard, 1923 [achevé d'imprimer: 14 novembre 1923].

1924

178. Berge (André). «Autour d'une trouvaille: une confession de Marcel Proust adolescent,» *Cahiers du Mois*, N° 7 (1er décembre 1924), pp. 5–18.

179. *Les Plaisirs et les jours*, réimpression de l'édition parue en 1896. Paris: Gallimard, 1924.

1925

180. Clermont-Tonnerre (Duchesse É[lisabeth] de). *Robert de Montesquiou et Marcel Proust.* Paris: Flammarion, 1925.

181. Pierre-Quint (Léon). *Marcel Proust, sa vie, son œuvre.* Paris: Éditions Kra, 1925.

182. *Albertine disparue.* Paris: Gallimard, 1925 [achevé d'imprimer: 30 novembre 1925].

183. Robert (Louis de). *Comment débuta Marcel Proust. Lettres inédites.* Paris: Gallimard, 1925.

1926

184. «Lettre de Marcel Proust à un ami au *Journal des Débats* [fragment],» *La Revue d'Histoire Littéraire de la France*, XXXIII (avril–juin 1926), 330.

185. «Une lettre de Marcel Proust [à H. Gauthier-Villars],» *Mercure de France*, CLXXXIX, N° 675 (1er août 1926), p. 760.

186. Dreyfus (Robert). *Souvenirs sur Marcel Proust*. Paris: Bernard Grasset, 1926.
187. Pouquet (Jeanne). *Le Salon de Madame Arman de Caillavet, ses amis, Anatole France, com^{dt} Rivière, Jules Lemaitre, Pierre Loti, Marcel Proust, etc., etc.* Paris: Hachette, 1926.
188. *Deux fragments sacrifiés*. [s.n.d.l.]: Société Générale d'Imprimerie et d'Édition, achevé d'imprimer du 25 mai 1926. Plaquette tirée à 5 exemplaires hors commerce, comprenant 2 fragments sacrifiés d'*Albertine disparue*.

1927

189. *Chroniques*. Paris: Gallimard, 1927.
190. *Hommage à Marcel Proust . . . avec un portrait et des textes inédits de Marcel Proust*. Paris: Gallimard (*Les Cahiers Marcel Proust*, I), 1927.
191. *Pages inédites: Le Quintette Lepic. L'Orgue du Casino de Balbec*. Balbec, 1927. Plaquette tirée à 5 exemplaires hors commerce, imprimée par F. Paillart à Abbeville. [*JF:* I, 979–982.]
192. *Le Temps retrouvé*. 2 volumes. Paris: Gallimard, 1927.

1928

193. Boulenger (Marcel). «Marcel Proust «mondain» [lettre à Boulenger],» *Le Figaro*, Sup. Lit., 19 mai 1928, p. 1.
194. Andrieux (Georges). *Lettres et vers de Marcel Proust à Mesdames Laure Hayman et Louisa de Mornand*, recueillis et annotés par Georges Andrieux avec préfaces du Docteur Robert Proust et de Fernand Nozière. Paris: Landry-Brisard, éditeurs, 1928. P. 85.
195. Bibesco (Princesse [Marthe]). *Au bal avec Marcel Proust*. Paris: Gallimard (*Les Cahiers Marcel Proust*, IV), 1928.
196. Blanche (Jacques-Émile). *Mes modèles: Barrès, Hardy, Proust, James, Gide, Moore*. Paris: Librairie Stock, 1928.
197. Pierre-Quint (Léon). *Comment travaillait Proust*. Paris: Éditions des Cahiers Libres, 1928.
198. Pierre-Quint (Léon). *Quelques lettres de Marcel Proust*, précédées de remarques sur les derniers mois de sa vie. Paris: Flammarion, 1928.
199. *Hommage à Marcel Proust* [lettres à Montesquiou et à René Peter]. *Le Rouge et le Noir*, Cahier Spécial, avril 1928. Pp. 5–15.

200. Robert (Louis de). *De Loti à Proust: Souvenirs et confidences*. Paris: Flammarion, 1928. Pp. 158–179.

1929

201. «Lettres à Maurice Duplay,» *La Revue Nouvelle*, V, N° 48 (juin 1929), pp. 1–13.
202. «Dédicaces [lettre-dédicace à Paul Souday],» *Aux Écoutes*, 19 octobre 1929.
203. Astruc (Gabriel). *Le Pavillon des fantômes*. Paris: Bernard Grasset, 1929.
204. Barney (Natalie Clifford). *Aventures de l'esprit*. Paris: Émile-Paul Frères, 1929. Pp. 61–71. [Voir n° 213.]
205. Crémieux (Benjamin). *Du côté de chez Marcel Proust*, suivi de lettres inédites. Paris: Éditions Lemarget, 1929.
206. Daudet (Lucien). *Autour de soixante lettres de Marcel Proust*. Paris: Gallimard (*Les Cahiers Marcel Proust*, V), 1929.
207. *Œuvres complètes de Marcel Proust*, 17 volumes. Paris: Gallimard [Édition «à la gerbe»], 1929–1935.

    T. I. *Du côté de chez Swann*, 1933 (2 vol.)

    T. II. *A l'ombre des jeunes filles en fleurs*, 1929 (3 vol.)

    T. III. *Le Côté de Guermantes*, 1930 (3 vol.)

    T. IV. *Sodome et Gomorrhe*, 1930 (2 vol.)

    T. V. *La Prisonnière*, 1931 (2 vol.)

    T. VI. *Albertine disparue*, 1932 (1 vol.)

    T. VII. *Le Temps retrouvé*, 1932 (2 vol.)

    T. VIII. *Pastiches et mélanges*, 1933 (1 vol.)

    T. IX. *Les Plaisirs et les jours*, 1935 (1 vol.)

1930

208. «Chronique [fragments de 4 lettres à Jacques Porel et de 2 lettres à Mme Edwards],» *La Revue d'Histoire Littéraire de la France*, XXXVII, N° 2 (avril–juin 1930), pp. 305–306.
209. Billy (Robert de). *Marcel Proust. Lettres et conversations*. Paris: Éditions des Portiques, 1930.
210. Pierre-Quint (Léon). *Comment parut «Du côté de chez Swann.» Lettres de Marcel Proust*. Paris: Éditions Kra, 1930.
211. *Correspondance générale de Marcel Proust. I. Lettres à Robert de Montesquiou 1893–1921*. Paris: Plon, 1930.
212. *Défense de Marcel Proust* [2 lettres à J.-N. Faure-Biguet].

Paris: Le Rouge et le Noir (*Bulletin Marcel Proust*, N° 1), 1930. Pp. 15–17.

1931

213. «Letters to Natalie Clifford Barney,» *The Dublin Magazine*, N.S. VI (January–March 1931), 5–13. [Reprend n° 204.]
214. Carias (Léon). *Anatole France* [lettre-dédicace à France]. Paris: Rieder, 1931. Pl. LI.
215. Chauvière (Claude). *Colette*. Paris: Firmin-Didot, 1931. Pp. 88–89, 146–148.
216. *Correspondance générale de Marcel Proust. II. Lettres à la comtesse de Noailles 1901–1919* [1920]. Paris: Plon, 1931.
217. Scott-Moncrieff (C. K.). *Memories and Letters*, edited by J. M. Scott-Moncrieff and L. W. Lunn. London: Chapman and Hall Ltd., 1931.

1932

218. «Chronique [fragments de 2 lettres à Gaillard-Lacombe],» *La Revue d'Histoire Littéraire de la France*, XXXIX, N° 1 (janvier–mars 1932), pp. 159–160.
*219. Ambrière (Francis). «Gaston Calmette et les écrivains du *Figaro* [fin des «Sentiments filiaux d'un parricide»],» *Les Nouvelles Littéraires*, 24 septembre 1932, p. 6. [Voir pp. 20–21 du n° 324.]
220. Ambrière (Francis). «Une amitié de Proust [dédicace de *PJ* à Max Daireaux],» *Les Nouvelles Littéraires*, 19 novembre 1932.
221. Halévy (Daniel). *Pays parisiens.* Paris: Bernard Grasset, 1932. Pp. 119–121, 123.
222. *Correspondance générale de Marcel Proust. III. Lettres à M. et Mme Sydney Schiff, Paul Souday, J.-É. Blanche, Camille Vettard, J. Boulenger, Louis Martin-Chauffier, E. R. Curtius, L. Gautier-Vignal*. Paris: Plon, 1932.
223. *Lettres à la NRF. Bibliographie proustienne, par G. da Silva Ramos. Proust à la Mazarine*. Paris: Gallimard (*Les Cahiers Marcel Proust*, VI), 1932.

1933

224. «Chronique [autour de 6 lettres à Albert Nahmias],» *La Revue d'Histoire Littéraire de la France*, XL, N° 1 (janvier–mars 1933), p. 159.

225. *Correspondance générale de Marcel Proust. IV. Lettres à P. Lavallée, J.-L. Vaudoyer. R. de Flers, marquise de Flers, G. de Caillavet, Mme G. de Caillavet, B. de Salignac-Fénelon, Mlle Simone de Caillavet, R. Boylesve, E. Bourges, Henri Duvernois, Mme T. J. Gueritte et Robert Dreyfus.* Paris: Plon, 1933.

1935

226. Amphitryon. «Note e rassegne. Echi: Marcel Proust *à la recherche* d'un bastone perduto,» *Nuova Antologia,* 378 (marzo–aprile 1935), p. 320.
227. Barrès (Maurice). *Mes cahiers. IX. Février 1911-décembre 1912.* Paris: Plon, 1935. Pp. 161-164.
228. Cattaui (Georges). *L'Amitié de Proust,* avec une préface de Paul Morand et une lettre inédite de Marcel Proust. Paris: Gallimard (*Les Cahiers Marcel Proust,* VIII), 1935.
229. *Correspondance générale de Marcel Proust. V. Lettres à Walter Berry, comte et comtesse de Maugny, comte V. d'Oncien* [sic] *de la Batie, M. Pierre de Chevilly, Sir Philip Sassoon, princesse Bibesco, Mlle Louisa de Mornand, Mme Laure Hayman, Mme Scheikévitch.* Paris: Plon, 1935.

1936

230. «Lettre de Marcel Proust à Léon Yeatman,» *Les Nouvelles Littéraires,* 25 juillet 1936, p. 3.
231. «Pensées et aphorismes, fragment inédit d'un manuscrit de Marcel Proust «Capitalissime»,» *Les Nouvelles Littéraires,* 25 juillet 1936, p. 3. [Cf. *JF*: I, 789, 892 et 910; *TR*: III, 895–896.]
232. *Correspondance générale de Marcel Proust. VI. Lettres à Madame et Monsieur Émile Straus, suivies de quelques dédicaces.* Paris: Plon, 1936.

1937

233. La Rochefoucauld (Gabriel de). «Variété: Marcel Proust et *L'Amant et le médecin* [lettre à G. de La Rochefoucauld],» *Gringoire,* 5 mars 1937, pp. 5, 14.

1938

234. Kolb (Philip). «A Lost Article by Proust,» *Modern Language Notes,* LIII (February 1938), 107–109. [Reprend n° 40.]

1939

*235. «Les Carnets de Marcel Proust, fragments inédits,» *Le Figaro Littéraire*, 25 novembre 1939, p. 5.

236. *Lettres à un éditeur* [Fasquelle]. Lausanne: Aux dépens d'un Amateur, 1939 [1956?].

1940

237. Auriant. «Un portrait ignoré d'Alphonse Daudet par Marcel Proust,» *Mercure de France*, CCXCVII (1er juin 1940), 761–763. [Reprend n° 55 (incomplet, avec variantes).]

1942

238. *Lettres à une amie*. Recueil de quarante-et-une lettres inédites adressées à Marie Nordlinger (1899–1908). Manchester: Éditions du Calame, 1942.

1943

239. Fernandez (Ramon). *Proust* [lettre à Fernandez]. Paris: Nouvelle Revue Critique, 1943. Pp. 205–206.

1945

240. «Lettre à un ami [Tronche],» *Les Étoiles du Quercy* (Cahors), N° 3 (janvier 1945), pp. 2–7.

*241. «Un des premiers états de Swann,» *La Table Ronde*, N° 2 (avril 1945), pp. 5–33.

242. *Quatre lettres de Marcel Proust à ses concierges*. Genève: Albert Skira, 1945.

1946

*243. «Les Mystères de la petite phrase de Vinteuil,» *Le [Figaro] Littéraire*, 16 novembre 1946, p. 1.

244. «Lettres à Alfred Vallette: Swann, Rachilde et le *Mercure*,» *Mercure de France*, CCXCVIII, N°s 999–1000 (1er décembre 1946), pp. 235–236.

245. Flament (Albert). *Le Bal du Pré-Catelan. C'était hier* [lettre à Flament]. Paris: Arthème Fayard, 1946. P. 131.

1947

246. «Correspondance d'artistes: Une lettre à «Routchiboulh» [Hahn], ou quand Marcel Proust jugeait Léon Blum,» *La République du Centre* (Le Puy), 22 avril 1947.

247. Pierre-Quint (Léon). «Deux lettres de Marcel Proust [lettre à Constantin Ullmann (et une lettre à Astruc déjà publiée dans le *Pavillon des fantômes*)],» *Europe*, XXV, N° 23 (novembre 1947), pp. 67–69.

248. Bibesco (Princesse [Marthe]). *Le Voyageur voilé: Marcel Proust*. Lettres au duc de Guiche et documents inédits. Genève: La Palatine, 1947.

249. Labori (Marguerite-Fernand). *Labori, ses notes, ses manuscrits* [lettre à Labori]. Paris: Victor Attinger, 1947. P. 121.

250. Mauriac (François). *Du côté de chez Proust*. Paris: La Table Ronde, 1947.

251. *Lettres à Madame C[atusse]*. Paris: J. B. Janin, 1947.

1948

252. «Une lettre inédite de M. Proust à Mme É. Straus sur Stéphane Mallarmé,» *Le Figaro Littéraire,* 28 septembre 1948. [Déjà publiée dans *Cor VI*, 9.]

253. Bisson (L. A.). «Deux inédits de Proust [programme annoté de la matinée du 24 mai 1894 et une lettre à R. de Montesquiou],» *French Studies*, II, N° 4 (October 1948), pp. 341–347.

254. Badalo-Dulong (Claude). «Deux lettres inédites de Proust à Ramon Fernandez,» *Le Divan* (octobre-décembre 1948), pp. 430–434.

255. *A un ami. Correspondance inédite 1903–1922* [1920]. Préface de Georges de Lauris. Paris: Amiot-Dumont, 1948.

255A. *The Maxims of Marcel Proust*. Edited, with a translation, by Justin O'Brien. New York: Columbia University Press, 1948.

1949

256. Guichard (Léon). «Un article inconnu de Proust. Marcel Proust et Robert de Montesquiou,» *La Revue d'Histoire Littéraire de la France*, XLIX (avril-juin 1949), 163–172. [Reprend n° 95.]

*257. Levin (Harry). «An Unpublished Dialogue by Marcel Proust,» *Harvard Library Bulletin*, III, N° 2 (Spring 1949), pp. 262–267.

258. «Tuileries,» *Médecine de France*, août 1949, p. 33. [*PJ*: B, pp. 171–172; C, pp. 173–174.]

259. Maurois (André). *A la recherche de Marcel Proust*, avec de nombreux inédits. Paris: Hachette, 1949.

260. Morand (Paul). *Le Visiteur du soir*, suivi de quarante-cinq [56] lettres inédites de Marcel Proust. Genève: La Palatine, 1949.

261. *Lettres à André Gide*, avec trois lettres et deux textes d'André Gide. Neuchâtel et Paris: Ides et Calendes, 1949.

262. *Lettres de Marcel Proust à Bibesco*. Préface de Thierry Maulnier. Lausanne: La Guilde du Livre, 1949.

263. *A Tribute to the Memory of a Friend*, by Alec Ralph Hobson. [s.d.n.l.]: «The House of Life,» [1949?] [Préface datée «London 1925»]. [Voir n° 337.]

1950

264. «Lettre inédite de Marcel Proust [à Cocteau],» *Empreintes* (Bruxelles), mai-juillet 1950, pp. 114–116.

265. Jones (Stanley). «Two Unknown Articles by Marcel Proust,» *French Studies*, IV (July 1950), 240–245. [Reprend n° 59, 60.]

*266. «Quelques pensées inédites de Marcel Proust,» *Le Figaro Littéraire*, 18 novembre 1950, p. 1.

267. Kolb (Philip). «An Unknown Critical Item by Proust,» *French Review*, XXIV (December 1950), 106–107. [Reprend n° 115.]

268. «Lettre à Léon-Paul Fargue,» *BMP*, N° 1 (1950), pp. 9–10.

269. Bibesco (Princesse [Marthe]). *La Duchesse de Guermantes, Laure de Sade, comtesse de Chevigné*. Paris: Plon, 1950.

270. Briand (Charles). *Le Secret de Marcel Proust*. Paris: Henri Lefèbvre, 1950.

271. Larbaud (Valéry). *Œuvres complètes. II. Fermina Márquez. Enfantines*. Paris: Gallimard, 1950. P. 16.

1951

272. Gramont (Élisabeth de). «Quelques lettres inédites de Marcel Proust à Maurice Barrès,» *Écrits de Paris*, N° 75 (janvier 1951), pp. 97–108.

273. Porel (Jacques). *Fils de Réjane. Souvenirs. I. (1895–1920)*. Paris: Plon, 1951.

1952

*274. «Deux inédits de Marcel Proust: Souvenir d'un capitaine, et La Mort de Swann,» *Le Figaro Littéraire*, 22 novembre 1952, p. 7.

*275. «Un grand inédit de Marcel Proust: Notes sur l'amour (1900),» *Arts, Spectacles*, 28 novembre—4 décembre 1952, pp. 1, 5.

276. *Hommage à Marcel Proust. Le Disque Vert.* Hors Série, décembre 1952. Pp. 17–20.

277. Mondor (Henri). «Des lettres inédites de Marcel Proust [à Mme Alphonse Daudet, à Mme Léon Daudet et à Léon Daudet],» *BMP*, N° 2 (1952), pp. 7–16.

278. *Jean Santeuil.* Préface d'André Maurois. 3 volumes. Paris: Gallimard, 1952.

1953

*279. «La Femme de chambre de la baronne de Picpus,» *La Nouvelle Nouvelle Revue Française*, I, N° 2 (1er février 1953), pp. 377–384.

280. Strauss (Walter A.). «Twelve Unpublished Letters of Marcel Proust,» *Harvard Library Bulletin*, VII, N° 2 (Spring 1953), pp. 145–171.

281. «Une lettre de Marcel Proust à Emmanuel Berl,» *La Table Ronde*, N° 69 (septembre 1953), pp. 9–11.

*282. «La Bénédiction du sanglier. Étude des fresques de Giotto représentant l'Affaire Lemoine à l'usage des jeunes étudiants et étudiantes du Corpus Christi qui se soucient encore d'elle, par John Ruskin,» *La Nouvelle Nouvelle Revue Française*, I, N° 10 (1er octobre 1953), pp. 763–767.

283. Bauer (Gérard). «Huit lettres inédites au capitaine Charles Bugnet,» *BMP*, N° 3 (1953), pp. 9–21.

284. Riefstahl-Nordlinger (Marie). «Huit lettres inédites à Maria de Madrazo,» *BMP*, N° 3 (1953), pp. 23–38.

285. Jaloux (Edmond). *Avec Marcel Proust*, suivi de dix-sept lettres inédites de Proust. Paris et Genève: La Palatine, 1953.

286. *Correspondance avec sa mère.* Lettres inédites présentées et annotées par Philip Kolb avec 6 illustrations hors texte. Paris: Plon, 1953.

1954

287. Fortoul (Hélène). «Marcel Proust à Madame Fortoul, future Maréchale Lyautey,» *La Parisienne*, janvier 1954, pp. 119–121.

288. «Lettres à Porto-Riche,» *La Table Ronde*, N° 78 (juin 1954), pp. 94–101.

289. «A l'ombre de Marcel Proust: comment Céline (qui précéda Céleste) et Nicolas Cottin voyaient leur maître [propos recueillis par Paul Guth],» *Le Figaro Littéraire*, 25 septembre 1954, p. 4. [Voir n° 328.]

290. «Lettre à X . . . [Albert Nahmias fils],» *BMP*, N° 4 (1954), pp. 9–11.

291. «Lettres à Émile Henriot,» *BMP*, N° 4 (1954), pp. 3–8. [Reprend n° 151.]

292. Pierre-Quint (Léon). *Proust et la stratégie littéraire*, avec des lettres de Marcel Proust à René Blum, Bernard Grasset et Louis Brun. Paris: Corrêa, 1954. [Reprend n° 210.]

293. *A la recherche du temps perdu*, texte établi et présenté par Pierre Clarac et André Ferré. 3 volumes. Paris: Gallimard, «Bibliothèque de la Pléiade,» 1954.

294. *Contre Sainte-Beuve, suivi de nouveaux mélanges*. Préface de Bernard de Fallois. Paris: Gallimard, 1954.

1955

295. Vaillant (Annette). «Lettre de Londres: Le Temps de Proust retrouvé [fragments de lettres à Calmette et au directeur d'un journal],» *Preuves*, N° 58 (décembre 1955), pp. 51–56.

296. Ferré (André). «Un inédit de Proust en marge du *Temps retrouvé*,» *BMP*, N° 5 (1955), pp. 9–[16].

297. Gramont (Élisabeth de). «Prière du marquis de Clermont-Tonnerre,» *BMP*, N° 5 (1955), p. 5.

298. Lapp (John C.). «Deux lettres inédites de Marcel Proust à Maurice de Fleury,» *BMP*, N° 5 (1955), pp. 7–8.

299. Bordeaux (Henry). *Histoire d'une vie. II. La Garde de la maison*. Paris: Plon, 1955. Pp. 48, 141–147.

300. *Marcel Proust and His Time. 1871–1922* [catalogue de l'exposition à Wildenstein Gallery]. London: Wildenstein Gallery, 1955.

301. Proust (Marcel), et Jacques Rivière. *Correspondance (1914–1922)*. Présentée et annotée par Philip Kolb. Paris: Plon, 1955.

1956

302. «Une lettre de Marcel Proust à Daniel Halévy,» *Le Divan*, XLVIII, N° 297 (janvier-mars 1956), pp. 294–298.
303. «La Dédicace des *Jeunes filles en fleurs* [deux lettres à la princesse de Polignac],» *Les Cahiers de Saisons*, 1ère série, N° 6 (juin 1956), pp. 429-434.
304. Kolb (Philip). «Une consultation, ou Marcel Proust à la recherche d'une carrière: Lettres à Charles Grandjean (1893–1895),» *BMP*, N° 6 (1956), pp. 137–157.
305. Bordeaux (Henry). *Histoire d'une vie. III. La Douceur de vivre menacée (1909–1914)*. Paris: Plon, 1956. Pp. 74–87.
306. Guichard (Léon). *Introduction à la lecture de Proust* [lettres à Lucien Daudet et à Charles Maurras]. Paris: Nizet, 1956. Pp. 175–176.
307. *Lettres à Reynaldo Hahn*. Présentées, datées et annotées par Philip Kolb. Préface d'Emmanuel Berl. Paris: Gallimard, 1956.
308. *Marcel Proust. 1871–1922* [catalogue de l'exposition à Manchester]. Manchester: Whitworth Art Gallery, 1956.

1957

309. Grindea (Miron). «In Search of Our Proust [lettres à Sydney Schiff, A. Bibesco, M. Murry, Scott-Moncrieff],» *Adam, International Review*, XXV (1957), 10, 25, 43, 48.
310. Saussine (Renée de). «Si l'ardeur qui dure devient lumière» [fragment d'une lettre à Henri de Saussine; facsimilé de la p. 3 du n° 22],» *Adam, International Review*, XXV (1957), 100–101.
311. «Deux lettres à Albert Nahmias,» *BMP*, N° 7 (1957), pp. 280–282.
312. «Lettre à Jacques Porel,» *BMP*, N° 7 (1957), pp. 278–279.
313. Cattaui (Georges). *Marcel Proust, documents iconographiques*, avec une préface et des notes par Georges Cattaui. Genève: Pierre Cailler, 1957.
314. Benoist-Méchin (Jacques). *Retour à Marcel Proust* [lettre à Benoist-Méchin]. Paris: Pierre Amiot, 1957. Pp. 186–188.

1958

315. Pugh (Anthony R.). «A Forgotten Article by Proust: Un dimanche au Conservatoire,» *Modern Language Review*, LIII (January 1958), 89–91. [Reprend n° 42.]

316. «Deux lettres inédites,» *BMP*, N° 8 (1958), pp. 455–459.
*317. «Quatre ébauches de Marcel Proust,» *BMP*, N° 8 (1958), pp. 447–[454].
318. Gregh (Fernand). *Mon amitié avec Marcel Proust* (Souvenirs et lettres inédites). Paris: Bernard Grasset, 1958.

1959

319. «Marcel Proust. Deux lettres inédites [lettre à la princesse A. de Caraman-Chimay; lettre déjà parue dans *Cor I*, 92–93],» *Parler* (Grenoble), (automne 1959), pp. 62–63.
320. «Lettre à Max Daireaux,» *BMP*, N° 9 (1959), pp. 3–4.
321. «Lettre de Marcel Proust au duc de Guiche,» *BMP*, N° 9 (1959), pp. 5–6.
322. «Lettres à un éventuel secrétaire,» *BMP*, N° 9 (1959), pp. 7–10.
*323. «Texte inédit [sur les sources du Loir à Illiers],» *Le Point, Revue Artistique et Littéraire*, Souillac (Lot), X, N°ˢ 55–56 (1959), pp. 33–35.
324. Bonnet (Henri). *Marcel Proust de 1907 à 1914*. Essai de biographie critique. Paris: Nizet, 1959.
325. Ferré (André). *Les Années de collège de Marcel Proust*. Paris: Gallimard, 1959.
326. Jammes (Francis) et Arthur Fontaine. *Correspondance 1898–1930* [lettre à Jammes]. Introduction et notes par Jean Labbé. Paris: Gallimard, 1959. Pp. 286–287.
327. Lacretelle (Jacques de). *Les Maîtres et les amis. Études et souvenirs littéraires.* Namur (Belgique): Wesmael-Charlier, 1959. Pp. 91–93, 108–135.
328. Silveira (Alcántara). *Compreensão de Proust*. Rio de Janeiro: Livraria José Olympio Editôra, 1959. [Reprend n° 289.]

1960

329. Freeman (Bryant C.). «Six lettres à Douglas Ainslie,» *BMP*, N° 10 (1960), pp. 168–178.

1961

330. Freeman (Bryant C.). «Quarante-deux lettres et billets de Marcel Proust à Pierre Lavallée,» *BMP*, N° 11 (1961), pp. 335–361.

*331. «La Vie mondaine,» *BMP*, N° 11 (1961), pp. 317–322.

332. Bonnet (Henri). *Alphonse Darlu (1849–1921): Le Maître de philosophie de Marcel Proust*, suivi d'une étude critique du *Contre Sainte-Beuve*. Paris: Nizet, 1961.

333. Pasquali (Costanza [Lasagni]). *Proust, Primoli, la moda: Otto lettere inedite di Proust et tre saggi*. Roma: Edizioni di Storia et Letteratura, 1961.

1962

334. «Devant cinq millions de téléspectateurs: Marcel Proust tel que l'ont connu trois écrivains français [Morand, Cocteau, Berl],» *Candide*, N° 37 (11–18 janvier 1962), p. 15.

335. «Dossiers: Une lettre de Marcel Proust à Charles Maurras,» *Cahiers Charles Maurras*, N° 5 (avril 1962), pp. 29–33.

336. Macksey (Richard A.). «Marcel Proust and the *Chant d'un rossignol:* an Unpublished Letter [lettre à Mrs. John Work Garrett, née Alice Warder],» *Modern Language Notes*, LXXVII (December 1962), 465–467.

337. Jackson (Elizabeth R.). «Poèmes de jeunesse,» *BMP*, N° 12 (1962), pp. 478–484. [Reprend les poèmes du n° 263.]

338. Kolb (Philip). «Lettre à un médecin [Dr Georges Linossier],» *BMP*, N° 12 (1962), pp. 471–477.

339. *Maurice Barrès* [catalogue de l'exposition à la Bibliothèque Nationale]. Paris: Bibliothèque Nationale, 1962. P. 78.

1963

340. «Textes de Marcel Proust [lettres à Illan (de Casa-Fuerte) et à Cocteau (déjà publiée: n° 264)],» *BMP*, N° 13 (1963), pp. 3–8.

341. «Un amour de Proust? Textes inédits à Germaine Giraudeau,» présentés par Bryant C. Freeman, *BMP*, N° 13 (1963), pp. 9–15.

342. Gimpel (René). *Journal d'un collectionneur, marchand de tableaux*. Paris: Calmann-Lévy, 1963. Pp. 191, 214–215, 296–297.

1964

343. Jullian (Philippe). «Les Vacances imaginaires de Marcel Proust [lettre à Albert Henraux],» *Le Figaro Littéraire*, 6 au 12 août 1964, p. 2.

344. «Lettres reçues pour *Approximations I* [lettre de Proust à Du Bos],» *Cahiers Charles Du Bos*, N° 9 (novembre 1964), pp. 12–13.

345. Kolb (Philip). «Marcel Proust et les dames Lemaire,» *BMP*, N° 14 (1964), pp. 114–151.

1965

346. «La Cigale des nuits: Lettres de Marcel Proust à l'abbé Mugnier commentées par la Princesse [Marthe] Bibesco,» *La Revue de Paris*, LXXII (janvier 1965), pp. 3–18.

347. «Proust et Dada: Deux lettres inédites de Marcel Proust à Philippe Soupault et à André Breton,» *La Revue d'Histoire Littéraire de la France*, LXV, N° 2 (avril-juin 1965), pp. 262–263.

348. Morand (Paul). «Dédicace aux *Plaisirs et les jours* sur l'exemplaire de Paul Morand,» *BMP*, N° 15 (1965), pp. 263–265.

*349. «Somnolence,» présenté par Philip Kolb, *BMP*, N° 15 (1965), pp. 254–258.

350. *Album Proust.* Iconographie réunie et commentée par Pierre Clarac et André Ferré. Paris: Gallimard, 1965.

351. *Choix de lettres*, présentées et datées par Philip Kolb. Paris: Plon, 1965.

352. *Marcel Proust* [catalogue de l'exposition à la Bibliothèque Nationale]. Paris: Bibliothèque Nationale, 1965.

1966

353. Kolb (Philip). «Lettres de Marcel Proust à Madame Albert Hecht,» *BMP*, N° 16 (1966), pp. 399–405.

354. De Ley (Herbert). *Marcel Proust et le duc de Saint-Simon.* Urbana and London: University of Illinois Press, 1966. Pp. 123–125. [Reprend n° 79.]

355. Faÿ (Bernard). *Les Précieux* [3 lettres à Faÿ]. Paris: Librairie Académique Perrin, [1966]. Pp. 92–93, 103–104.

356. Jackson (Elizabeth R.). *L'Évolution de la mémoire involontaire dans l'œuvre de Marcel Proust.* Paris: A. G. Nizet, 1966. Pp. [265]–266. [Reprend n° 337.]

357. Plantevignes (Marcel). *Avec Marcel Proust.* Causeries, souvenirs sur Cabourg et le boulevard Haussmann. Paris: A. G. Nizet, 1966. Pp. 98, 659–685.

358. *Lettres retrouvées*, présentées et annotées par Philip Kolb. Paris: Plon, 1966. [Reprend n° 143.]

1967

*359. Price (Larkin B.). «Deux textes inédits de Marcel Proust [*Conversation* et *Allégorie*],» *BMP*, N° 17 (1967), pp. 527–529 et 530.

360. Chantal (René de). *Marcel Proust critique littéraire.* Préface de Georges Poulet. Montréal: Les Presses de l'Université de Montréal, 1967.

INDEX DE NOMS CITÉS

TABLE DES MATIÈRES

Première Partie

TEXTES INÉDITS

Deuxième Partie

TEXTES RETROUVÉS

Troisième Partie